高等教育發展的策略與願景

葉至誠◎編著

序

　　高等教育負有培育國家高等人才的使命與功能，其教育品質之良窳對國家社會整體發展有直接的影響。尤其是進入二十一世紀以來，知識已成為社會、經濟、政治、文化發展最關鍵的因素，高等教育益顯其重要性。惟面對大學快速擴增，與全球化的君臨，高等教育品質提昇的要求等現況，於擬定高等教育發展策略時，實賴先瞭解國際社會中先進國家高等教育發展情況，經營策略，突破之道及發展願景，以利大學教育發展。為此，本書分別就全球主要國家的高等教育的現況、挑戰、策略與願景等加以探討外，並列有：教育對社會發展的影響，高等教育面臨的衝擊與挑戰，高等教育的發展與願景…等單元，以期能成為大學教育政策新的思維，也代表對知識經濟發展的期許，用以引領大學提昇知識創新與國際競爭力，邁向卓越。

　　自從第二次世界大戰結束以來，全球的高等教育歷經了史無前例的快速擴充。根據聯合國科教文組織（UNESCO）的估計，1960年代全世界高等教育學生的人數是一千三百萬，到了1991年已經增加到六千五百萬，預計公元2020年全球可能有一億五千萬學生接受高等教育。高等教育在人數方面的擴充，使得高等教育的特質在下列五個方面有了根本的改變：

一、高等教育在許多國家已經由就學率15％以下的精英型，走向就學率15％至50％的大眾型，甚至就學率50％以上的普及型教育（Trow, 1974）。

二、高等教育的功能已經不止於社會領導階層的培育，而涵

蓋職業的準備。

三、傳統精英式大學已無法完全符合社會多元化的需求，高
　　等教育必須採取多樣性的發展，在學生類別、學習年
　　限、課程內容、教學方法、經費來源、研究取向及機構
　　規模等方面必須重新定位因應不同的需求（楊思偉，
　　2000）。

四、高等教育的擴充造成沉重的財務負擔，政府支助高等教
　　育的能力普遍降低，高等教育機構自籌財源的比例逐年
　　上升。

五、為了提昇教育資源的分配及使用效率，高等教育的內部
　　效率（例如，學生單位成本，及外部效率。例如，研究
　　成果及畢業學生之類別及品質，能否配合社會及經濟的
　　需求），逐漸成為社會關注的焦點。

　　政府角色的轉換、經費的緊縮及市場的壓力，帶給各國高等
教育機構空前的挑戰。大學經營的企業化及知識、課程與學位的
商品化，固定提昇了經濟效益，卻也使高等教育的目標與功能成
為必須重新界定的議題。隨著高等教育的大眾化及環境的劇烈變
遷，顯然高等教育已經走上迥異於過去的發展路徑。

　　在多重目標引領下，大學教育成為政治、經濟、社會和文化
等交織互動的機構。因此，當外在的政治、經濟、社會和文化價
值有所變化時，大學教育即受到相當程度的衝擊。儘管如此，大
學教育的若干基本理念仍有其一脈相承的不變性。例如：

一、研究學術，探索真理。
二、大學自主，學術自由。
三、追求卓越，提昇品質。

四、結合社區，善盡責任。

五、邁向國際，學術輸出。

　　現代的大學，源自歐洲中古世紀，有其深厚傳統與獨特精神。惟自工業革命以來，社會變遷加速，尤其近十年來，科技進步神速，經濟成長繁榮，政治自由民主，社會價值多元，因而衍生許多問題，形成一股洶湧澎湃的浪潮，衝擊著大學的門牆，迫使大學走出學術的「象牙塔」，面對社會的挑戰；於是大學教育的功能擴張，必須重建大學的體制，才能適應時代的脈動和社會的需要。

　　尤以進入二十一世紀以來，知識已成為社會、經濟、政治、文化發展最關鍵的因素，高等教育益顯其重要性。惟我國則面對大學快速擴增，與參與世貿組織，大陸學歷採認…諸挑戰，於擬定高等教育發展策略時，實賴先瞭解國際社會中先進國家高等教育發展現況，經營策略，突破之道及發展願景，以利我國在大學教育發展趨勢之參探。為此，在世新大學迎接四十五週年校慶時，為期對未來的發展建構具體可行的方向，特別邀請分佈於世界各國的姊妹學校校長與國內高等教育負責人一起參與「全球高等教育發展座談會」希望透過集思廣益，提陳知識經濟下教育的願景。為使此次座談會得以順利舉行，籌備小組責請筆者蒐羅與會學者所屬國家高等教育的現況、挑戰、策略與願景，並增列：教育對社會發展的影響，高等教育面臨的衝擊與挑戰，高等教育的發展與願景…等單元彙集成冊，以供與會學者專家、教育人士參閱。而本書得以付梓需誠摯感謝揚智文化事業公司林新倫先生的玉成，及在資料蒐集過程中邱淑琪老師給予的協助。

　　知識分子常以「金石之業」、「擲地有聲」，以形容對論著的期許，筆者雖忝列杏壇，惟所學有限，腹笥甚儉，然師長囑託未

敢稍懈，乃不辭揣陋，敝帚呈現，舛謬之處，尚祈請教育先進及諸讀者不吝賜正。

葉至誠 謹識

目錄

高等教育發展的策略與願景

第一章 教育與社會發展

前言

　　在任何人類社會裡，皆有其教育制度。隨著社會的日趨複雜，人類不得不設立學校教育機構來教育後代，正式的教育制度便因應而起。在現代社會裡，各國都視教育為國家的百年大計，無不重視教育事業，教育部門愈來愈大，教育經費也愈來愈可觀，使教育成為社會裡的重要制度。社會之所以需要教育制度，是因為教育制度具有一些外顯功能與潛在功能，這些功能的發揮是社會所必須的。教育的社會功能基本上包括：一、促進政治與社會的整合；二、造就人才；三、傳授技術；四、塑造文化；五、形塑人格。同時教育可達成：提供照顧小孩或未成年的社會化功能，減少職業上的競爭，降低失業率，建立未來的人際關係，改變個人的人生觀與價值觀。是以，教育對個人、家庭、社會及國家皆有其重要性。

　　二十一世紀是以知識經濟發展為主軸的世紀，教育已成為知識創新與人力資源的重要泉源，亦為國家競爭力之重要指標。檢視教育發展的軌跡，已從菁英教育漸次轉化成兼顧普及教育，從經建主導逐漸轉化成兼顧建立教育特色，從就業導向逐漸轉化成兼顧消費性需求，政府主導逐漸轉化成兼顧教育的自主性，從一元的規範走向兼顧多元的需求，並且也從一次性的教育逐漸轉化成終身教育的規劃。教育因應時代潮流所產生的轉變，雖滿足了社會部分需求，但面對前所未有的挑戰與變動，宜以新的思考模式，採納新的管理機制，建立新的價值觀念，形成新的文化信念，以確實發揮教育的功能及其社會價值。

　　政府遷台迄今半世紀間，政治經濟方面均有重大的變革，教育的發展，也因社會開放、經濟繁榮、資訊快速累積等因素，得以快速擴增。以台灣地區的大學校院為例，自光復初期的四所增

加為今日的一百五十一所，而學生人數亦自五千餘人增至七十一萬人，教育發展和整個社會經濟的發展可說是亦步亦趨。面對瞬息萬變的國內外環境，必須持續檢視所揭櫫的目標及策略，並配合時勢環境加以修訂，以使我國的教育發展能夠在社會變遷與衝擊中調整因應，突破侷限，與時代並進。

本資料的撰述，是企圖對高等教育現況、挑戰、策略與願景等進行探討，也蘊涵對知識經濟發展的回應，期能作為高等教育提昇知識創新與國際競爭力之參酌，藉以積極進取邁向卓越。

教育的社會功能

法國社會學家涂爾幹（E. Durkheim）說：「教育是一代成人對社會生活尚未成熟的一代所發生的影響，教育是年輕人的社會化歷程。」由上看來教育是智識技能思想行為已有相當成熟的人，對於尚未成熟的人的一種培育作用，其次教育也是以社會的標準去規範年輕人的一種作用；所以，教育是社會制約個人行為的根本法則。自教育的本質看來，對社會及個人所扮演的角色包括：

一、扶植個人自立

教育的第一功能是扶植個人的自立。人自呱呱落地而後，即由父母或其他年長者予以撫育。起初僅是物質生活的供應，繼而予以社會生活的指導；自衣食住行、使用器具、遊戲娛樂，以至待人接物、交友合群，無不隨時隨地加以輔助與指導，使能自立生存於社會。這種功能貫徹人生未成年的時期，實為個人自立的根本。而實施這種功能，有賴於家庭與學校。家庭培植其基礎，學校實施其訓練，兩者同樣重要。

二、傳遞思想文化

　　教育的第二功能是傳遞社會上流行的思想文化。一個社會的各種遺業——風俗制度、思想文物以及感情信仰等，無不賴教育以傳遞。其中一部分靠人生初期在家庭生活中漸漸獲得；另一部分則在學校中由正式訓練授領；其他部分則在一般社會生活中經過正式或非正式的手續而得。如此新陳代謝，先後銜接，使過去社會的遺業，得以綿延繼續、累積發展。

三、造就社會成員

　　每一社會必有他自己的特殊文化特質與文化模式。這類特殊的文化特質與文化模式，或表現於思想感情與行為，或表現於風俗制度與文物，都成為社會的標準；流行於社會，為社會上人人所遵從。如何使社會的標準，為社會上人人接受而遵行呢？這全靠教育的過程。一是個人以社會的規範而作為，一是個人經學習的過程而接受。如是，使每一個人的思想感情與行為，能符合社會的標準，而成為社會的一員。這所謂社會，也就是教育的過程。愛爾華（Ellwood）說：「在人類史上，社會是利用教育的方法使個人遵從團體的習慣。」所有宗教道德政治法律都是經過教育的體制，才成為社會控制的工具。

四、敦促社會進步

　　教育的第四功能是敦促社會的進步。社會上任何部門的知識技能，沒有不經過教與學的過程的。而社會上任何事業都有它的專門智識與技能。可見任何事業的進步，沒有不仰仗於教育的。何況近代社會進步，全賴理論科學的發達，而理論科學與應用科學的發達，是教育發達的結果。華特（Water）說：「教育是人類進步的初步方法。」

教育與社會發展

現代化的意義，各國解釋不同；但是有一個共同的重點：以教育的改進及普及，達成現代化的目的。為什麼開發中國家的領袖重視這一點呢？原因是三方面的：一、工藝及經濟的進步，依賴教育；二、人民及族群的統一，依賴教育；三、國家行政職權的達成，也依賴教育。人們必須學習良好的行為，以建立現代國家及社會。例如，農人要具備生產能力，商人要培育冒險精神，公務員要砥礪處理公共事務的能力，這一切都需要教育。

教育具有很多的功能，社會常常獲得很多建立學校制度時所未料到的利益。兒童養成了正確的自我觀念。它們採用了新的行為規範，並且歸屬於新觀念與新團體。學校教育兒童各種特別技能，包括：手藝、科學、理家及休閒方面的技能。在這些技能中，學校幫助個人賺錢維生，並且培養個人改變職業結構的能力。教育維護智慧的制度，文學、藝術、法律及科學。青年人學習重整智慧制度，以促進物質及非物質性的現代化。同時，學校也加強教育制度本身。在任何社會之中，學校都要協助選擇社會英才，授以特別領導技能。教育協助選擇並訓練文化的維護者、創造者及統治者。最後，學校具有重要的政治目的。學生在其教化之中，學習社會習慣及接受政治哲學。

教育水準與國民所得密切相關。從貧窮到富裕、從落後到現代化，並不是一蹴可幾的。經濟發展是漸進與緩慢的。長期發展包括很多短期步驟，一方面所得增加，學校教育程度也隨之增高。但是彼此相互影響，因為如果沒有健全的訓練，所得的增加就要停止。一個只有細微經濟餘裕的國家，僅能提供很少的學校教育。如果善於利用這些財源，學校教育就有助於社會。學校教育的效果，受家長態度的影響。教育利益能否宏大，也要靠人們

能否應用所學知識而定。教育的益處是否彰明，更受學校社會環
境各種因素及活動的影響。

　　新興國家的現代化工作能否成功，身受大學制度的影響。大
學不應是國家主權的一部分，還是現代化的象徵。大學已經成為
政治、經濟、社會及文化趨向現代化的制度性工具。高等教育於
現代化的角色，包括：第一，新興國家的高級公務人員、科學
家、農業專家、經濟人員、工程師、新聞記者、大學教授等，都
需要由大學培養。即使在商業經營方面，以前不用受過高等教育
的人從事，現在的情形也已經改變了。老式企業家所相信的經驗
主義，已經不能適用於現代工商企業的工藝要求及特殊組織。所
以，現在連商業經理人員，也要大學培養。大學的職責不只是人
員的訓練及現有知識的傳授。現代的大學還必須運用最新的研究
技術，創造重要的新知識。開發中國家的大學必須成為研究中
心；否則，它們不能培育推動現代化的研究人員。如果沒有研
究，大學就無法建立自尊及自信，也就無法吸引卓越的菁英從事
大學教學；如此更無法引起學生的求知欲，以適應國家的需要。

　　教育一方面推翻舊生活，一方面奠定新生活的基礎。教育的
效果愈好，變遷結果也愈好。並不是所有的教育效果，都能直接
促進經濟發展，同時它們也不應該這樣。有些效果會使政治當局
產生困擾，但卻有助於整體社會的長期發展，健全的教育制度需
要健全的社會為其輔佐，學校本身是現代化的重要工具；顯而易
見的，教育與社會發展的關聯性，可以歸納為下列五方面：

一、社會化與教育的關係

　　一個人一生的發展，受到家庭、同儕團體、學校、政治團
體、宗教團體、職業團體、大眾傳播工具等的影響，形成自我觀
念及人格特徵。就某一種觀點言，各類社會團體都具有「教育」

作用，不過除了學校之外，這類教育活動都是非正式的。在現代社會中可以論及兩種相互平行的發展趨勢：一方面，各類社會團體將正式的教育功能交給學校，學校擔負更為重要的教育職責；另一方面，各類社會團體對於正式的教育活動的影響力量則仍然存在。所以「社會化」與「正式教育」雖然已有顯著的差別，但是兩種活動及過程卻仍然相互影響。因此學校面臨三種重要的任務：一為瞭解其他社會團體對於個別的期望及其對於個人行為的影響，以便作為施教的根據；二為使學校與其他個人社會化的團體協調合作，以便完成其獨特的教育功能；三對於過分附著於某種團體而產生反社會行為者，利用教育的力量，予以協助與輔導。

二、社會結構與教育的關係

家庭制度頗為重要，它兼具生育、教育、經濟、保護、娛樂、消費、決定個人社會地位、慈愛等功能，成為社會結構中的核心制度。社會性質轉變，各類社會制度的重要性也隨著改變；有時宗教制度最為重要，有時經濟制度最為重要。發展迄今，人類正使用高度的知識力量影響全面的社會發展，因此教育制度由社會結構的外圍地位移居核心地位。教育制度居於社會結構的核心地位，產生兩方面的結果：第一，經濟、政治、家庭、宗教、社會階級等制度，影響教育制度。第二，教育制度影響其他社會制度的成效，更為顯著，更加受到重視。教育投資論的形成及發展，為教育影響經濟的事實，提供最有例的證據。建立這種理論的根據，可分兩方面說明：一，就高度開發社會中的個人而言，個人教育的高低與收入具有密切的關係；因教育所支付的費用，在將來收入增加所得到的利潤，已經等於獲高於其他物質投資所得到的利潤。第二，就社會而言，很多專家的研究者都能明確算

出，在某一經濟發展階段中，有多少比例的經濟成長得利於教育的投資。換言之，如果沒有教育的積極投入，經濟發展速率必定緩慢。在現代社會中，教育能夠修正及改變社會階級結構，形成更加自由及平等的社會。現在已非個人社會地位決定其教育成就，而應是個人的教育成就決定其社會地位。個人接受良好的教育，具有優異的教育成就，可以謀得較好的工作，對於社會的貢獻較大，社會地位自然提高；反之，則社會地位必然降低。如此教育促成社會流動的現象，使舊有的社會階級結構為之改變。由此，已可瞭解教育制度影響社會制度的情況。

三、社會變遷與教育的關係

　　社會變遷是一種客觀的社會事實，在變遷的過程中，教育一方面在反應變遷的情況，另一方面則再導引變遷的方向。歸納而言，社會變遷與教育之間，存在三種關係：第一，教育反映社會變遷的事實，例如，技術進步，改變職業結構，職業教育制度便隨之變換。第二，教育成為社會變遷的主要原因，例如，每一個國家均實現特別的教育目的，以改變社會現況。第三，教育也可能是促成社會變遷的一種條件，例如，為了達成經濟發展的目的，一個社會必從事多種教育改革；這些教育改革的直接目的，雖然不能直接達成經濟發展，卻能間接造成經濟發展所獲致之社會變遷，如此教育便成為促進某種社會變遷的條件。社會在其變遷的過程中，必有教育問題產生，同時變遷的方向可好可壞，並無定則。變遷與進步是兩種不同的概念，而計畫正是導引變遷於進步方向的可行途徑，運用社會計畫的方法，在社會變遷過程中，促成社會進步。

四、學校的社會環境

　　學校教室是一種社會單位。教師為領導者，學生班級為同儕

團體，兩者構成一種社會體系，以完成學校的社會功能。在這種社會體系中，領導者教師代表成人文化，是學生的認同目標，其領導方式多方面影響學生的行為及人格特質。另一方面，學生班級有其特殊的行為型態及價值觀念，被稱為學生次級文化；這種次級文化不僅影響學生的行為，同時還影響教學的效率。就整個學校的內在環境而言，它是一種複雜的社會組織，可從現代組織的觀點分析其結構，瞭解學校結構與學生成就及行為表現的關係。此外，外在環境，例如，學校所處社區的人口組合、階級結構、行政型態、人力供求情況，及組成份子的價值觀念。事實上，社區的整體文化環境，包括：物質文化、制度文化，及心理文化多方面，影響學校目的及實施措施。

五、教師角色與地位

在整個教育過程中，最影響教育成效者為教師本人。而教師的工作態度及行為表現，受其所居社會地位及所扮演社會角色的影響。教師處於文化與兒童之間，協調社會文化規範及兒童需要之間的關係。現代的教師已不完全為社會道德權威的代表者，而應是成人及兒童兩種次級文化的協調者，一方面傳遞社會文化規範，一方面瞭解學生的實際需要。同時由於社會性質的改變，教師在教室、學校、社區及整體社會文化環境中，都有其新的社會角色。教師及社會公眾對於這種新角色的期望不盡相同，這種差異對於教師的行為表現，有其重要之影響。教師的社會地位，為其職業聲望、教育背景、收入、態度等等因素所決定，而此種社會地位又影響教師的價值觀及行為表現。換言之，教師的地位不僅影響教師的人格特徵，還影響教育的成效。

現代社會生活的特徵，一言以蔽之，就是錯綜複雜，變化多端。舉凡人生的型式和價值、技術的革新，以及社會的組織，也

都隨時代的演進而發生重大的改變。這種改變正繼續不斷地向前加速推進。因此有人戲稱二十一世紀的社會為「暫時的社會」（the temporary society）其主要的特徵，為動態的、適應的、變遷的、想像的、創造的。由於技術和知識的迅速變遷及飛躍進步，一方面致使社會既有的規範與個人的興趣、思想和態度發生衝突或矛盾；一方面對社會問題孕育著新的認識和敏感，而試圖解決社會問題的願望，也愈加熱衷。於是乎，有識之士倡導以適當的教育設計，導引社會變遷的方向，促進社會進步，藉以挽救社會危機，謀求社會繼續的生存和發展。

現代社會的教育目標

在現代社會中的教育，一方面要適應急遽變遷的社會，一方面也要引導社會進步，功能日益多元化，結構難免失調；而且教育制度本身更趨複雜，以致教育問題日益增多，舊的問題尚未解決，新的問題又告發生。因此對於教育問題的解決，應當採取理性的觀點和科學的方法，蒐集有關的資料，加以分析比較，以尋求變化的所在，找出真的原因，才能對症下藥提出有效的策略，以徹底解決問題。

1996聯合國教科文組職（UNESCO）所出版的《學習：內在的財富》一書，清楚地說明人類要能適應社會的需要，必須進行基本的學習，這些就是教育的基本內容：（教育部，1998：7-8）

一、學會認知

學會認知（Learning to know）：為因應科技進步、經濟發展、社會遽變所帶來的迅速變革，每個人必須具有廣博的知識，才能對問題作深入的瞭解，並謀求解決。欲具有廣博的知識，個

人就要作終身的學習。這是激發個人終身學習的動力，也是終身學習的基礎與憑藉。

二、學會做事

學會做事（Learning to do）：這是指除了學會職業知能之外，並要學會具有應付各種情況和共同工作的能力，包括：處理人際關係、社會行為、合作態度、社交、解決問題的能力及創造革新、勇於冒險的精神等。這些是目前學校教學中相當被忽視的一面。如果學生均能邊學邊做，能在學習活動中參加一些職業活動，進行學理的驗證，則「學會做事」的期望就能達成。因此。學校與工作之間的交替是相當重要的。

三、學會共同生活

學會共同生活（Learning to live together）：由於地球村的形成，人類相互依賴日深，彼此相互瞭解、和平交流，以及和睦相處的需要日益迫切，故必須學習尊重多元，以理智的、和平的方式解決衝突，相互合作，共同解決未來各種可能的風險和挑戰。

四、學會發展

學會發展（Learning to be）：二十一世紀要求人人都要有較強的自主能力和判斷能力，也要求每個人擔負較多的社會責任。因此，要透過學習讓每個人所有才能均能充分發揮出來。準此，人類對自己要有更深入的瞭解。

建立學習型社會，代替以學校教育為唯一學習管道的教育體制，是未來社會必然發展趨勢。學校教育在每個國民的學習歷程中，雖然扮演最重要的角色，卻只能幫助個人完成人生全程中階段性的學習，並不等同於終身教育。鑑於在富裕社會、資訊社

會、開放社會及開發社會來臨之後，世界上進步的國家紛紛邁向學習社會。建立學習社會是教育的願景，也是社會發展的理想。其目的在追求個人自由而有尊嚴的成長，社會多元而有秩序的進步。學習社會不僅是社會的產物，同時也是引導社會發展方向的必要遠景。積極邁向學習社會，以促成社會的進步。

我國社會經濟高度發展，促使社會的繁榮與進步，帶來了人民生活的富足。但在進入二十一世紀開發國家的時刻，也面臨國家競爭力亟待提昇、富裕社會的人文關懷、國際化的衝擊，以及個人發展的強烈需求等問題。這些都是我國社會目前所面臨的挑戰。

一、提昇國家競爭力的基本動力

隨著全球化經濟的發展，使世界各國之間的依存度與競爭性建構在動態的關係上。每一個國家均面臨來自全球經濟發展的影響，以及國際競爭的壓力。進入二十一世紀，我國將成為開發國家的一員，在國際社會上，將扮演更為重要的角色。在此期間，也承受更大的競爭力。

由於國際間的動態競爭勢必愈演愈烈。無論先進國家，或亞太地區國家，均致力於經濟環境的改善與人力素質的提昇。邁向開發國家的主要挑戰，在於是不是能夠提高人力素質。國家競爭的動力來自於人力素質的不斷提高；而人力素質的持續提高，則有賴於教育機會充分而永續的提供。高素質的人力資源，是達成國家發展目標的重要條件與基本動力。對於地狹人稠、自然資源有限的我國而言，只有豐富的人力資源是面對國際競爭的最大本錢。提昇國家競爭力的基本動力，來自於人力素質的不斷提高。

二、建立社會成員普遍的人文關懷

經濟的快速成長，提高了國民所得，在物質生活逐漸富裕的同時，我國的社會型態明顯改變，社會問題層出不窮。在經濟富裕的過程中，如何提振人文精神，實踐人文理想，使物質生活與精神生活並重，經濟發展與人文關懷並行，是我國邁向開發國家所面臨的另一項重大挑戰。同時，在經濟富裕的過程中，如何加強生態保育、注重生活教育、重建社會倫理，以及推展生涯規劃，也是邁向開發國家的重要議題，有賴人文關懷加以解決。人文關懷是一種對人類處境與發展前途的深層關心，是一種對理性開展與道德意識的普遍關注，也是一種對基本人權與學習機會的全面關懷。充實精神與發展全人的最佳途徑是學習。透過個人不斷的學習，可以持續獲得新知識，學習新技能，建立新觀念，激發新潛能，使全人得到圓滿的發展。

三、提昇國際化的全球視野

藉由通信網路的迅速發展，使得過去陌生遙遠的事物已大量出現於家庭中，也傳送到大都市，更傳送到偏遠的鄉村。這些文化產業透過電信和各種媒體的傳播，傳達了不同國家或社會的生活方式，使多元文化的世界越來越趨一致。對不同文化之間的相互瞭解，已成為全世界文化發展和經濟繁榮的一個重要因素。唯有透過相互瞭解及彼此合作，世界各國才可能對世界的和平及繁榮有所貢獻。因此，每個人應摒棄狹隘的價值觀，敞開心胸，開放視野，邁向國際。

四、建置永續經營的個人生涯

在社會開放之後，個人所面臨的發展阻礙，是基本能力欠缺的問題。基本能力的厚實使個人能夠認識自己，瞭解自己，掌握

自己的命運，決定自己的發展，使自己與社會同時進步。但是由於個人因素或教育提供的不足，不少人仍欠缺此種基本能力，成爲不識字的全文盲或功能性文盲。因此，社會必須提供激發個人潛能的環境，給予每個人有學習基本生活能力的機會，才能使個人更瞭解自己，理解他人，進而參與社會生活。全民的基礎教育絕對重要，成人基本教育的需要充分滿足。其次，個人所面臨的另一發展阻礙是適應能力不足的問題。在資訊社會中，資訊的生產快速，形成知識爆炸。知識爆炸使學習的領域擴增，對個人造成了極大的挑戰，如果未能繼續學習、追求新知，很快就對某些事業知識衰退，知識的「半衰期」不斷地縮短，估計每隔五年至七年即過時一半。如果不時常學習，將無法趕上時代的脈動與社會的發展。

五、提昇面臨挑戰的能力

　　我國社會在邁向開發國家的過程中，正面臨國家競爭力提昇的壓力、人文關懷的不足、國際化的衝擊、個人發展的強烈需求等挑戰。唯有建立終身學習社會，才能因應這些發展上的挑戰與衝擊。未來的社會必將是學習的社會，它將帶來教育制度的新面貌。爲建立終身學習的社會，高等教育宜積極朝向下列目標，作爲努力的方向。

(一) 鼓勵追求新知

　　處於知識爆炸的時代，知識對個人及社群而言皆扮演著關鍵角色。因爲新知帶來生活的充實，使個人不斷的開發潛能，達成自我的實現；同時新知也提供人們應用於生活，提供生活的方便及行動的指引。新知帶給個人的挑戰，個人必須持續充實或更新，才能免於落伍，不爲社會所淘汰。因此，在資訊社會中不斷

的充實知識，追求新知，已成爲個人生活的方式，也是個人生存的條件。這是個人學習的原動力，也是建立終身學習社會的基礎。故終身社會的目標之一，在於鼓勵個人追求新知。

（二）促成學校轉型

自終身教育思潮興起，指出個人在人生每一個階段都需要學習。此種教育思想改變了傳統教育的觀念，也促成學校教育的轉型。在終身學習的社會中，學校教育的主要目的在於培養個人終身學習的習慣、態度、方法和技巧，爲個人的終身學習活動奠定良好的基礎。學校教育的對象要包括社會的每一個成員，教育的內容與生活、工作相結合，教育的場所要擴及整個社會。故學校應開放門戶，改變入學方式，放寬入學條件，使更多成人得以進入就讀；教學方法應側重培養個體具有自學的能力；課程應力求與生活、工作結合。將學校轉型爲社區學習中心，學習社會的理想才可能獲得實現。

（三）鼓勵全民參與

要滿足每一個人的學習需要，無論在內容、方式、型態上都要多元化與多樣化。因此，在學習機會的提供上，就需要各類型組織的加入。僅由政府或公營單位來辦理，絕無法滿足需求。況且，民間組織數量龐大，散佈於社會各角落，其型態各異，可提供各類型的學習活動，極具彈性，能符合學習社會多樣化學習活動的需求。激發全民積極加入提供學習的行例，學習社會的願景才有可能實現。

（四）整合教育體制

終身學習的教育體制強調正規、非正規、非正式教育的結

合，各級教育管道的銜接與貫通，而且注意不同教育型態間的平行轉換，使不同型態的教育，結合成一個密切聯繫的有機體系。為達此種目的，學校內外的教育體制要相互承認學習成就，尤其是學校外的學習活動成就，在經過一定程序的審定後，要給予認可。歐盟1996年終身學習年白皮書，即提出認可學校外學習成就的構想，及建立累積學分和平行轉移制度等策略，作為統合學校內外教育體制的有效機制。此種構想與作法，頗值參考。

　　教育在個人和社會的持續發展中具有相當重要的作用。它雖不是解決當前挑戰的萬能鑰匙，但確實是促進人類發展的重要而可靠的手段。藉由教育可以促進國家競爭力的提昇，加強社會的人文關懷，因應地球村所帶來的國際化的挑戰，更是促進個人發展的不二法門。值此先進國家均在倡導「推展終身教育，邁向學習社會」之際，終身教育將是引領世人因應世界快速變遷所帶來挑戰的良方。未來人類要能適應社會變遷的需要，必須進行終身的學習。因應社會改變所帶來的種種挑戰，每個人都要進行持續的學習，才能不斷因應社會的變革。終身學習社會的建立，就是給每個人學會認知、學會做事、學會相處，及學會發展的有效途徑，它是未來社會發展的願景。

高等教育在現代社會的角色

　　大學的角色係指大學在社會中的功能，也是大學對外在世界所產生的作用。該角色並非一成不變的，事實上，它是隨歷史的發展而演變的。大學之存在已有悠久的歷史，但第一個專門討論大學角色的是十九世紀（1852）的牛津學者紐曼（John H. Cardinal Newman），他在《大學的理念》（*The Idea of a University*）

一書中認為大學是一個提供博雅教育，培育紳士的地方，他以為大學之目的在「傳授」學問，而不在「發展」知識。他說：「如果大學的目的在科學與哲學的發明，那麼，我看不出為甚麼大學應該有學生。」他心目中之大學應是著重對文化傳統之保持，大學之目的則在對一種特殊型態之人的「性格之模鑄」，故紐曼的大學之理念顯然以大學是一個「教學」的場所，是一個培育「人才」的機構，也是一個保存文化傳統的地方，這個理念與中古大學所扮演的角色是契合的，到今天為止仍然是留給大學教育一項重要的遺產。（金耀基，1983）

十九世紀末時，大學的角色開始巨大的變化，這一改變始於德國，德國大學亦由中古一脈相傳而來，但到了十九世紀末葉時，在洪博德（Von Humbaldt）及阿爾托夫（Althoff）等人的革新下，柏林大學首先改制，擺脫中古的學術傳統，標舉大學的新理念。他們的大學的新理念就是以大學為研究中心，教師的首要任務是從事「創造性的學問」。這個大學的理念與紐曼所懷抱者迴然不同。因為他所重者在「發展知識」而不是在「傳授」知識。德國這種大學的新理念影響到歐洲各國，並對美國發生巨大的衝擊。德國大學的新理念，在美國現代大學的先驅者佛蘭斯納 （A. Flexner） 的書中獲得系統性的闡揚，佛蘭斯納在其 1930 年《大學》（*Universities*） 一書中，開宗明義就標舉出「現代大學的理念」，肯定「研究」對大學之重要，肯定「發展知識」是大學重大功能之一。但他卻沒有輕忽大學之「教學」功能，他說：「成功的研究中心都不能代替大學」。在他心目中，大學之目的不止在發展知識，也在培育人才。不過，他反對大學訓練「實務人才」，反對大學開設職業訓練之課程，佛蘭斯納的理念，第一次把高階教學與研究結合在一起。二次大戰之後，美國大學之發展與其國力交光互影，發展尤為突出。美國大學一方面繼德國大學重研究之

傳統，一方面也承繼了英國大學重教學之傳統，我們可以說，有規模的美國大學的研究院與大學本科的二重結構，前加州大學校長克爾（C. Kerr）在1964年的《大學之功用》（*The Uses of the University*）一書指出當代大學應面對新的「角色」，即「新知識是經濟與社會成長的最重要的因素。而大學的不可見的產品知識，可能是我們文化中最有力的單一因素，它足以影響到職業、甚至社會階級、區域、國家的升沉。」（Clark, 1987）社會學者貝爾（Daniel Bell）指出，大學已變成社會上一個有支配力量的重要的制度，它是社會主要的服務機構，不止訓練人才，並且也是政策諮詢的主要來源。因此，社會對大學知識生產的要求是前所未有的，大學也因而成為「知識工業」的重地，成為社會的主要的服務中心。可以說，就因為這個現實，大學之角色與理念都有了變化。（D. Kennedy, 1977）

今日的大學固然不再是紐曼心目中的大學，它也不再是佛蘭斯納所講的「現代大學」，克爾認為今日的大學之功能已不止在「教學」與「研究」，並已擴及到「服務」。早期大學之目的是侷限的，今日大學之目的則是多元的，今日之大學已成為一個多功能多面向的多元性組織體，克爾為它取了一個新名詞，就是multiversity（「綜合大學」或「多元大學」）。當然，綜合大學的角色繁複得多，而它的理念自然也有所不同了。然而，就高等教育的發展軌跡，今日大學的功用已經涵蓋了教學（傳授知識），研究（發展知識）和服務（專業諮詢）三個領域，尤其強調的是培育人才，也是培育社會的公民。不過，隨著整體社會價值系統及觀念日受漠視，且倫理教育或價值教育在大學知識廟堂中位置的每下愈況。使得教育學者紐曼（Frank Newman）大聲疾呼「如果美國今天在教育上有危機，這不在考試成績降低了，而在於我們在培育公民的教育上失敗了。」而哈佛的前校長博克（Derek Bok）主

張大學課程應建立倫理學課程。均顯然已感到在當前社會氛圍下這個問題的迫切性。（陳伯璋，1990）

高等教育的發展

今日大學起源於西方中古，迄今已七、八百年，一件有趣的事是，像義大利的勃隆拿大學、法國的巴黎大學，英國的牛津、劍橋等中古大學，歷經了幾多王朝的變革，革命的激盪，仍然巍然存在，並顯發其生命力。即使在美國這個年輕國家，像哈佛、耶魯等的生命也有三、四百年的歷史。誠然，大學是一種極有韌力的組織，但是，大學之生命與發展畢竟與其社會息息相關。整體地講，在十九世紀之前，大學在社會上只處於邊緣性的地位，但進入二十世紀之後，大學在社會上的地位越趨重要，成為社會之中心。（C. Kerr, 1994）在十九世紀之前，大學服務的對象常為社會上少數人，或上層精英人士，或是少數的專（職）業團體，如宗教、法律、政府文官。但二十世紀，特別是二次大戰以來，大學與社會的互動發生了巨大的轉化。最顯著的是大學生人數大大地增加了，世界大學生人數由1950年的六百六十萬增至 1988年的五千八百萬。大學數目由 1940年的三千五百間增至1988 年的二萬六千間。（沈姍姍，2000）梭羅（Martin Trow）在1975 年指出高等教育正經歷著轉型，即由「精英」轉向「大眾」再轉向「全面」，美國於二次大戰后不久，在相關的年齡群（18～22 歲）中入高教的有30％，歐洲則只有5％，仍維持精英制，但到六十年代，歐洲已增加到15％。至1970 年，瑞典達24％，法國達17％，而美國則已達50％。（周祝英，1998）至於大學數目從1950年之後的增長也是極為快速的。從1950年到1975年的二十五年中，澳大利亞由一百七十五增至二百七十九，加拿大由一百八十一增至

二百五十六，德國由一百三十六增至二百三十五，瑞典由十六增至一百三十二，英國由二百零七增至三百，美國由一千八百五十一增至三千零二十六。台灣在同時期由八增至一百。（C. Kerr, 1994）大學或高教這樣快速的發展，原因很多，高教大眾化與教育的民主化無疑是有關的，但最大的發展的動力，顯然是與大學之角色，或社會要求大學提供的功用更有關係。一個國家或社會的現代化是與教育成正比的，而一個國家或社會為了增加生產力也促進了大學的發展。在發展的工業國家，勞動市場所需的勞動力越來越要有高教的知識水平，以美國論，1950年約只需12％，到了1990年代，則已增加到30％，這反映在專業、行政或技術方面的工作上。從大學發展的角度來看，大學從來沒有像今日那樣被國家和社會賦予如此多，如此大的任務，大學則是提供高質素人力資源的最主要的地方，這些專業人力則是國家現代化，社會競爭力最重要的資源。正因為如此，各個國家才出現對大學的越來越多的「投資」。（陳伯璋，1995）

由於社會的變遷，使得二十世紀的大學不斷地擴大了它的角色與功能，大學在專（職）業的學科訓練上大大增多了，在實用性知識領域的發展早已遠遠超出「傳統大學」的理念視野。專（職）業化是過去二十年中一個重要的趨勢。世界各國幾乎都有一個共同的信念；即大學課程必須為各種各類越來越複雜的工作提供相關的訓練。最近中國大陸提出「科教興國」的口號，重點是科技與教育，這也是今天世界各國振興國力的一個方向。

長期以來古典大學，像牛津、劍橋都排斥、輕忽科技，視技術為雕蟲小技，不登大雅之堂。英國是第一個工業化國家，但工業革命卻是在大學門外發生的，英國的工業力量不來自大學的科學教育，在五十年代，邱吉爾震驚於美蘇技術的飛躍發展，乃開始對技術正視。今天，科技已經普遍地成為大學知識結構的一個

組成。就大學教學與研究來說，不但再沒有輕忽「實用性」知識的現象，實用性知識已與純理論知識完全等量齊觀了。

　　盱衡今日知識經濟社會的特質，高等教育在學習社會中，扮演相當重要的角色，參酌先進國家高等教育發展趨勢，高等教育機構未來可朝研究型、教學型、科技型、社區型及遠距型等五種型態發展：（教育部，2001b）

　　第一、發展研究型大學：先進國家一流大學，如美國哈佛、耶魯、史丹佛、柏克萊大學，英國的牛津、劍橋大學，法國的巴黎大學等，莫不以學術研究著稱，而執世界牛耳。我國未來宜重點培植數所大學，成為國際一流的研究型大學，以培養高級學術研究人才，在競爭激烈的國際社會占一席之地。

　　第二、推動教學型大學：研究型大學以發展高深學術、培養研究人才為主；教學型大學則以發揮教學功能、培養社會各行各業所需專業及領導人才為主。研究型大學需要改善研究環境；教學型大學則應充實教學環境。二者雖難截然二分，例如，研究大學仍須教學，教學型大學亦須研究；然而，二者在發展目標、重點及經費應用上宜有所區隔，以建立各自特色，發揮不同功能。

　　第三、推展科技型大學：技職教育是在普通教育以外的第二條重要教育管道。為擴充技職教育機會，暢通升學管道，近年來，辦學優良之專科學校尋求改制技術學院，條件成熟之技術學院申請改制為科技大學。對於提昇國家競爭力而言，科技人才是不可或缺的人力資源；對於發展學習社會而言，科技教育體系也是極為重要的一環。未來宜繼續推展科技型大學及學院的成長，以厚植國家科技實力。

　　第四、建立社區型大學：目前在我國高等教育體系中，社區型大學的發展是較為欠缺的一環。睽諸先進國家，諸如：社區學

院、擴充教育學院或民眾高等學校之發展，不僅行之有年，而且為數眾多，提供社區民眾極為方便的高等教育機會。此種社區型大學，在學習社會中扮演相當重要的角色。我國未來宜鼓勵辦理社區學院或社區大學。此種社區學院或大學，招生對象宜兼顧成人學生及青年學生的需求；同時，學生畢業後應能銜接轉移至前述之研究型、教學型或科技型大學，以形成一彈性且能滿足社會需要的高等教育體系。

第五、設置遠距型大學：在資訊科技的影響之下，先進國家發展出開放及遠距教學型態的大學。遠距型大學又可分為三種型態、一是獨立設置的遠距教學大學，如英國及其他國家的開放大學（包括我國的空中大學）；二是實施遠距教學的一般大學，先進國家有愈來愈多的大學，在傳統教學以外，採用遠距型態實施教學；三是遠距教學服務網路，此種網路本身並非大學，卻提供各種大學網路課程，如舊金山的電子大學網路（Electronic University Network）以及英國的全國推廣學院（National Extension College）等。遠距型大學雖有不同型態，但是其共同特色則是：招生條件開放、課程設計及選擇極具彈性、採用衛星、有線電視或電腦網路實施教學。遠距型大學將是未來學習社會中的一個重要支柱，值得我國借鏡推展。

高等教育型態的多元化，已成為建立終身學習社會的一個必然趨勢。配合回流教育制度的建立，以及高等教育入學管道的多元化，高等教育機構的型態必須朝多元化方向調整擴充，才能有效因應各種變遷的挑戰與衝擊；終身學習社會的建立，也才有實現的一天。

二十一世紀業已揭開序幕，未來人類社會變遷及進步的步伐，只會繼續加速。在變動快速的新世紀來臨之前，世界進步國

家已經感受到某些挑戰必須加以回應：其一是資訊時代已經來臨；其二是國際化的趨勢已經形成；其三是科技知識持續暴增；其四是經濟富裕過程中人文關懷亟待加強。這些衝擊使進步國家覺察到，國民的知識技能水準及自我修養能力，將成為個人潛能發展及自我實現的條件，也是社會繼續發展的關鍵因素，更是衡量國家競爭力的重要指標。換言之，未來進步的社會必定是學習的社會，學習將成為國民生活內涵的重心。

結語

今日大學只有一個共同的世界性的學術模型，此即歐洲大學的模型，首建於十二世紀的義大利與法國，其後雖歷經修革，但仍為大學之普遍模式。此一大學之普遍模式，八百年來，固然有其強勁的持續性，但也有幾次重大的轉化。中古大學之原型有濃厚的世界精神，然而拿破崙之後，在民族主義影響下，大學之性格即轉向族國本位，而二十世紀以來，不止大學之組織結構有變，大學之理念與角色也有變。（金耀基，1983）從全球的視野來考察，我們會發現大學之原型雖然有世界精神，但事實上卻不能不受到其歷史文化的影響，而中古大學之視野也不能完全跳出歐洲。值得注意的是，大學應力求擺脫文化的制約性。中古大學的神學（基督教）就是跨文化，跨國界的，現代的科學則更是超越國界與文化的。所以，現代大學儘管有民族國家的印記，但較之其他的組織體，總是具有較大的開放性與國際性。二十世紀七十年代之後，由於全球化的趨勢，使大學的世界性格更深化。近年來，由於資訊科技之發展，已出現所謂「全球教室」（global classroom），網路大學（cyber university），可以想像的，資訊科技在二十一世紀將對大學之理念與角色產生新的挑戰與影響。

（金耀基，1983）

　　民國三十八年政府遷台之初，台灣只有一所大學（即國立台灣大學），三所獨立學院（分別是一所工學院，一所農學院和一所師範學院），學生數總僅五千餘人。半世紀後的今天，大學校院已達一百五十一所（含軍警校院及空中大學），學生數逾七十萬。在此期間，國民所得也從一百三十七美元增加到一萬四千美元，可以說，高等教育的發展和整個社會經濟的發展亦步亦趨。

　　展望國內大學教育的發展，將面臨重大轉型，舉凡大學教育的理念、經營的型態、制度的變革、課程的更新等，均可能遭遇到前所未有的挑戰與變動。各大學在多元化、自由化、民主化、國際化的衝擊下，宜以新的思考模式，採納新的管理機制，建立新的文化價值觀念，形成新的大學文化，發揮大學新的功能，以全力實現共同的願景。我們深信，同時也殷切期許，高等教育發展的願景，如能一一落實，定能有益於我國整體社會的進步與國家競爭力的提昇。

　　新世紀來臨，應掌握新的改革契機，高等教育方能向上提昇。在迎接新世紀來臨之時，對於未來大學發展的願景——追求卓越，邁向世界，我們深具信心也充滿期待。但這些願景與期待，須依賴高等教育的參與者共同努力，才能實現。二十一世紀是一個知識經濟的世紀，也是一個競爭激烈的世紀，高等教育正是推動國家賡續發展，提昇國家競爭力的源頭活水。近年來，面對社會的急遽變遷，政治的開放民主、經濟的迅速成長、產業結構的改變，以及價值觀念多元化的衝擊，大學教育的傳承功能與主導地位面臨新的挑戰。為使今後大學教育的發展，能適應多元社會發展的需求，大學教育應有新的突破，並積極做適切的調整與前瞻的規劃，力求大學教育的精進與發展，開拓大學教育的新境界，以邁向二十一世紀的現代化國家。

第二章 高等教育的挑戰與對應

前言

　　傳統以來大學一直被認為是追求客觀知識、探究真理的殿堂，但隨著社會變遷及知識本質的擴延，今日大學已不僅止於學術的研究，教學的傳承，並負有服務社會的功能。而大學教育的目標，也從知性的創發，兼具全人教育的實施。因此，大學教育的課程除了專精領域的研習外，也包含了通識教育的內容和參與社會的準備。就大學結構而言，它不再是純知識性的社會（例如，學院、書院）組織，而是具有多種目的的多元性社會（例如，multiversity）。大學教育無論在功能、目標、課程或組織結構方面，基本上也反映了上述的發展特性，然而在面對新世紀的到來，以及特殊的社會經濟文化脈絡，大學卻引發了如下的爭議：一、在功能上，由於市場化和世俗化的驅策下，大學應為普羅的學府，還是知識的社群；二、在目標上，是知性的創發，還是德性的陶融；三、在課程上，是專精學門的精鍊，還是通識教育的實施；四、在組織結構上，是以系所為生活中心的學院，還是以「學程」為中心的大學，這些都是當今我國大學教育必須面對的重要問題。（陳伯璋，1994）

當前大學教育所面臨的主要問題

　　大學教育在過去的發展歷程中，無論是在數量的擴充以滿足社會的需求，或是教育素質的提昇以培育國家整體發展所需的人才，都有可觀的成就，也提供了各國在經濟發展、政治改革、社會革新的堅實基礎。但在社會快速變遷的過程中，許多的問題也隨之產生。在邁入二十一世紀之時，社會上對於大學教育的改革，都寄予殷切的期盼。高等教育之變遷已如上述，現階段發展

所面臨的主要問題則包括：

一、功能面的問題

(一) 政府無法支應教育經費的需求阻礙高等教育的發展

　　雖然高等教育的大眾化甚至普及化是各國提昇國家競爭力必然的發展途徑，但是不可否認的，高等教育人數的急速擴張也造成政府財政的沉重負擔。對大多數已開發國家而言，使財務問題更加棘手的另一個因素是社會的高齡化。隨著出生率的下降，無工作能力的依賴人口所形成的依賴率日益惡化。舉例來說，德國在1980年代以後的依賴率為三比一，也就是每三名就業人口擔負一名無工作能力者。此一比率預估到了西元2010年左右將會達到一比一，其他西歐國家也有類似的發展趨勢。為了因應高齡化所帶來的各種需求和問題，政府必須將更多社會資源由年輕人口重新分配到老年人口（顧忠華，1996）。在這種情況之下雖然各國高等教育的學生數不斷成長，但是政府已經無力再依比例增加經費。除了強調使用者付費的觀念之外，大學院校更需藉由募款、推廣教育、建教合作等方式籌措不足的經費；在「巧婦難為無米之炊」的窘境下，自然影響大學發揮其既有的功能。

(二) 大學教育資源的短缺及分配的失衡侷限大學的功能

　　國內大學教育資源的分配，過去都是由政府扮演主導的角色。公立學校在公務預算體系下預算完全由政府編列，私立學校雖然主要依賴是向學生收取的學雜費，但學費的收費標準亦是由政府統一訂定，公私立學校之間，學生負擔的學費及學生所能獲得教育資源，差距頗大，而公私立學校在統一的招生制度下，學校辦學的目標與方向又無明顯的區隔，更使得這種資源分配不均

的問題更加明顯。政府為縮小公私立學校之間的資源差距，過去幾年來大幅增加對私立學校的獎補助，並以達到獎補助經費佔私立學校經常收入的20％為目標，確實對平衡公私立學校資源分配有明顯成效。為配合資源調整的需要，公立學校亦開始採行校務基金制度，讓學校負擔部分財源籌措的責任。而近年來政府在教育資源的分配上對於過去較被忽略的中小學教育、幼兒教育、原住民教育、特殊教育等開始投入較多的資源，大學教育的資源相對受到擠壓。而隨著大學數量的擴充，大學誠然無法像過去依賴政府有限資源，至於欲藉由民間資源的投入挹注所需，則又因國內民間捐資學校的風氣未盛，學校運作的彈性也明顯不足，其效果不大，因此除了影響現階段大學教育的發展外，亦將造成大學功能的侷限。

　　除了上述多項高等教育可能遭遇的困境之外，由於高等教育經費的大幅刪減將導致公立大學學費節節高升，除非政府能落實將以往補助高等教育機構的經費轉而直接補助學生的政策，否則高學費時代來臨，勢必影響低社經階層學生接受高等教育的機會。換言之，高學費必須有包括：獎學金、學生貸款、教育券等方式的高補助配套措施。

（三）高等教育的商品化以致限縮原有的社會角色

　　在市場力量的主導之下，電機學院、工學院、商學院、醫學院、管理學院等，應用性高、就業市場較大的學院將繼續獲得較大的發展空間。相對而言，數學、物理、文學、歷史、哲學等偏重理論、基礎研究的學門，所分配到的資源和發展空間都可能受到再度的壓縮，使大學發展不平衡的問題更為惡化。此外，知識、學位、研究的商品化及市場導向對利潤的強調，和教育促進人的自覺、主體性及自我實現等目標可能產生嚴重衝突（黃俊

傑，1997）。在這種情況之下，長期性研究可能因為耗費人力、物力，卻無法在短時間內看到成果，而被短期性、回收快的研究所取代。因此，高等教育機構要如何堅守立場，嚴防誘惑，不要把基礎研究的經費轉移到某些看似更加有利可圖的短期投機，以及如何在長期的學術聲望和短期的收入之間尋找一個平衡點，將是高等教育機構所面臨的嚴峻的挑戰。

（四）高等教育的市場化傾向窄化學術宏觀的視野

高等教育市場化可能產生的弊病，確實值得高等教育決策者格外警惕，以免在盲目的效率追求下，求忽略了高等教育的獨特目標：不只在保存、傳遞、創新知識，也在促進個人的自覺與自我實現。面對這些市場化的顧慮和挑戰，關於高等教育機構、國家和消費者之間的關係需要進一步澄清。

第一，就歐美各國高等教育市場化的歷程來看，國家從來沒有把高等教育完全交到市場手中。畢竟高等教育和國家發展的關係太密切，即使經濟學家也認為高等教育若走上完全市場化及私有化之路，並不能使社會整體得到最大的利益（Thompson, 1990）。換言之，在高等教育領域中高等教育機構、國家、消費者一直是三者並存的，只是他們之間的關係是動態的，是隨著高等教育的發展、社會的需求及時代思潮而與時推移的。市場化的趨勢基本上是國家在其所發揮的功能方面做了某些調整，由以往高等教育機構的支持者、甚至是高等教育供應者的角色，轉而支持高等教育的消費者，甚至在準市場中充當消費者的代理（Plerov, 1999）。

第二，就高等教育機構和消費者之間的關係而言，或許市場的競爭確實會迫使高等教育機構採取以消費者為中心的行銷理

念，來規劃學校的發展與經營。值得注意的是，採取消費者導向的思考方式，並不表示消費者永遠是對的，或是消費者的所有需求都應被滿足。因爲在任何生產者和消費者的關係上，交換的完成都有賴供應與需求雙方溝通、磋商。行銷之最終目的乃在於滿足消費者的需求，同時完成組織的目標。因此強調消費者導向的高等教育，將不會不考慮高等教育的特定功能、教育理念及人力資源，而是透過「產品導向」及「生產導向」心態的消除，充分考慮高等教育消費者的需求狀態，讓消費者成爲快樂而滿足的學習者。

對許多人而言，大學應是社會良知的核心，大學應有足夠的能力成爲快速變遷社會的中流砥柱，以致於成爲滾滾紅塵中的暮鼓晨鐘，而非僅止於技能或職業的養成場所而已。但是卻有人認爲，今日大學保守成性，體制龐大，早已失去靈活應變的能力，更遑論對社會進行革命性的改革。（黃俊傑，1997）

（五）過度沈緬於學術競爭、聲望競爭而少有人文關懷

在當前資源匱乏的大環境之下，各校之間的競爭日趨激烈。愈來愈多的院校必須設法向學生自我推銷，學校水準高低往往以各種繁衍間接的數據加以衡量，例如，校內教授論文被引用次數的多寡。市面雜誌開始以各式各樣的標準評鑑各校，這些標準甚至包括哪一所學校是「價廉物美」的最佳選擇，或是學校社交生活是否有趣等等。另一個日趨普遍的現象是，各校必須做「聲望」競爭，而這些大多取決於社會對各校教授的評價高低。由於發表研究成果而非在教室上課，才能揚名立萬，得到社會肯定，進而提高學校「聲望」，每位教授發表研究成果的成績在各校的教授升遷評鑑過程中，比重與影響已日漸加重。當分食的大餅不斷增大時，這個現象也許不會構成問題，但是如今大餅不斷縮小，財政

緊縮，此外，由於限齡強迫退休於法不合，大學空出的教職數量也非常有限，在新陳代謝速度緩慢的情況下，師資迅速老化。

　　年輕的大學教員，無論是準備申請資遣職位，或是希望晉升至教授職位，經常會得到善意的指導，建議他們把絕大部分心力放在研究與成果發表上，如果可能的話，在教書上得過且過即可。不過，在此同時，校方行政部門為了樽節開支，又著手削減系所的助理及幕僚人力，以及其他輔助教學的經費，此外，希望子女們能得到良好教導的民眾也開始懷疑，大學是否把足夠的注意力與資源放在教學上。

　　問題的另一個根源也許與研究所教育的本質有關。博士般的研究生經常忙於博士論文寫作，或是支援指導教授的研究計畫，只把非常有限的注意力放在教書的責任上。在這種情況之下，這些「準教授」雖然努力作好專業學術方面的準備，但是對其他責任與挑戰可能毫無所悉，或是感受不深。同時，每年許多學有專精的新人擠身大學教授之林，卻無人指導他們如何從專業學習者轉變成教育新兵，也無人告訴他大學教授背負的期望有哪些，自然無由發揮大學在整體社會中的特有角色。（D. Kennedy, 1997）

（六）競爭性與多樣化的矛盾無法建立大學的特色

　　近年來，隨著高等教育快速擴張，迫使許多歷史悠久的傳統大學已經無法符合社會多元化的需求，大眾化的高等教育機構必須採取多樣化的發展方向。就高等教育而言，多樣化涵蓋課程方案、機構層次與規模、經費來源、經營方式、學術名聲、地理位置等方面。高等教育研究者也認為高等教育機構之多樣化的優點包括：1.提供學生更寬廣的學習選擇；2.提昇學生接受高等教育的機會；3.提供高等教育配合個別學生的需求與能力；4.刺激高等教育機構自行訂定任務並依此規劃活動；5.回應社會複雜及多樣的

壓力；6.保障大學的自由及自主（教育部，1999）。西方先進國家在1960及1970年代回應多樣化的作法是建立分化的高等教育體系，例如，英國的大學和多元技術學院、澳洲的大學和高等教育學院的二元分立。到了1990年代，爲了刺激競爭、提昇效率，雖然政府還是強調高等教育機構多樣化的必要性，但是以往藉由政府管制以促成多樣化的作法，有逐漸交由市場力量來運作的趨勢。政府似乎認爲只要就高等教育機構主動回應競爭和市場力量，多樣性自然會產生。例如，澳洲政府在1988年發表教育白皮書「高等教育：政策聲明」，取消大學和學院之間的二元分立，將所有高等教育機構單一化爲「全國統一體系」時，就指出這種新安排是要刺激高等教育的多樣化，讓每一個機構都有其專長與特色，而不是要所有高等教育機構扮演相同角色。

　　然而，根據西方高等教育發展的經驗而言，政府欲藉由競爭迫使高等教育機構努力找出「市場利基」的作法不但沒有顯著成效，反而促進大學校院同質性的發展。舉例來說，澳洲「高等教育品質保證委員會」進行1993年評鑑之後最顯著的結果是大學普遍地參考他校爲評鑑而準備的資料，對那些評鑑結果不佳的學校而言，模仿他校似乎是自我改進的不二法門。雖然委員會強調各校應該自行定義「品質」但是激烈的競爭迫使各大學向一致性靠攏，反而不敢發展沒有把握的「特色」。從英國有關研究評鑑的過程與結果也可看出，經費的競爭可能導致所有大學院校採取相似的發展策略。由英國「大學經費委員會」所規劃的的研究評鑑的主要目的，是希望能夠藉由評鑑讓研究表現不佳的系所知難而退，不參與研究經費的分配，以便將研究經費集中在少數有能力的系所，並藉此完成機構之間或重研究、或重教學的分化。但是結果事與願違，因爲評鑑結果關係著研究經費的多寡，因而吸引了遠超過預期數量的機構和教師參與評鑑，此一結果不但稀釋了

研究傑出單位所能獲得的經費，也使各校爲了能在評鑑排名上領先以提昇學校聲望，無不卯足了勁，競相出價禮聘傑出研究人員。因此，在1992年的評鑑之後，高等教育出現了所謂的「調動狂熱」。西方先進國家的例證，似乎也正在我們高教領域中「複製」著。（戴曉霞，1999c）

除了高等教育機構之間的競爭之外，對學術研究的過分重視，以及因此造成的激烈競爭，也可能導致大學文化的扭曲。最顯著的一點是爲了獲得研究計畫的補助，大學教授挑選研究主題時，不必然由學術的重要性出發，而可能以經費補助爲主要考量。其次，爲了搶得研究的先機，大學研究者或抄襲他人的想法與成果，或爲了防止他人的剽竊行爲而刻意隱瞞其研究結果。這種趨勢與學術研究命脈所繫的資訊流通及公開的原則背道而馳，也有違學界互相信任和合作的傳統，產生緊張的人際關係，使學術研究所需的團隊合作遭受不利影響，阻礙了學術進步。

二、目標面的問題

（一）大學教育由於快速擴充，無法有效建置個別特色

大學教育的普及化已是必然的趨勢，過去十餘年當中大學教育的數量急遽擴增，目前國內大學教育階段的在學率已接近先進國家的水準，而整體數量擴增的速度並未減緩（教育部，1999）。可以預見未來國內大學教育將趨於飽和甚至過剩，這種趨勢將有助於強化大學教育的市場機能，透過競爭形成各大學提昇績效的壓力，進而提高學校的品質。由於大學的普及化，入學機會的增加，入學選擇的門檻必然相對降低，不可能以傳統菁英教育的觀點要求大學教育水準的普遍提昇，但尖端人才的培育仍是決定國家競爭力的主要關鍵，大學教育對此責無旁貸。國內對制度之設

計乃至資源之分配，至今仍無法改變傳統菁英教育為基礎的齊頭式平等觀念，如是必然造成資源的重複及分散，導致大學教育品質的全面降低。（楊國賜，1998）

依據學者Martin Trow（1973）的論點，高等教育人口數佔十八至二十一歲年齡層的15％以下稱為菁英期（elite higher education），佔15％～50％時稱為大眾期（mass higher education），達50％以上時稱為普及期（universal higher education）。八十七學年度是我國高等教育從菁英期進入大眾期的轉捩點。八十七年以前高等教育人口低於15％，嗣後由於原有大學增設系所、增加招生名額、專科升格為學院、學院改制為大學、新設大學等因素，造成高等教育快速擴張，到八十七學年度高等教育人口已達33％。（教育部，1999b）

然而隨著高等教育從菁英期邁入大眾期的同時，也產生了以下問題。

1.資源無法有效運用：目前國內各大學或獨立學院在發展過程中，咸認為「多」即是好，於是許多「中小型」高等教育機構紛紛出現。加以多數學校莫不朝向綜合大學方向擴充，明顯形成資源的浪費。

2.功能重疊：國內多數大學不但均朝綜合大學發展，且由於一般人認為以研究為導向的大學學術地位較高，在社會上可能較受尊崇，因此各大學不論其師資、設備的條件，均圖發展成為研究型大學，不甘被定位為一般教學型或社區大學，導致各大學功能重疊，缺乏特色可言。

3.欠缺世界級大學：在高等教育資源可能日漸減少的情況下，主管教育行政機關為避免爭議，乃採取所謂公平原則，亦即數人頭的資源分配方式。如此一來，各大學雖然都分到一些資

源,但都不足以維持較高品質水準以追求卓越,想要造就世界級的大學遂有如緣木求魚(教育部,2000)。

此外,未來必然是一個知識型經濟主導的時代,未來的社會也將是一個學習型的社會。高級的技術與創新的能力成為個人、企業,乃至國家發展的重要憑藉,而大學正是高級技能與新知識的主要來源。未來的大學生除了十八到二十五歲間的年輕人外,將包含更廣大的不同年齡層人士,他們不但彼此背景不同,進入大學學習的目的也互有差異,欲求一所大學擁有所有功能、滿足所有目標,固不可能,也不必要;因此全國大學教育體系必須做適當的區隔與分化,始能因應社會整體的需求。

(二)高學費政策影響學生公允接受高等教育的機會

隨著高等教育的市場化,勢將導致大學學費節節高升,除非政府能改變政策,將以往補助高等教育機構的經費轉而直接補助學生,否則高學費時代的來臨,則必影響低社經階層學生接受高等教育的機會。教改會在「第一期諮議報告書」中也對這種結果提出警告:「自由競爭中的教育市場,雖然會淘汰品質低劣的教育產品,沒有任何措施可以彌補劣質教育所浪費的生命。因此,在談到教育鬆綁時,不宜完全以經濟的解除管制為範本,尚且需要考量到社會的公平與正義。」(教育部,1998)

(三)大學的社會角色每況愈下

傳統以來,大學教授在全國「公共知識庫」,及社會輿論的引導上,佔有舉足輕重的地位,不過,時到今日,大學教授在影響公共政策與喚醒民智上是否仍然享有如此重大的影響力,則令人懷疑。大學教授在公共知識領域中的地位下滑,部分原因是近年

來公共知識的資源快速增長，大學已非唯一的知識來源。比過去更具反省與批判能力的新聞媒體崛起、各種基金會與智庫在公共事務中日趨活躍、政府與民間企業的研發能力大幅提昇，都使得渠等在公共知識資源上扮演著日益重要的角色。另則，大學影響力式微的另一項重要因素則是，各大學院校這幾年來並未在民眾關心的公共事務議題上，善盡領導輿論的角色。外界對這種現象的批評是，大學教授大都專注學理，埋首於一些旁人無法理解的學術研究。舉例來說，人文學者只重視作品的考據及文學技巧，忽略了它們的時代意義，而社會科學學者一昧追求數據與量化，漠視社會科學應該與社會現實緊密結合，而分子化學家則專注心血在野心勃勃的研發計畫上，一心希望開拓新的領域，但是對如何解決威脅民眾生活的常見疾病卻著力不多。民眾也對大學校園花了極多時間與精力在討論政治對錯，感到極度不解與不滿。

(四) 大學有自由而無責任，使得社會期望與大學自我定位上發生衝突

　　雖然各方對大學教學與研究工作享有的自由已有共識，但責任與義務為何，各界的解讀卻不盡相同，學術自由的內涵已是放諸四海皆準，但學術責任究竟是何物，卻依然是羅生門。即使在象牙塔內，學術責任也披著神秘外衣，新進教師得到的相關資訊相當有限，學術文獻也很少提到大學老師的責任。也許是基於學術自由的傳統，在高等教育的體系內，並無工作職責的明細表列，也沒有所謂的年終工作考核，結果，大學教授的自我定位不明，外界對他們的期望更是漫無標準。因此，當外界找不到適當的尺度來衡量大學的表現，人們自然懷疑大學是否享受過多的自由，卻毫無方向可言。也許是基於這各因素，外界逐漸把「監督責任」與高等教育連在一起；社會大眾開始關心大學「企業」的

經營狀態，並且對產品的品管報告愈來愈沒有信心。儘管疑慮加深，如今進入大學的人數卻比過去多了很多，與其他行業及機構比較起來，大學與學院以上機構，教職員和領導者仍享有極高的社會聲望。而其表現的社會責任是否是「浪得虛名」，則頗令社會投以高度的關切。

（五）管理主義的風行侷限大學教育的寬闊視野

雖然高等教育近年來偏向市場的發展趨勢被認為有刺激競爭、增加彈性、提昇高等教育生產效率的功能，以及消除壟斷、促進社會資源分配效率的作用。但也有不少學者對這種迥異於過去的發展路徑心存憂懼，擔心高等教育機構不但將逐漸喪失原有的獨特性，也可能陷入下列困境：

高等教育大眾化的趨勢見證了知識經濟（knowledge based economy）社會的來臨，由於技術的日益複雜，使得生產性活動需要更高層次的技術與知識，未來經濟活動中的每一種工作都需要更多的「知識」，因為產品將更為複雜，每個人也需要是更佳的學習者。因此，知識不再是自身的目的，知識走進了市場，知識成為買賣的對象，而大學作為生產知識的場所也因此必須「市場化」，亦即生產實用傾向的知識。

隨著時代的變遷，大學存在的正當性不能再訴諸傳統上在知識的獨佔或傳遞等方面，然而知識經濟或知識市場的主張，轉變了人們對於何種知識才是有價值的觀念，使大學變成更為市場化運作的組織，隨著大學教育的大眾化，出現了新的課程結構、學分計算、以及新的評量類型。高等教育中教與學的系統化，基本上是因應大眾化經濟後的必要性，但也是對傳統文化的一種侵蝕。當大學愈來愈傾向以企業方式來經營時，學術社群本身便遭

受到威脅，傳統教育所要培育具備寬廣心智、知識和理解的學習者之主張，不免受到擠壓或忽略。知識的實際應用日益受到重視，而課程中智識的成分逐漸喪失，傷害了大學原本自豪的學術精神，也造成了知識的危機。

我國高等教育目前許多措施也明顯地趨於市場導向，如開放設立大學、大學學費自由化、校務基金的實施等等，使大學走向競爭的局面。市場化競爭的結果，使得有些大學以高額獎學金吸引優秀學生就讀，各大學的宣傳和行銷也日益商業化，並可能造成不當的競爭。現今我國大學正面對改革的壓力，必須改變其知識結構及內部組織模式，大學亟須重新思考其定位和實務，面對新的人力需求，大學必須將技術課程結合進其結構中，大學應如何回應新的人力需求，而無損於傳統所擁有的自主和自由，是大學必須審慎思考的主題。

市場競爭帶來的壓力，使得愈來愈多高等教育機構採用企業界的管理方式。移植企業界作法的基本預設是管理原則係普遍可用的，也就是不論機構的性質，管理的原則是一體適用的。在此一信念之下，規模日益擴大的高等教育機構，被認為必須模仿企業界的管理風格、強有力的領導、明確授權等。根據Martin Trow的觀察，專業的管理主義者已經逐漸取代過去由教授兼任的業餘行政者，掌握高等教育機構的經營大權。這些管理主義者「決心透過經費分配公式及外界設定的績效責任機制，及運用企業界的管理機制來重整學術社群，並重新設定其發展方向。商業模式是管理主義的核心概念，當此一概念運用到高等教育，其主要目標就是要轉化高等教育機構，使其能具有一般私人公司的特質，以方便運用相似的方法進行管理和考核。」（D. Kennedy, 1997）。這種作法引起大學教師普遍的疑懼，例如，一項高等教育機構的調查顯示，大學的高層主管和系主任對於大學應該如何管理，在看

法上有嚴重的落差。系主任普遍覺得學校的管理模式是「由上而下」，而且趨向強調中央管理權威，致使教師的價值觀和管理階層的目標常有衝突之處（陳德華，1998）。另外一個研究也發現，大學教師士氣的低落，已經到了令人擔心的程度。例如，管理主義帶來的是教師的疏離感及有關規範與價值的矛盾及衝突，那麼企業管理模式想要提昇高等教育機構的效能與效率，以便積極回應各種需求的目標恐怕難以完成（張光正，1997）。

（六）社會期待與大學自主的衝突，形成大學莫衷一是的窘境

隨著高等教育的快速擴充，如何維持優良素質，是社會多所關照的議題。雖然一般認為，高等教育機構確實必須為各種活動的成效負責，但是有關品質的定義及其相關問題，社會各界乃至教育單位本身卻有非常不同的看法。因為品質並不是一個絕對的概念，端視機構完成其目標的程度而定。然而大學校院基於教育理念所訂定的內部目標和回應社會需求而產生的外部目標，往往牽涉不同的理念、觀點和利益，很難達成共識。不可否認的，當高等教育牽涉數目龐大的社會成員，並需投入可觀的社會資源時，高等教育的品質及其與社會需求的相關性應該獲得某種程度的保障。問題是品質應如何界定及評估？許多國家以人力規劃來導入高等教育畢業生之類別與數量的失敗經驗，可以顯示由政府所界定的社會需求及據此訂定的高等教育目標往往和現實嚴重脫節，甚至誤導教育投資及發展方向。除了使大學院校能自主運作的空間已益縮小之外，且往往造成社會期待與大學展現的衝突。（楊振富，2000）

三、組織面的問題

(一) 大學自主運作機制亟待建立

民國八十三年大學法修正公布後，政府將大學教育的決策權逐步下放，各大學得到較大的空間，可以根據本身的辦學理念建立自己的發展特色。大學自主意謂大學本身必須直接肩負起更大的社會責任，但由於學校內部運作體制尚未完備，民主制衡以及權責相符的基本理念尚未落實，許多學校並未獲得自主後的優點，卻呈現諸多運作缺乏效率的亂象。另一方面，社會上也普遍缺乏對於大學自主的的體認與尊重，頻頻透過各種管道試圖影響大學之運作，造成各大學極大的困擾，更是不利於大學的長遠發展。此外，大學自主必須建立在人事與財務自主的基礎上。大學的人事制度在過去均建立在公教一體的背景上，保障過多限制也過多，雖然近年來已逐步朝向公教分途的方向調整，但依然無法符應大學自主發展的需要。至於在會計制度方面，私立大學雖有較大的自主空間，但財務的透明化還不能滿足社會的期許，國立大學雖已實施校務基金制度，但相關之配套措施仍然不足，受到公務體系預算及審計制度之牽制更是讓大學普遍不滿，各大學依舊覺得政府的管制過多，不符大學自主之需求。（楊瑩，1998）

(二) 大學校長的角色必須有所調整，以應新的環境需求

從積極層面來看，各大學的自主性必將因為財務獨立運作而日益加強，不必再像過去事事聽命於教育主管機關，處處受會計制度牽制，而難以發揮各校特色，甚至被譏諷為「教育部大學分校」。此外，鼓勵民間依照市場原則自由興學，除了可以促使公私立大學更公平地競爭、增加學生及家長的選擇之外，也是打破教育由官方壟斷的有效策略。

爲了募款以維持大學營運的需要，大學校長必須汲汲營營於開拓政商關係及美化學校形象之公關工作，因而大學校長可能由學術社群領導者的身份，逐漸轉化成爲企業經營者的角色。募款的結果或許能協助學校維持收支平衡，但是卻可能造成大學向來秉持的理想主義失落。就像學者分析美國私立大學校長角色，在過去三十年間的轉變時所說的：「大學校長轉變的最大動力來自校外。他們以往所關心的是校內的課程革新、師生的需求、館舍的興建等。今天，他們的心力多投注在募款、提昇學校形象和知名度、爭取社區支持等。他們不再是傳統的學術人，而是公關和促銷人員。」（Fox, 1994）

　　大學校長缺乏過去的名望，但是治理一個大學的擔子卻又比過去沉重許多，因爲大學院校的組織與結構已日趨複雜，不但有更多的學院系所，政府與民間企業介入的程度亦深，這種多重的互動關係帶來極大的壓力，光是處理日常校務，就常令各大學校長分身乏術，時間不夠用是他們日常生活的寫照，持平而論，校長工作份量加重是不爭的事實，繁重的校務佔去了他們大部分的時間與精力，使他們無法如同過去的大學校長經常走出校園，關心校園以外的公共事務。

（三）捐款人過度干預以致對大學自主產生的影響

　　大學募款或和產業界合作之目的，無非是尋求財務上的獨立自主。然而所謂「拿人的手短」，大學對私人財源依賴日深之際，是否會產生手段與目的之間的混淆，而使大學聽命於產業界的需求，忘卻大學教育的理念與目的，也令人憂心（黃崑巖，1997）。捐款人和大學之間的理念和目標未盡一致，以致彼此衝突是難以避免的，因爲捐款人代表的是社會的需求，他們所重視的是大學的績效，這和學校所堅持的自主未必相容。此外，績效和自主之

間的矛盾日愈尖銳的主要原因在於，大學的主要捐款來自少數大額捐款人，而且這些款項多有指定用途。過去數十年來，捐款人透過饋贈來影響美國的大學，使其改變決策和調整優先順序的情況屢見不鮮。例如，若干大學因為可望企業贊助，以開設講座等方式投企業所好，儘管這些對大學而言，並不是最迫切需要的（Rosovsky, 1990）。

（四）大學現行的知識內涵，是否能滿足社會的需求

另外一種對大學教育的挑戰與質疑來自學生與一般民眾，他們質疑：學校傳授的知識能夠解決世界面臨的各項問題嗎？學生在學校所學能夠協助他們瞭解這個世界嗎？事實上，這個世界已經變的愈來愈複雜，不斷冒出來的新問題，不但外界的期望不斷升高，學生渴望瞭解問題的意願也愈發強烈，部分教授也呼應迎對這種挑戰。然而，無可否認的是社會不再完全信任大學解決社會問題的能力，外界倒不是懷疑大學擁有的知識力量，也不是不尊重大學教授與研究人員的專業素養，而是擔心大學是否意識到，若要解決當前社會面臨的各項複雜問題，必須熟悉及統合各種不同類別的知識與專業技能。大學能否一舉超越既有的藩籬與傳統，以追求知識及解決問題的新途徑，目前仍無法提供社會可信賴的方向。

（五）強調專業，導致學系過度分化，阻礙全人教育的培育

由於強調專業分工，學系專業分化的結果，形成只重專業忽略通識，培養出「專家只不過是會投票的驢子」之譏。我國各大學院校目前採行學系制，學生入學即分發歸屬各學系，由教師與學生所組成的集體很快演變成家族式單位，學生流於學系本位而不能旁通統貫，學系之間壁壘分明，學系過度分化的結果，不僅

造成教學設備、教育資源的偏狹，各學系課程規劃往往著眼於本身專業，並以教師為本位設計課程，往往過度強調自身學門的重要性，進一步導致課程過度分化，忽略學生全人發展的需求，與大學教育宜有宏觀包容視野的發展趨勢相互悖離。

為了改變長久以來大學過度強調專業教育以及各學系過度分割的現象，大學校園中也有所反省並期望進行變革。其中擴充學習領域、加強通識教育、延後分流是近十餘年來我國大學課程改革努力的方向。許多教育學者主張大學教育改革應透過適當的課程調整，提供充分機會讓學生探索知識殿堂，使學生可以優游於不同的學術領域，具體的作法是儘量降低必修學分，規定專業學分不得超過總學分數二分之一（張光正，1997）。甚或主張採跨學系的彈性學程規劃，提供學生更大的選擇空間，並保留在各學程間的轉換機會，使大學教育做到因材施教而不是選才施教，改變大學以學系為本位的課程規劃，由學院負責以利課程整合（鄭瑞城，1998）。

在歐美日大學學術單位的調整，如德國的「學域」（fachberiche）、法國的「教學與研究單位」（U.E.R.），以及日本的「學群」，都牽涉到大學學術單位的結構調整，其中較具成效的例如，德國的「學域」這是研究與教學的行政組織，舉凡教師的聘任、課程與研究計畫、學業輔導、考試章程、經費、設備管理等都由其決定，而組成人員包括：教授、講師、助教和學生代表，這從過去教授「主治」所造成的權力壟斷，走向權力分配和分享的「世俗化」。至於像法國的「教學研究單位」、日本的「學群」，也都有類似的功能。這些改革不僅是因應社會變遷的需要而對大學內部結構與功能的重組，它也反映出知識與權力的重新分配（陳伯璋，1994）。

目前我國高等教育正面臨重要轉變階段，高等教育由菁英教

育轉爲普及教育，大學教育目標由專才教育轉爲全人教育，教育
行政體系由中央集權轉向大學自主，如何在彈性化、適性化的原
則下，提供學生更合理的學習環境，是各大學必須努力的方向。

四、教學面問題

（一）大學教育面臨國際化挑戰，尚不見有效的因應之道

　　隨著科技的發達，交通與通訊的便捷，經貿活動的頻繁，乃
至全球環境的變遷，國際化是二十一世紀全球必須共同面臨的課
題，教育必須爲這國際化的趨勢預作因應。大學教育所培育人才
的素質將是決定國家競爭力的主要關鍵，除了在教育的內涵上必
須培養學生具備國際觀的視野及處理國際事務的能力外，當我國
成爲國際貿易組織的一員時，教育市場勢必將全面開放，大學本
身也無法再自限於門戶，必須面臨國外大學的競爭與挑戰，如何
加強與國外一流大學的交流與合作，提昇學術水準，並尋求競爭
的優勢，將是大學教育必須面對的挑戰。然而針對這些新的發展
方向，大學教育在既有的課程內涵上並未有所因應或突破，以致
培育的人力無法契合社會快速變遷，乃至國家發展所需的人才，
就人力資源的提昇上自有所侷限。（陳德華，1998）

（二）教學的重要性受到漠視，阻礙對人才的培育

　　在強調國際化與研究績效的評估時，我們常忘了將教學的改
善納入同步發展。大學並非祇是學術研究的場所，它也是發揮全
方位影響的地方，試想，最優秀的下一代大部分在大學生而非侷
限在研究生中，教學的效應主要是體現在以後即將在各行各業嶄
露頭角的大學生群上。假如大學教師祇關心自己研究，學校祇作
研究評鑑，則大學生日後的回饋必無法確保，該一後果對大學教

育的影響甚為嚴重，是無法輕忽的。究此，以英國為例，他們的高等教育撥款委員會設立「增進教學品質基金」（TQEF），在三年內提列九千萬英鎊，以平衡因過度獎勵研究卓越而對教學產生之傷害，並分三個層次獎勵：1.對有令人滿意之教學策略的機構；2.針對優良教學之教師；3.設置教學主題研究中心。在英國，教學品質之下降被認為與研究經費之選擇性加強補助有關，但因教學與研究之獎助分屬兩個撥款系統，故兩者之不能耦合尚待克服，以便相輔相成。至於美國，則早已實施普遍之教學評鑑，深受仰重的教授認真教授基礎學科與通識教育課程的情形相當普遍。台灣的大學教授狀況與英國開始類似，資深績優教授不願意教基礎學科與通識課程的情形相當普遍，所謂「教學優良教師」的榮譽也沒有獲得相對的認可。台灣的大學教授確實有很多改善的空間，應該在各類型的教學上相當程度的改善教學品質，如要求準備書單、描述教學內容、進行教學評鑑（例如，制訂一套具體可行以納入成為晉升與調薪的辦法）等。（戴曉霞，1999c）

（三）課程規劃教學活動無法造就出符合社會期待的社會成員

大學部的改革還牽涉到社會對大學教育的期望，以及大學對社會壓力的回應。特別是在幾個比較熱門的科系中，由於同學之間的學業競爭激烈，學術氣氛往往非常緊張。雖然最近幾年情況稍微好些，但是授課教授依照曲線分配高低分數、把小組討論轉變成某種形式的辯論比賽，以及不鼓勵學生進行小組合作等現象，依然普遍存在。形容某一科很「嚴格」往往代表對這們科目的讚美，而通常檢驗某一科目是否嚴格的標準則是，有多少學生被「當」。這種現象或多或少與社會對大學的期望有關。人們希望大學做一個負責的把關者，對他的「產品」進行嚴格品管，並且發揮「驗證」的功效，亦即告訴接收大學畢業生的社會，哪些學

生比較優秀，哪些學生比較差。社會大眾曾對大學浮濫評分表達強烈的不滿，多少反應了外界要求學校善盡把關責任的普遍心理，同時也突顯社會大眾極端重視大學生的在校成績。不過，人們也不時抱怨，大學生過度競爭造成了後遺症。絕大多數的組織機構，無論是政府機構或私人企業，大多依靠團隊完成工作，他們集合了具有不同才能的人才，集思廣益，攜手合作，共同解決問題。在這種工作環境下，一位好員工必須能夠與別人配合，並且經由與別人合作的方式，貢獻專業技能，或是展現他的領導才華。（D. Kennedy, 1997）基於上述期望，許多機關首長或是企業領袖不免會問：為何我們的大學教育僅為我們培養出一群只懂得競爭，卻無法與人和諧共識的青年男女？

（四）教師著重研究輕忽教學影響教育品質

　　最近幾年以來，研究幾乎已經成為學術責任的核心，不論是在學術圈內或圈外，愈來愈多的注意力擺在研究活動上，這個現象不但為大學帶來新的問題，也使外界對大學的觀感改變，大學教師在研究活動上投注絕大部分的心力，使大學的功能特別是教學活動遭到忽略，值得注意的是，現代學術研究投注的成本，無論就金錢或時間而言，都比其他學術責任高昂，往往付出這些高昂成本的理由是優秀的學者也會是出色的老師，而荒廢學術研究的老師很快就會成為落伍的教書匠。雖然這種說法有幾分道理，卻有愈來愈多的人相信大學過度強調學術研究，犧牲的是訓練與教學。

　　大學過度偏重研究成就的主要原因是，各校都在競相爭取最好的學生，最多的政府補助經費，以及最高的社會聲望。雖然這種情況在以研究作為重點的大型學校尤其明顯，其他類型的學校，例如，文理學院或是綜合性的州立大學也都未能避免。競爭

是一件好事，它可以督促個別效力力爭上游，使高等教育能夠精益求精、自由競爭，不但使新的學校有機會迎頭趕上，以後起之秀的姿勢擠身明校之列，也使社會大眾有機會比較各校表現得好壞。各校激烈競爭爭相以高薪網羅好的師資，無形中也改善了大學老師的待遇。許多人認為公私立並存兩者互相競爭，是高等教育品質提高的根本原因，不過，即使是強烈信仰自由市場優點的人士，也不得不承認追求卓越與名聲已經成為大學院校的重要特點，各校都以爭取創新財源補助和優勢地位為優先，因而疏忽了大學的其他責任，在資源不斷萎縮而競爭又益形激烈的情況下，不論是教授個人或是學校本身都很難堅守客觀、公正、無私無我的立場。在競爭與利益掛帥之下，最值得注意的現象是：師道的淪喪，在最近幾年來大學教師，對學校的認同與參與已漸趨淡薄，對教學的熱忱也逐漸冷淡，這些都是各校過度強調研究成果，因競爭而偏廢其他職責的後遺症。（黃俊傑，1997）

（五）通識教育被視為聊備一格的邊陲化，影響全人教育的施展

　　大學通識教育的實施，其意並不在於灌輸各學科龐雜、瑣碎的知識，而在於讓學生通過這些課程，瞭解自身與自身、自身與社會環境、自身與自然世界等相互之間的種種關聯，使學生生活於現代社會而善知何以自處。同時，強調人類取得這些知識的方法，使學生日後對其他學科知道如何入門，知道如何在本門工作借助其他學科的方法，甚至知道如何批判各門知識的根源與限度，以利於科際整合，拓寬研究的視野（陳伯璋，1994）。但事實上當時各校在教育部一紙令下要求開設通識課程之情形下，往往未經審慎規劃，只是要求各學院或各系提供課程，供外系選修，變成只在補充其他知識領域的不足或只讓學生知道一零碎的知

識，偏離了「宏觀」知識的宗旨，也無法達到更具洞識、批判和創造能力的開展。

所以，誤認通才教育之目的僅在「使學生對各類基本學具備一些基本的知識」，因此學校只是開設一些基本的人文學科、自然科學和社會科學要學生修習，而事實上通才教育所要求的不只是知識的「廣度」（breadth）而已，它還進一步要求知識的「統整」（integration），換言之，學生不但要擁有各類科的基本知識，而且還要進一步瞭解各個獨立學科（discipline）或學術領域（academic field）與其本身所專精的領域之間的關係，同時也要瞭解各學科或領域與我們整個人生的關係，對於通才教育中的「通」的觀念，必使之從「懂」的層次提昇到「統」層次才算把握了它的真義。

一般人將通識教育與專才教育採二分法，認為前者重廣博，後者重專精，二者不可得兼，認為強調通識教育會減弱、甚或犧牲了主修課程。事實上如能妥為設計並執行，通識教育不但不妨礙專門教育（specialization）之實施，反而有利於後者的正常發展，因為它可以防止專門教育走入偏端或見樹不見林，而能為它提供連結專攻領域之環結，使專門教育在一個更廣大的文化網絡中進行，且將它適當地予以定位（張光正，1997）。通識教育更是專業教育不可或缺的一部分，一個真正的專業人員，不但要在其專業技術方面達到精熟的程度，同時也要能敏於察覺當事人之內在需求與感情，瞭解其本身所處之社會環境反潮流，深諳價值問題，且能清楚地表達自己等。把二者對立的結果，許多系或專業學院的教授，把通識教育的責任推給教授通識課程之教師，而事實上各專門或專業科目的教師在講授其攻或專業學科時，也可同時把與其所授科目有關的種種思考方式和價值觀念等一併教導給學生，這其實就是通識教育的實施了。

先進國家因應高等教育發展挑戰的對應措施

一、英國

　　英國大學的傳統以提供博雅教育，培育精英、導引社會價值為宗旨。對於面臨新世紀高等教育的挑戰時，則爰引影響極為深遠的羅賓斯報告書（Robinson Report）做為主張。強調高等教育發展必須和社會文化契合，大學教育應該符合四項原則：（一）技能傳授應符合社會分工需要；（二）知識傳授除了養成專門人才之外，更要注意培養受過良好文化薰陶的公民；（三）應致力於高深知識及真理的追求；（四）注重共同文化的建立與傳遞，以及共同公民權標準之建立。以倫敦大學為例，其教育目的為：鼓勵從事通才教育，促進科學及高深研究，改進並擴充大學教育水準，提供國民大學教育課程。根據高等教育研究者的觀察，在1980年代中期以前，英國對於高等教育部採取計畫與控制策略。到了1980年代中期以降，才改為自我管制策略。政府不再作細部的掌控，以增加大學的自主。換言之，政府放鬆對高等教育機構在財務、人事、課程方面的管制，將決策權下放給學校。舉例來說，在1987年的綠皮書「高等教育：政策討論」中，教育學者Dawkins就指出，高等教育機構必須去除「依賴的受惠者」的心態。（戴曉霞，1999b）

　　從英國教育改善的例子可以看出，政府對高等教育的操控已經由國家控制模式轉向國家監督模式。政府和大學之間的關係之所以有這樣的轉折，最主要的原因是已開發國家的高等教育自從1960年代以來急速的發展之後，到了1980年代已經陸續由精英型走向大眾型。為了減輕高等教育的擴充所造成的財務負擔，各國政府無不殫思以較少的公共經費，提供品質較好的高等教育。為

了完成這兩個目的，是以採取的政策：（一）藉由解除管制、私有化、市場化、賦予高等教育機構更多的自主與彈性，強化其積極回應變遷與競爭的能力。和（二）藉由績效責任、刺激競爭及經費誘因等方式，對高等教育進行實質的干預等政策。另外企圖經由「品質保證制度」，以達成教育改革的目標。這項高等教育品質保證制度的發展錯綜複雜，但綜合歸納其內涵可以三個要素與兩大目標導向加以分析如下（Thompson, 1990）：

英國高等教育品質保證工作之三個要素，包括：「品質控制」、「品質審議」以及「品質評估」：

（一）品質控制

係指各高等教育機構須對其學術水準負責，包括在相關標準、過程及校務等方面，均須確定教育單位與評估單位都能滿意的接受。

（二）品質審議

係指高等教育機構有共同監督和改進其學術品質的責任，而由「高等教育品質評議委員會」（HEQC）負責，其下設有品質「審議小組」在持續循環的原則下以「自我評鑑」與「同僚審查」的方式來進行高等教育的品質審議工作。

（三）品質評估

係指高等教育品質的外部評鑑，由三個「高等教育經費分配委員會」（HEFCs）負責，「自我評鑑」與「外部評鑑」是此一過程的重心。「高等教育經費分配評議委員會」的「聯合工作小組」負責發展「質化」與「量化」的指標，以資使用。

若以目標言，英國高等教育之品質保證制度亦可區分為「績效責任」與「改進導向」兩大內涵：就「績效責任」而言，「高等教育經費分配評議委員會」乃一中介組織，係政府單位，其層次屬於機構審議；方式則為品質評估，即自我評鑑的外在檢查，加上外來評估者的訪問評鑑；其報告亦可分為兩類：品質評估報告為公開的總結性判斷，品質審議報告則為「高等教育品質評議委員會」所發布。至於品質評估之目的，則係作為經費分配決定的參考。就「改進導向」而言，「高等教育品質評議委員會」係一由高等教育機構自組的中介團體，其層次屬於課程評估；方式則為品質評估與品質審議性質的自我評估，以及同僚的品質審議；其審議之目的係鼓勵高等教育機構使用其評估結果，以求改進。

　　整體而言，英國高等教育機構的評鑑工作，十分偏重於自我品質保證工作的達成。究其特色，可由英國高等教育獨立發展的色彩窺其全貌。由於學校平時即注重個別獨特校風的維持，因此，各校的自我期許乃成為評鑑工作的一大特色。

　　縱使近期英國高等教育機構的評鑑工作，因為績效責任要求與經費補助之問題，導致政府單位的干預，但無論是何種形態的管制方法，皆以「同僚審查」為主，並針對各校是否建立品質保證制度以及品質保證制度的適用性，提出興革意見。相形之下，各校的自主性仍然很高。換言之，雖然教育結果一定要滿足政府與「高等教育經費分配評議委員會」的政策、入學標的，以及課程研究與評估，但是，品質保證乃須以高等教育機構所各自表述的意圖與目的，來評估其目的之適合性。此外，品質保證的證據亦必須由大學自行提出。這些證據須由高等教育機構與「高等教育經費分配評議委員會」共同決定，並由外部檢查者證明表現指標之達成程度。

展望未來英國政府與高等教育機構之間，首先須對「品質」之定義有一共識。其次，雙方要努力發展一長期的管理方式，包括：評鑑政策、經費分配、及透明化的評估程序；接著界定未來市場因素、設立目標與標準；最後，雙方需不斷地自求改進。如此，其高等教育的品質保證制度才可望更完善。

二、美國

　　美國的高等教育採取普及教育的原則，儘量提供高等教育機會，是以高等教育的擴充非常迅速。美國大學教育以學術研究、人才訓練及社會服務為宗旨，具體的教育目的為實施通才教育培養健全公民、發展健全人格、充實生活能力，養成現代公民必須具備的態度、理想、知識和技能，使其能負起公民責任；此外實施專業訓練，培養社會建設所需之專門人才亦為重要目標。美國高等教育學者前加州大學校長克爾（Kerr）認為現代高等教育的功能是：促進社會正義、提昇生活品質、推動政治改革、收容其他社會機構忽視的族群、有系統的思考社會未來；並且應在培養專業人員、傳遞共同文化、促進個人發展、提昇學術研究、推展公共服務、提供平等入學機會等方面扮演積極角色（Kerr, 1994:96-102）。哈佛大學實施通識教育的目的，在引導學生成為一個「有教養的人」（educated person），其主要目標在：（一）能清晰而有效的思考和寫作；（二）對自然、社會和人文有批判性的瞭解；（三）不應有地方的偏狹性而忽視其他地區和另一個時代的文化；（四）能瞭解和思考道德和倫理的問題；（五）能在某一個領域有深入的研究（Rosovsky, 1990:105-108）。

　　美國大學由於自主性高，學校組織必須發揮各項功能，所以行政體系龐大，分工詳細，並且聘用許多專業人員。校長是行政部門的首長，其下分為數個部門：學生事務、財務、發展等，各

設副校長或其他主管以司領導。其中學術副校長的地位最重要，負責督導學校之學術計畫、教學、研究、推廣、招生、註冊、圖書等有關事務。如學校涵蓋之學術領域太廣，則將學術事務依各學院之相關程度再予以細分，以便有效管理。例如，密西西比州立大學另設一副校長，負責督導農學、醫獸、家政三學院；亦有學校將研究與建教合作業務自學校範圍抽出，而另設研究副校長。由上可知美國一般的大學院校行政體系，雖然龐大，但是採取校長授權數位副校長分工管理之方式。由於副校長爲數不多，所以校長的控制幅度不至過大，得以有效推動校務。

另外，在學術副校長之下，有各學院的組織，各學院之下則爲各學系。學系由專長相近之教師組成，在學校組織結構中層級雖低，但是有關教學與研究之內容，以及學術人員的選擇，主要是由學系中的教師來決定。因爲學校的董事會及行政部門瞭解大學是學術機構，其成功有賴組織中的學術專業人員能發揮其能力，所以授與教師們在教學與研究方面相當大的自治權。這種自治主要集中在各學系，譬如，決定學生入學標準、課程內容、選擇系主任，決定系內教師之升等或永久聘任等，均由各系教師經由會議作成建議，在呈報上級行政人員核定。通常規模越大，聲望愈高之院校中，各系在學術事務上的自治權也愈大。

美國的大學院校除了機構獨立，學系自治外，對於教師個人在教學與研究上的自由也提供相當程度的保障。美國大學教授協會建議各校採取下列兩項保障措施：（一）永久聘任制，即教師在適用其滿（一般爲七年）前通過考核者，可以任教到退休爲止，除非學校遭遇財務危機或其他正當理由，不得停聘。（二）學術適當程序：以或永聘者之停聘或未獲永聘者在聘約未滿前之解約事宜，需經由特定程序爲之，除了如一般法律訴訟程序提供保障當事人權益之措施外，最後的裁決應有其他教師參與。各校

若有學術自由的爭議事件發生，美國大學教授協會必派人前往調查，作成解決之建議。學校當局若執意不予採納，該協會立即將之列入該會出版刊物上的黑名單，一方面公開譴責，一方面提醒教授們不要去違反這類學術自由的學校任教。這是美國大學教授以團體力量來維護學術自由的作法。現在絕大多數的美國大學院校都以採納此一教授協會有關長聘制及學術適當程序的建議，因此教授們能夠免於無端去職的恐懼，安心而自由的從事學問上的鑽研與討論。

在保障學術自由的同時，美國的大學院校並沒有因此降低學術品質。永久聘任的制度使得學校必須對試用數年的教師進行考核，這種考核十分慎重，教師必須提出教學、研究、及服務三方面的具體成績，以證明他的能力。凡是未經過考核者即遭淘汰，因此這是一項保障大學素質的有力措施。而獲得長聘者雖無失去職位之虞，但是學校行政當局尚提供升等與績優加薪等誘因，可以促其繼續努力，學生也透過教學評鑑的方式來督促教師，高等教育的品質而得以維護。

在一個民主社會裡接受高等教育普遍被視為一種權利，高等教育或早或晚都必然會由菁英進入大眾化，甚至普及化階段。在高等教育擴張的過程中，傳統的菁英大學可能會面對一個兩難問題，菁英大學必須容納快速增加的學生，而忍受品質的下降；或者菁英大學為了維持品質拒絕擴張，而必須承受社會和政治壓力，前者可能導到菁英大學的大眾化，後者可能使菁英大學因為得不到社會的支持和需要的資源而漸趨萎縮。換言之，在今日社會裡只有在教育機會均等及社會流動得到適度滿足之後，卓越的追尋才能得到社會的認同與支持。菁英型大學才有生存的空間。就像Martin Trow所指出的，美國的菁英大學之所以得到充分的發展，主要是因為大眾化的需求已經由數量龐大，且定位明確的各

類高等教育機構得到滿足。若非如此，要求平等的聲浪中將侵蝕成本較高的菁英大學的合法性基礎。（Martin, 1993:156-162）

就功能而言，高等教育的充分提供，固然是讓菁英大學繼續成長的必要條件，但是高等教育的普及，並不能保證菁英大學的產生和學術品質的提昇。就社會發展而言高等教育的普及確實有助於強化人力素質，但是面對高科技的快速發展，激烈的國際競爭、科技的創新及國家競爭力的提昇，則有賴於高級人才的培育及世界級研究發展能力的培養。換言之，均等的追求固然具有普世的價值，但是高等教育在量方面的擴充和學術質的提昇，往往存在著內在矛盾，即使政府有能力並且願意挹注龐大經費以同時堅固質與量，但是在一個大眾化甚至普及化的高等教育體系裡，並不是每一個學生都具備追求學術卓越的能力和意願，政府和學術界都必須有這種體認和擔當，承認大學生有不同的能力和需求，大學必須有不同使命和功能，為了培育社會發展不可或缺的領導人才和提昇基礎研究的能力。政府必須放棄齊頭式的高等教育經費政策，依據大學不同的定位功能和表現給予不同的經費。（楊振富，2000）

高等教育和國家發展之間的關係密切，不可能完全由市場力量來運作，雖然根據美國的憲法，美國各級教育不都屬於地方政府的權限，聯邦政府無權干涉，但是由美國研究型大學的發展，可以看出聯邦政府的科學政策以及透過國家科學基金會國家衛生院國防部等聯邦機構所提供的巨額研究經費，在研究型大學的成長及其發展方向上扮演了主導性的角色。（D. Kennedy, 1997）除了聯邦政府州政府在研究型大學的成長上也扮演了相關性的角色。換言之，市場的競爭或許能使高等教育更積極的回應消費者的需求更有效率，但不必然能造就需要鉅額研發經費及長時間孕育的研究型大學。美國的經驗顯示研究型大學的成就令人欽羨，

但是世界級大學所需經費龐大，非舉全國之力難以成就，在卓越和均等之間如何拿捏，考驗的不只是政治智慧，也是決策者的魄力與決心。

三、日本

在二十世紀五十年代時，伴隨著經濟的快速發展，企業對科學技術人才的需要日益迫切，大力發展高等教育的呼聲越來越高漲。可是，中央政府反應遲鈍，因此導致許多地方政府對文部省愈來愈不滿意，他們不斷地向國會提出發展地方高等教育的要求，並透過首相等高層人士不斷地向文部省施加壓力。社會各界對高等教育愈來愈不滿意，紛紛發表意見，提出主張。隨後，許多經濟組織、政治組織以及社會知名人士等發表了大量意見，提出政府必須加速科技人才的培養，以增強國家在國際上的競爭力。在強大的社會壓力下，文部省就高等教育的目標建構上才提出「擴充科技人員培養計畫」。可是，在這個計畫面世之前，文部省修改了學校設立的標準，大幅度地提高了條件，特別是對私立大學的設立，私立大學增設學部的資產總額和現金儲備的設定標準都大約提高了一倍。

到了二十世紀六十年代初期，實施「國民收入倍增計畫」，政府執行擴大培養科技人員計畫，在這個計畫的實施過程中，私立高等學校大規模發展，成為日本現代高等教育的突出特點，相較之下國立大學比例不論規模、數量，學生數皆較小。與私立大學相比，在過去的五十年間，國立大學無論在數量發展或辦學指導方針方面，基本上都沒有顯著的變化。但是，正如近年來各大企業、金融機關等紛紛合併以求生存，並企圖加強競爭力一樣，國立大學也出現了類似的改革動向。如山梨大學和山梨醫科大學兩所國立大學已在1999年聯合成立了由數十人組成的專門委員會，

討論兩校合併的可能性及具體的操作程序。目前，兩校的具體設想為，首先由兩校聯合創辦與本科教育沒有直接關係的獨立研究生院，然後在進行充分討論和論證的基礎上，兩校變成一校，進行實質性的合併。如果兩校最終合併，將是自1949年發展「新制大學」以來，國立大學在體制方面進行大改革的首例，而且極有可能促使其他國立大學進行類似的合併。兩所國立大學之間產生合併的改革動向並非偶例，而是有著深刻的影響（夏道源，1999：176-188）。

　　為應高等教育的挑戰，除了組織結構的變革外，並且在目標的建置上，文部省頒布了「教育改革基本綱領」，提出高等教育的目標為教育、研究、公共服務、社會批判等四項。根據學校教育法規定日本現代大學教育之目的為以學術為中心，授予廣泛知識，教授高深的專門學藝，以發展智性的、道德的及應用的能力。另外該法65條規定：大學應以教授並研究學術的理論及應用，探究其奧秘，以促進文化之發展為目的。新制大學則更注意一般教育，必須修讀人文學科、社會學科及自然學科三領域共計36學分，同時也注意到學術、一般教育及職業生活的平衡。

　　日本的高等教育按照大學審議會「高等教育個性化、學術研究卓越、經營管理活性化」的方針，在功能、目標、教學、組織等各個方面都進行了改革，也取得了相當的成效。其中非常重要的一點是：這些年來的改革措施以及相關的討論，促使社會各界人士日益認識到高等教育改革的必要性，從而讓高等教育界人士自覺地參與到具體的高等教育改革實踐中，切切實實地推動著高等教育改革的進行。大學審議會認為，當今世界由於資訊技術的發展和自由貿易體制的擴大，社會、經濟、文化等全球交流的普遍化，國際間的流動性和相互依存關係也不斷提高，同時，國際間的競爭也更趨激烈，因此這是一個更趨複雜化、更不透明的時

代。而「在這種流動和變化的時代，生存的保障就是教育和終身學習」（1999年6月西方七國領袖會議公報觀點）。在這樣的背景下，日本為了達到「智慧創造立國」及「在國際社會發揮主要作用」的目的，其高等教育機構就必須及時提供能適應國民終生各個時期需要的適當教育，這種教育要能使學生學到與急劇變化的時代相適應的創造性知識和技術，以培養出能活躍於世界舞台的人才。為了達到這些目的，適應日本經濟、社會及社會各界對高等教育的多種多樣的要求。高等教育機構必須多樣化、個性化（每一所學校都要有自己特色的定位和目標），而進入高等教育機構的入學率也將大幅度上升，大學的教學內容和方法及相應的支援體系、大學的經營管理等各個方面也都應該有相應的改革，使高等教育適應二十一世紀社會的發展需求。

四、澳洲

澳洲聯邦政府在面對新世紀的挑戰時，高等教育的興革之道包括：

（一）在功能上高等教育積極朝向終身教育方向努力

提倡終身學習觀念，促使公民具備參與公共事務的知能。科技社會需要高級人才，並且能在工作生涯之中賡續學習。在一參與式的社會（participative society）會有相當不同的需求，必須在經濟生產力、環境保護、國家與世界安全，以及個人與團體間，對於權利與社會正義的複雜訴求，能夠獲得共識。澳洲確認在教育上必須強調社會責任、個人發展，以及更具有彈性的人力發展，並提昇終身學習的觀念，以全面提昇公民的素養。

(二) 在教育内涵上則重視以能力為基礎的教育與學習

自1990年代初期以來，日趨重視就業與教育之間的關聯。各級政府的政策均注重迎合變遷的就業需求，以及具有生產力的勞動人力要求。這些要求包括學校需要提供給所有人堅實的教育基礎，以及繼續學習的意願與能力。教育與訓練的服務對象尋求的是以工作為基礎（work-based）或與工作有關的學習（work-related learning），為了提高工作效能，必須有介於學校、職業教育與訓練，以及高等教育之間的通路。因為過去將教育、訓練與工作之間加以明顯區分，已經變得不合時宜，職業教育與訓練應將工作、技能發展與學習三者統整，重視以能力為基礎的訓練與學習（competency-based training and learning），並以接受教育與訓練者為中心，實施以能力為基礎的訓練，以及入門及訓練安排的重組，同時，也根據職場結構來提供訓練方案。能力為基礎的訓練類型重視個人在工作情境中所能從事的工作及其成果。（戴曉霞，2001）

(三) 在組織結構上則以落實全國性政策為導向

聯邦與州政府共同合作，推動增進學校教育角色的全國性政策。各州與區域應與聯邦政府共同合作，針對學校在人文、倫理、文化及國際上的教育層面角色，推展具有啟示之全國性政策，這些政策包括：（戴曉霞，2001）

1. 受暴力侵犯婦女之國家策略（the National Strategy on Violence Against Women）。
2. 全國原住民拖瑞斯島民教育政策 （the National Aboriginal and Torres Strait Islander Education Policy）。
3. 澳洲社會的國家語言政策（the National Policy on languages

in Australian Society）。

4.全國生態保護發展策略（the National Ecologically Sustainable Development Society）。

5.多元文化的國家課題（the National Agenda for Multicultural Australia）。

6.公共事務與公民教育方案（Civics and Citizenship Education Programme）。

7.全國學校英語識字調查（National School English Literacy Survey）。

8.品質學校教育方案（Quality Schooling Programme）。

9.全國學校公平方案（National Equity Programme for Schools）。

10.全國專業發展方案（National Professional Development Programmme）。

（四）在教學上則提昇教師的專業水準

教學專業的強化是必要的，尤其是改進教師的社會地位。政府需要協助學校應用新的資訊科技，以及透過更為明確具體的職業訓練以及在中等教育階段協助學生擁有工作經驗機會，使教育與工作間有較佳的聯結。

（五）在目標上係以發展全國性教育目標統整教育成效

在1998年4月23日舉辦的教育、就業、訓練及青少年事務部與各州教育廳長聯合會議（MCEE TYA）的第九屆會議，會議通過致力於發展澳洲在二十一世紀的全國學校教育目標（National Goals for Schooling in the 21st Century）。為了發展此一新教育目

標，特別設置了全國目標任務編組（National Goals Taskforce）來加以推動。此新教育目標的特色為：（沈姍姍，2000）

1. 使用期望學生達成之學習成果來敘述目標。
2. 目標可以被應用來協助監督學校教育過程中，不同階段達成目標之進展情形。
3. 目標之使用有助於提昇對於大眾的績效責任，並且顯示所有階段的教育成果。
4. 目標必須考慮到澳洲與全球當前社會之動態本質，以及出現於過去十年間明顯的社會、經濟及技術變遷。
5. 目標區分為三項主題：學生、課程及社會正義（social justice），以反映學校教育目標範圍，並提供具有概念一致性的全國架構，尤其可作為全國學校教育成果之收集與報導及比較之依據。

五、紐西蘭

自1989年以來，主要的教育改革方向在於教育管理與組織。這些改革旨在促成教育經費之最佳運用，提供更為有效並滿足1990年代以來的快速變遷需求，這些變革對於教育的一項重要影響是：促成父母與社區建立起與學校校長和教師之夥伴關係，並獲得參與學校管理的機會。在學校管理改革之後，焦點轉向課程與文憑體系的發展，以迎合學生需要與經濟的需求。對於學校制度的期望將會繼續提高，因為教育是紐西蘭未來學生、社區、經濟與社會發展之重要因素。以下敘述幾項紐西蘭教育發展之明顯趨勢：（沈姍姍，2000）

（一）教育組織改革的落實與推動

教育組織的改革始於1987年，當時政府指派一任務小組，負

責檢討紐西蘭的教育管理。此一任務小組獲致的結論是：現存的制度需要大幅改革，以便跟上快速變遷的世界潮流。學校行政在教育部（Department of Education）與教育委員會（education boards）的控制下，已有超過一百年時間，幾乎沒有任何的變革。教育結構是複雜而且集權化，以及甚少提供學校及其社區參與學校運作及管理之機會。此一任務小組的建議成為稱之為「明日學校」（Tomorrows school）的改革藍圖。此一政策文件形成新結構之基礎，它賦予學校透過學校董事會（boards of trustees）發展與社區夥伴關係，並兼負學校本身管理的職責。

（二）教育功能應肆應環境發展而有所調整

紐西蘭教育文憑局（New Zealand Qualifications Authority）設立之目標旨在協調全國各項文憑。目前它肩負的新職責是發展全國性文憑架構，以部長來對國會負責。教育文憑局的任務在於透過一項綜合性、可取得且具彈性之全國性文憑架構的發展與維持，來改進紐西蘭的教育品質。在本質上，全國文憑架構是一項途徑，透過此項途徑，獲得紐西蘭國內與海外的高度信賴，而且各項文憑得以相互關聯，以協助人民提昇其文憑資格，而不必重複非必要的先前學習與評量。

（三）教育目標強調健全社會所需的價值

全國教育指導綱領（National Education Guidelines）包括全國教育目標之宣示，以及課程與行政的要求。此一綱領之原則旨在確保紐西蘭人民教育機會的均等，並尊重不同族群與文化遺產。

教育是居於紐西蘭致力於達成經濟與社會進展之核心地位。在確認教育的根本重要性之際，紐西蘭政府為其教育制度設定下述幾項目標：

1.最高的成就水準透過教育方案促使所有學生完全實現其個人潛能，以及具備成為紐西蘭健全社會成員所需之價值。

2.教育機會均等：藉著指認並拆除成就之障礙，來促成所有紐西蘭人民之均等教育機會。

3.能力本位課程：培養人民在現代及持續變遷世界中，能成功競爭所需要的技能、理解及知識之發展。課程，以實施廣博的教育。

4.以學生為中心：透過建立清楚的學習目標，並對照目標來獲悉學生的表現，以及設置滿足個人需求之教育方案，以達成卓越。

5.創造成功的學習：確保瞭解其需要，並獲得充分之資助，使擁有特殊需要者能夠成功學習。

6.後學校教育：使學生擁有取得國內與國際認可文憑的機會，以鼓勵學生樂於接受「後學校教育」（post-school education）。

7.特殊族群教育：透過毛利人教育新政策方案，來提昇毛利人（Maori）的入學機會與成功的學習。並且強調尊重紐西蘭人民之不同族群與文化遺產；肯定毛利人之獨特地位及紐西蘭在太平洋之地位，以積極成為國際社區的成員。

綜合上述，歸結先進國家在面對高等教育發展上主要的對應為：

一、功能上

1995年2月1日聯合國教科文組織發表「高等教育的轉變與發展政策」報告，呼籲各國在二十世紀末重新檢討該國教育角色，該報告指出教育應該朝向終生教育及全人教育的目標發展，高等教育應該對每個人一生的任何階段開放，大學應該扮演社會良知

的角色並應賦予人們更寬廣的世界觀（周祝瑛，1998：87-91）。由高等教育的發展趨勢可知，傳統以培養社會精英為目標的高等教育已經無法符合多元社會的需求，如何確保高等教育機會均等，建立以全人教育為目標的高等教育體系，並以提昇高等教育品質，積極負起服務社會的責任，是世界各國高等教育的趨勢。

二、目標上

　　未來大學社群的成員在觀念上，應摒棄知識一元化的思維，對知識有新的界定與認知；在制度方面，必須適度矯正學系過度分化的情形，加強學院整合課程的能力，讓學生在進入某一專業之前，能先有基礎、統整的知識，成為具有通識基礎的專才；在課程的改革方面，未來通識課程應走向「核心課程」，避免只是增加一些零碎的知識或學分的學習而已，同時要和專業課程作適度的整合，並以「多元文化」的觀點來設計課程，彌補過去只重各領域學科互補、強調與生活統整之不足，如此方能使大學培育出來的人才符合廿一世紀新時代的需求。

三、組織上

　　大學作為知性創發的重心，常因對知識形成、運用及效用的觀點有所轉變，因此有不同的功能與風格。近年來由於知識本質的看法已從傳統的一元觀走向多元觀，就以知識如何形成的論辯，就有所謂的「分析的」、「描述的」、「詮釋的」與「建構的」不同觀點。知識的應用，由於「知識經濟觀」的形成，知識市場化、產業化的趨勢相當明顯，更發揮了知識的效用。知識的建構或應用，也透過了新的機制——一種「群組知能」（organizational intelligence）的開發，更形多彩多姿。這些知識觀的改變，的確對大學教育會產生相當大的衝擊，因此，大學應提供給所有的成員另一種知識「再概念化」的學習機會，而不是對知識採取「一

元化」的認定。此外，知識是滿足生計可資利用的產能，還是一種生活經驗的再現，或者它是生命體驗所展現的智慧，這都需要一種新的思維，新的「再概念化」。除此之外、制度上大學教育結構也應該有所變革——大學是一龐大的知識工業，其生產、傳遞、分配和使用，乃需一正式組織的營運，才能發揮功能。簡言之，知識工業必須透過合理性的科層體制的運作。然而行政權威的支配關係，往往與知識所呈現的專業權威，兩者間存在著內在的張力（internal tension）。在變遷快速的社會中，大學承載著「知識」與「權力」的緊張關係，更需要自主的空間，才能化解此一矛盾和衝突。

四、教學上

大學教育的發展，在數量上已有驚人的成果，但在課程規劃上如何配合著教育目標及內涵，以順應世界趨勢，扭轉過去以人力資源發展為導向，以及過度注重專業及學科分化的現象，在市場經濟的衝擊下，大學如何重新定位，如何妥適調整大學課程結構，取得通識與專業之間的平衡，培養學生成為具有通識基礎的專門人才，以因應未來新世紀的挑戰，是大學教學自主後必須審慎因應的。（黃俊傑，1997）

結語

傳統西方大學以博雅教育培養具有文化涵養的知識分子，為社會造就知識廣博、器識宏遠及理想崇高的領袖人才為宗旨；其後因為學術進步及社會專業分工的需要，開始實施分科教育，逐步加強對新知識與新科技的傳授，對自然科學及社會科學中的生產、致用學科更為重視。未來高等教育宜朝向兼及注重廣博涵

泳，也不偏廢知識傳授與專業能力培養；注重教學、研究、文化陶冶及人才訓練，也兼顧尊重學術自由、校園民主等精神；統整在學術研究、人才訓練及社會服務三方面平衡發展，公民教育與專門人才培養並進。

　　教育目標往往影響教育內容的設定，亞里斯多德將知識或科目分爲博雅學科（liberalart）和技藝（technical skills），博雅學科是指以人類理智探討所得的知識，包括：語文、文學、哲學、科學、數學、純粹藝術等，是自由民（free man）所接受的教育內容，旨在使其成爲「具有政治領導能之良善公民」。此種博雅學科的教學漸次演變成爲羅馬及中世紀的七藝教育，七藝即指：文法、修辭、邏輯、算術、幾何、天文及音樂，七藝教育的目的在培養精通七藝的「文化人」，文藝復興時期也注重古文學的學習，以培養具優雅氣質、圓通智慧及表達能力的治術人才。十九世紀以來物質文明的急遽進步，使知識之鑽研日精，大學中科系劃分愈細，學科之間的鴻溝亦愈深，昔日著重通博與人文之教育逐漸趨式微，專業知能和科技之研究逐漸取代人文學科之地位而成爲大學研究的重鎮，遂有所謂「兩個文化」的衝突，爲了填補存於兩大學術之間的鴻溝，近年來要求大學重視通識教育之呼聲不斷，以期能將博雅教育與專業訓練，融注於教育內涵中，達到全人培育的目標。

　　展望二十一世紀的來臨，高等教育市場化的趨勢確實帶來契機和挑戰，讓人們在期盼之時，也不免憂慮疑懼，因爲任何重大的改變總包含不確定性和某種程度的風險。但是就像B. R. Clark所說的：「坐著不動，默默看著其他大學，甚至整個世界擦肩而過的風險更大」（楊瑩，1997：295）。面對滾滾而來的市場浪潮，高等教育機構或許並沒有太多選擇。面對政府、市場和高等教育之間動態而複雜的關係，高等教育相關人員或許比以往更需要思索

高等教育的本質，和如何在學術自由、大學自主及社會期望和經濟需求之間求取一個平衡點，以及如何擴大高等教育視野引領社會，朝向期待的變遷方向勇往直前，以為人類揭開一個嶄新的里程碑。

第三章 美國高等教育的現況與發展趨勢

美國高等教育的現況

一、美國高等教育的演進

　　自1636年哈佛學院（Harvard College）創設以來，美國的高等教育機構經過三百五十多年的發展，已經呈現出與當初全然不同的風貌。從學校設立主體來看，早期全為私立院校，而今則以公立院校居多數；從教育對象來看，早期限於富家子弟，而今則遍及社會大眾；從課程內容來看，早期為古典科目的天下，如今則各種學問兼容並蓄；從學校功能來看，早期純為教學，而今則在教學之外兼重研究及社會服務。（陳舜芬，1993）

　　前述轉變係出自連續漸進的歷程，難以一一詳述。為求簡要，以下將依時間先後提出美國教育發展史上幾個關鍵事件，並說明其影響。（戴曉霞，1998a）

（一）1636年哈佛學院成立

　　美國最古老的一所高等教育機構——哈佛學院，由於仿照劍橋而設，因此可以說與歐洲大學一脈相承，哈佛設立的目的在於培養教士以及當地政府的領導人才，進而維持殖民地的秩序。且能夠接受學院教育的更屬極少數富有人家的青年，而且只招收男生。課程研習歐洲中古大學遺風，以文、法、神、醫四科為主，其中尤以神學為核心。所有科目皆為必修，沒有選修課。並以董事會作為決策機構。

（二）1819年達特茅斯學院案件判決

　　美國獨立之初，各地學院均富於宗教色彩，未必能符合國家的利益，在獨立之後，一些州政府便有意將原有之學院改為州立

大學。新罕布夏州政府於1816年宣布將該州達特茅斯學院
（Darthmouth College）改為州立的達特茅斯大學，此舉導致原有
董事不服而訴諸法庭。

聯邦政府最後判決，認定達特茅斯是私立性質，其控制權操
之於董事會，學校教育雖與社會福祉有關，政府卻無權控制該學
院。此一案件影響至為深遠，判決結果保障了私人的產業，私立
學院的地位因而更加鞏固，導致私人興學意願大增，私立院校自
此紛紛設立，造成彼此競爭的局面。

（三）1862年默里爾法案通過

美國獨立之後，疆土不斷擴張，因而迫切需要農工方面的知
識，以有效開發資源。不過當時多數學院作風保守，排斥科學及
技藝性的課程。要改變原有學院既然困難重重，眾議員默里爾
（Justin Smith Morill）遂在國會提出法案，建議由聯邦政府捐工地
給各州成立學院，以發展農業及工藝教育。此案幾經波折，終於
在南北戰爭爆發後第二年，即1862年，由林肯總統簽署實施。

默里爾法案的通過，在高等教育史上是一個極為重要的里程
碑。隨著捐地學院的設立，農業、家政、工程等實用性課程正式
進入高等學府，與古典學科分庭亢體，因此擴大了高等學術的範
圍，也帶動了美國農業及工業的發展。

（四）1876年約翰霍浦金斯大學成立

十九世紀以來，德國的大學因為強調研究，在學術上的成就
獨步全球，成為其他國家學子嚮往的地方。美國青年遠赴德國留
學者亦多，據估計到十九世紀末時已超過九千人。這些人學成回
美後，帶回了德式大學注重研究與保障學術自由的精神，並廣為
傳播。到1876年美國第一所德式大學──約翰霍浦金斯大學

（Johns Hopkins University）終告誕生。這一所嶄新的大學是以研究所階段課程為重點，但是為了獲得當地居民的支持，並考量研究生來源，該校也招生大學部學生，因此其結構可以說是以原有英式學院為大學部，而以德式大學為研究院。

約翰霍浦金斯大學的成立，在美國高等教育尚有極深遠的影響，以往大學被認為是傳授知識、陶冶學生品格的機構，在此之後追求真理、發展知識的任務開始受到重視。其後美國大學的研究所教育蓬勃發展，在學術研究上之成就驚人，可說皆由此校開其端。

此外學術自由的觀念，也隨著德式大學的成立而受到重視。美國大學教師爭取教學研究自由的努力，促成1915年美國大學教授協會的成立。又該校合併英式學院與德式大學，成為大學部上接研究所之結構，不但成為美式大學的模式，也是其他國家大學模仿的對象。在此架構上逐步發展出的學士、碩士、博士三級學位制，也為其他國家相繼採用。

（五）二十世紀前後威斯康辛理念的推展

捐地學院成立之後，大學應具有實用目的的觀念，已經逐漸為大學所接受。在十九世紀末與二十世紀初，這種觀念更進一步發展，認為大學應為公眾提供服務。由於威斯康辛大學校長梵希斯（Charles r.Van Hise）在任內推行此一觀念不遺餘力，所以被稱為「威斯康辛理念」。

威斯康辛理念後來遍及全美，使得美國大學的功能在教學與研究之外，正式加入了「公共服務」，這是美國大學的一大特色。也因為如此，美國的高等教育更加受到民眾與立法機構的支持，得以在日後大量擴張。

（六）1944年退伍軍人福利法案通過

到了第二次世界大戰的尾聲，美國國會通過了退伍軍人福利法案（G. l. Bill of Rights），由聯邦政府提供學費與生活津貼，讓自戰場退役的士兵進入大學就讀。這各法案原來只是爲了給予退伍軍人教育上的福利，卻爲美國的高等教育帶來始料不及的改變。進入大學就讀的退伍軍人，也遠超過事前的估計，戰前被認爲不可能念大學的送貨生、店員等，竟能在離開中學數年後，奇蹟似的完成大學的學業。這個事實大大改變一般大眾對「什麼人該進大學」的觀念。

1947年時，美國總統杜魯門任命的一個特別委員會，以二次大戰後退伍軍人的教育經驗爲依據，發表了一份關於高等教育的報告書，正式建議將大眾教育提昇至大學程度，並主張廣設社區學院，並提供獎學金，以利高等教育的普及。此一建議到了1960年代由於各項因素的配合，終獲實現。一般民眾不再視大學爲遙不可及，黑人、婦女也紛紛爭取入大學的機會，美國高等教育大眾化的時代於焉來臨。

二、美國高等教育的分類

美國的高等教育體系，因公私立並存，校院數量又多，因此彼此的競爭非常激烈，近年來高等教育研究者，引用了卡內基高等教育分類表，依據各機構所頒授的最高學位作爲分類的標準，1994年版分類表將全美國三千五百九十五所高等教育機構分爲下列六大類型：（沈姍姍，2000）

（一）第一類：博士學位頒授機構

博士學位頒授機構其下再分研究型大學（Research University）及博士級大學（Doctoral University）。

研究型大學 I 及 II 的共同標準為：1.提供完整的學士學位學程；2.致力於最高可達博士學位的研究生教育；3.重視研究；4.每年至少頒授五十個博士學位。研究型大學 I 及 II 最主要差異在於：研究型大學 I 每年至少必須獲得四千萬美元聯邦補助款，研究型大學 II 則在一千五百五十萬至四千萬美元之間。

博士級大學 I 及 II 之共同標準為：1.提供完整的學士學位學程；2.致力於最高可達博士學位的研究生教育。

博士級大學 I 及 II 最主要差異在於：前者每年必須頒授至少涵蓋五個學術領域的四十個博士學位，後者至少必須頒授十個博士學位（至少涵蓋三個學術領域）或二十個博士學位（至少涵蓋一個學術領域）

（二）第二類：碩士級學院及大學

碩士級學院及大學（Masters College and Universitues）其下再分為 I、II 兩類碩士級 I、II 的共同點在於：1.提供完整的學士學位學程；2.提供可達碩士學位的研究生教育。主要差別在於前者每年至少需頒授四十個碩士學位，後者為二十個。在較早的分類表中，這類校院稱為綜合大學及學院（Comprehensive Universities and Colleges）

（三）第三類：學士級學院

學士級學院（Baccalaureate Colleges）其下再分 I、II 兩類。學士級 I、II 的共同標準在於提供學士學位學程，主要差異在於：前者所頒授的學位至少有40%屬於文理領域（包括：文學、語言、博雅教育、哲學與宗教、物理科學、心理學、社會科學、視覺及表演藝術、區域及種族研究等）且其入學標準較為嚴格。後者頒授的文理學位低於40%，且入學標準較為寬鬆。在較早的

分類表中，這類學院稱爲博雅學院（Liberal Arts Colleges）。

（四）第四類：副學士級學院

副學士級學院（Associate of Arts Colleges）包括：社區、初級和技術學院，一般而言並不提供學士學位課程。在較早的分類表中，這類學院稱爲二年制機構（Two-Year Institutions）。

（五）第五類專門機構

這類機構（Specialized Institutions）頒授的學位涵蓋學士到博士，最大特色在於所頒授的學位超過一半集中在單一領域。被歸入此一類別的機構包括：宗教學院、醫學院及醫學中心、醫學相關學院、工程及技術學院、商學及管理學院、藝術、音樂及設計學院、法學院及師範學院及其他（例如，軍事學院）。

（六）第六類：族群學院及大學

族群學院及大學（Tribal Colleges and Universities）是指專爲美國原住民提供高等教育及社區服務的機構，全美國只有二十九所，是此次分類新增的類別。

美國高等教育的經營

美國是一個聯邦國家，教育行政制度採地方分權制。其組織系統分「聯邦」、「州」及「地方」三級。聯邦政府將教育的權限賦予各州，其對教育所負的任務係透過各項財政上的補助，協助各州教育的發展。

美國國會雖於1876年首先成立聯邦「教育部」（Department of Education, DOE），但正式立法成立聯邦「教育部」則遲至1979

年，其地位始與聯邦其他各部會平行，不再像過去隸屬於其他各部會之下，「教育部」並非全國教育最高決策與督導機構，只是協助各州推行教育、提供教育研究、評鑑與資料服務、以及補助各種教育措施，「教育部」下設專門管理高等教育的部門，以助理部長一人為其主管。以下分別就美國高等教育機構之管理經營與財政分配兩方面說明之：（Kerr, 1994）

一、美國高等教育機構之管理特色

（一）內部管理經營方面

美國公立高等教育機構，大部分由州設立私立大學，亦根據州政府發給的特許狀或依據法人條例而設立公私立高等教育機構的管理委員會，一般稱為董事會。是個高等教育機構的方針與政策之最高權力機構。公立高等教育機構的董事會係由普選產生，並由州長任命；私立則多由選舉產生。自1960年代以來由於受到教授與學生團體的壓力，許多高等教育機構已有教授與學生代表參與委員會。至於高等教育機構之政策與行政事務的擬定，一般皆委諸行政首長，而高等教育機構的行政首長係為大學校長或獨立學院的院長，由管理委員會任命並向其負責。高等教育行政首長的職權為綜理機構內部的行政、及與學術有關事宜，為協助校長處理事務，並設有副校長若干人。大學內部的各學院均置院長一人，一般由該學院的成員或其他學術機構中遴選而來，各學院內部的不同學系，亦有一位系主任主其事，並向該學院院長負責。各學院院長及系主任，通常係經校長推薦，由管理委員會任用，但亦有經選舉產生者。

此外，最近美國高等教育機構的管理有走向集中化的趨勢。許多州正努力組成「全州聯合委員會」有的包括私立學校，有的

只有公立學校，以統一管理高等教育機構。

（二）財政分配方面

美國高等教育經費來源包括來自：聯邦、州、地方政府、私人的收益（例如，學費或慈善的捐贈等）、以及高等教育機構本身的財產及附屬機構的收入。一般而言，美國聯邦政府並不辦理教育事業，雖然有時以獎學金、研究計畫、設備補助等方式支援州政府，但不控制其品質。其對高等教育經費的支援，分為直接補助與間接補助兩種，直接補助主要針對特定目的之資金補助，例如，設備補助、與國家利益有關之科學研究補助、以及其他各種特定計畫或課程方面的補助。而間接補助的方式則有附屬機構收入與私人捐贈收入的免稅措施，及對聯邦盈餘財產的使用權等。

至於州政府對於高等教育經費的支援則包括一般撥款與特別補助兩項，公、私立高等教育機構均予以補助。一般撥款係指州政府指定資助高等教育機構的歲出預算，而特別補助指特定項目的研究或教育計畫的資助、以及資本支出而言。此外，兩年制（或四年制）社區學院的經費，係由地方政府負擔。

來自學費的收入，私立高級教育機構比公立者為多，而在私人與慈善事業方面，由捐贈基金所得的收入，公立高等教育機構亦較私立者為少。此外，高等教育機構的附屬單位，包括：書店、餐廳、宿舍等，雖以非營利為目的，但一般而言，其收入在公立高等教育機構仍約占11％，而在私立高等教育機構則有13％。（Plerov, 1999）

美國高等教育機構的學生獎助學金來源包括：各級政府、公司、基金會以及其他非營利性機構、專業性團體、地方團體、高等教育機構或私人。其獎助方式包括：獎助學金、補助金、貸款、半工半讀等補助方式，學生可憑競爭、財政需要或在學成

績、及未來可能成就，申請獎助。

　　除上數來源之外，聯邦政府亦有種種助學方式，例如，補助學生對特定職業或領域的研究（例如，保健或法律等），對特殊身分學生的援助（對退役軍人或少數民族等），以及對獎學金、補助金的免稅或免除學費等。各州亦均設有助學辦法，除直接補助方式之外，還有公立大學學費減免、發給私立大學學生學費均等補助金等間接補助方式。

二、美國高等教育的經營特點

（一）規模宏大、教育普及

　　根據統計資料顯示，美國全國共計有三千餘所大學院校，在學學生達一千五百多萬人，這種規模在世界上是首屈一指的。從在學率看來美國也是領先各國，除此之外，美國高等教育的就學機會，雖然多少受家庭社經地位的影響，但是這種影響可能比其他任何國家來的少。一般而言，每個美國高中畢業生都可以申請進入大學院校，因為大學院校為數眾多，其中社區學院更是普設於各地，學費低廉，並採取開放入學的政策。而凡是就讀於社區學院者，畢業尚有轉入四年制大學就讀的機會，所以低社經地位家庭的子弟接受高等教育的障礙，遠比他國為小。美國教育的平等性由此不難瞭解。

（二）體制簡單、內容多樣

　　美國高等教育體制雖然簡單，但是全國並無統一的大學設置基準，也沒有一個中央機構來管理各個院校。所以各校在入學標準、師資素質、課程取向、學分規定等方面均不相同。這種現象在某些人看來可能覺得十分混亂，或者漫無標準，但美國人卻宣

稱這種多樣性是其高等教育獨特之處。因為在美國高等教育已非上層菁英份子所專有，而是以異質性甚高的廣大民眾為對象。其興趣、性向及先前成就均不相同，所以高等教育的內容標準自然不宜劃一，方能使學生各就所能，各取所需。不過美國的大學水準雖然有高有低，但是學生只要表現好，很容易從水準較低的院校轉到水準較高的院校。

（三）公私並存、優勝劣敗

美國高等教育中私立部門的地位一直相當重要。雖然由於近幾十年來公立部門擴張迅速，但是不少私立院校素負盛名，學費雖然昂貴，卻是全美甚至世界各國青年學子嚮往的學府。私立部門的教育不受政府管制，得以自由發展，往往各具特色。私立院校的存在不但可以提供學生較多的選擇機會，更使公立院校面臨競爭，必須力爭上游，促成高等教育的發展。許多美國人認為，如果私立高等教育部門消失的話，將減低美國社會多元主義與社會民主的前景。

此外私立部門的存在，也為政府樽節甚多教育經費，所以美國政府與人民相當重視私立院校的發展。一些相關研究報告均呼籲州政府在規劃州內高等教育時，應關心私校的福祉，並提供私校學生財務上的資助。

總而言之美國政府對各大學院校的發展，並沒有太多限制，也不提供保護。高等教育係處於自由競爭，優勝劣敗的狀況。學系若辦理不善，則學校評鑑結果可以將之撤銷。學校辦理不善，則經費來源減少，終將淘汰出局。

（四）機構獨立、政教分離

美國高等教育機構多相當獨立，在招生標準、課程內容、經

費運用等重要事務上政府的干預極少。私立院校固然如此,公立院校也不遑多讓。這種獨立自主性基本上是整個高等教育的管理體系高度分權的結果。

美國的聯邦教育部原本就無權管轄各州的教育,而各州政府只有管理中小學教育的教育廳,並無直接控制高等教育的機構。各大學校無論公私立皆以董事會為決策單位,校長由董事會任命,政府無權過問。州立大學的董事會成員雖然有些可能由州長指派,但董事會係以和議方式行使職權。同時董事會並非主動決定校長人選,而是被動地就校長甄選委員會所提出的候選名單來決定。董事會的其他決策亦皆在校內有關成員的建議或諮詢下完成,並非由董事們單獨作決定,所以政府和政黨的影響力很小。

1960年代以後,許多州政府鑒於高等教育組織日益膨脹,公共經費支出龐大,先後成立全州性高等教育董事會,以協調州內大學院校的發展,以防止資源的浪費。這是董事會的性質與權責不一,有的只是州政府的諮詢機構,有的則有審查各公立院校預算的實質權力。如果屬於後者,則該州各公立院校的自主性便已降低,但值得注意的是,這種全州性的高等教育董事會本身即是州政府與政府之間的緩衝,政府並未直接管理大學,使的高等教育受政黨政治影響的程度得以有效限制。

(五)組織龐大、分工授權

美國大學由於自主性高,學校必須發揮各項功能,所以行政組織龐大,分工詳細,並且聘用許多專業人員。校長是行政部門的首長,其下分為數個部門:學生事務、財務、發展等,各設副校長或其他職銜之主管以司領導。其中學術副校長的地位最重要,負責督導學校之學術計畫、教學、研究、推廣、招生、註冊、圖書等有關事務。如學校涵蓋之學術領域太廣,則將學術事

務依各學院之相關程度再予以細分，以便有效管理。例如，密西西比州立大學另設一副校長，負責督導農學、醫獸、家政三學院；亦有學校將研究與建教合作業務自學校範圍抽出，而另設研究副校長。

由上可知美國一般的大學院校行政體系，雖然龐大，但是採取校長授權數位副校長分工管理之方式。由於副校長為數不多，所以校長的控制幅度不至過大，得以有效推動校務。

另外，在學術副校長之下，有各學院的組織，各學院之下則為各學系。學系由專長相近之教師組成，在學校組織結構中層級雖低，但是有關教學與研究之內容，以及學術人員的選擇，主要是由學系中的教師來決定。因為學校的董事會及行政部門瞭解大學是學術機構，其成功有賴組織中的學術專業人員能發揮其能力，所以授與教師們在教學與研究方面相當大的自治權。這種自治主要集中在各學系，譬如，決定學生入學標準、課程內容、選擇系主任，決定系內教師之升等或永久聘任等，均由各系教師經由會議作成建議，在呈報上級行政人員核定。通常規模越大，聲望愈高之院校中，各系在學術事務上的自治權也愈大。

（六）保障自由、維持品質

美國的大學院校除了機構獨立，學系自治外，對於教師個人在教學與研究上的自由也提供相當程度的保障。美國大學教授協會建議各校採取下列兩項保障措施：1.永久聘任制，即教師在適用期滿（一般為七年）前通過考核者，可以任教到退休為止，除非學校遭遇財務危機或其他正當理由，不得停聘。2.學術適當程序：以獲永聘者之停聘或未獲永聘者在聘約未滿前之解約事宜，需經由特定程序為之，除了如一般法律訴訟程序提供保障當事人權益之措施外，最後的裁決應有其他教師參與。

各校若有學術自由的爭議事件發生，美國大學教授協會必派人前往調查，作成解決之建議。學校當局若執意不予採納，該協會立即將之列入該會出版刊物上的黑名單，一方面公開譴責，一方面提醒教授們不要去違反這類學術自由的學校任教。這是美國大學教授以團體力量來維護學術自由的作法。現在絕大多數的美國大學院校都以採納此一教授協會有關永聘制及學術適當程序的建議，因此教授們能夠免於無端去職的恐懼，安心而自由的從事學問上的鑽研與討論。

　　在保障學術自由的同時，美國的大學院校並沒有因此降低學術品質。永久聘任的制度使得學校必須對試用數年的教師進行考核，這種考核十分慎重，教師必須提出教學、研究、及服務三方面的具體成績，以證明他的能力。凡是未經過考核者即遭淘汰，因此這是一項保障大學素質的有力措施。而獲得永聘者雖無失去職位之虞，但是學校行政當局尚提供升等與績優加薪等誘因，可以促其繼續努力，學生也透過教學評鑑的方式來督促教師，高等教育的品質而得以維護。

美國高等教育面臨的挑戰

　　隨著聯邦研究經費的快速成長，社會各界對研究型大學的要求越來越嚴苛。近年來，針對研究型大學的各種批評時有所見，例如，研究和商業利益掛勾、公器私用、研究數據假造、研究結果引人疑竇；研究管理費比例過高、報銷浮濫；博士班外國學生過多、有為他國育才之嫌；外籍教師在工程、數學、資訊科學等領域比例偏高，影響美國畢業生就業市場；以動物作為實驗對象，太不人道等。這些層出不窮的批評確實讓研究型大學窮於應付，但真正為研究型大學造成困擾，亟思解決之道的主要集中在

重研究輕教學的批評、研究經費不足的憂慮及未來的定位問題等三項。（D. Kennedy, 1997）

一、重研究輕教學的批評

自從1900年代初期以來，研究型大學教師偏重研究，逃避大學部教學，而以未獲長聘的教師、兼任教師、助教等擔負主要教學責任的作法，引起家長、學生政府官員等的批評和討論。雖然研究型大學偏重研究而忽視教學的現象引起普遍的關心，但是也有人認為菁英大學最占優勢之處，在於它們能吸引傑出優秀的學生。這些學生藉由討論、辯詰而相互教導和學習，因此在這些大學中，教學並不是那麼重要。此外，因為研究型大學的教師很清楚他們的名與利來自研究而非教學，因此即使許多研究型大學設有「教學獎」但是對於扭轉重研究輕教學的風氣並沒有明顯幫助。

為了從制度層面探討大學教師的任務和定位，「美國高等教育協會」在1993年舉辦了「大學教師之角色與獎勵論壇」針對大學的教學進行調查，其報告書建議由教師自行組成評議會，評審各系所的教學績效。經過各種努力，研究與教學平衡的問題，在近年來已有改善的現象；但研究所受到的支持是遠超過教學的，除了大學部的教學問題之外，大學教師和研究生關係的轉變也引起注意與討論。以往指導教授與研究生之間師徒式的密切關係，在大學教師競爭研究經費、追求研究效率和生產力的龐大壓力之下，已經愈來愈淡薄。在學術研究的競逐裡，大學教師愈來愈像研究專案的經理人，研究生則變成雇員或技術人員。這種轉變使得研究所不再是學習的殿堂，而是具體而為的工廠或私人公司。

二、研究經費不足的憂慮

儘管學術研究在1980年代獲得空前的進展，但是在1900年初期學術界還是瀰漫著一種危機感，其中最大的焦慮來自如何才能獲得充分的資源，以維持學術研究多年來建立的規模。

自從美蘇間的冷戰在1990年代初期結束之後，以研究促進國家安全的說法不再具有以往的說服力，社會大眾開始質疑以大筆公共經費從事學術研究的適當性。在1990年代初期學術研究的龐大預算和國家利益之間的關係，引起國會的注意。1991年國會技術評估辦公室對學術研究經費似乎沒有止境的成長，提出許多批評。向來支持學術研究的國會科學委員會的主席George Brown也指出：「科學說的比做的多。科學社群必須和政策制訂者重新訂契約，不是為了爭取更多的自主和不斷增加的經費，而是為了落實一個能提昇社會整體福祉的研究議程。」（Dill, 1995）

由於國會力求在2002年能達成預算平衡，因此和國家安全無關的研究，自從1990年代中期以來，就面對刪減預算的威脅和壓力。除了生物醫學研究因為擁有強有力的政治支持，其他學科如自然科學、工程、社會和行為科學等都飽受經濟刪減的威脅。

根據伊利諾州立大學教育政策研究中心所作的調查顯示：2002年美國各州高等教育預算總數為六百三十億美元，較2001年成長4.6%，為近五年來最低，顯示高等教育在發展中面臨的困境。（教育部，2000）

三、未來定位的困擾

自從1970年代聯邦政府刪減學術研究經費之後，研究型大學必須認真思考增加經費的各種管道。除了募款之外研究型大學最常考慮的就是和工業界合作，透過技術諮詢、契約研究、設立新公司、發展科學園區等方式，將其最擅長的知識商品化。除了高

等教育機構主動尋求和工業界合作之外，工業界本身也因為必須依賴先進科技，才能在競爭激烈的國際市場獲得立足之地，因此也樂於與研究型大學合作，以獲得新的專業知識和技術，並降低耗時費力的前瞻性研究所帶來的風險。在互蒙其利的吸引之下，產學合作在1980年代之後蓬勃發展。和產業界的合作，固然有增加收入、瞭解業界發展現況、增加畢業生就業機會等優點，但是此一發展方向也引發不少憂慮和疑懼。

　　首先，產業界面臨激烈的市場競爭，對於研發的要求著重於時效性、獨占性和高度機密性。這和學術研究耗時、研究結果公開、知識共享的原則相衝突。因此批評者認為過度密切的產學合作將使大學遠離追求真理、創造與傳播知識的核心任務。

　　除了產學合作的限制、大學定位的困擾之外，研究型大學所面對的另一個問題在於，以往認為基礎研究屬於大學、應用研究屬於工業界的劃分已日益模糊。特別是策略性研究的興起，更使這種區分不具特別意義。策略性研究是指具有基礎研究特質，但也有應用潛力的研究，而大學擅長的基礎研究雖然未必具有立即可用性，其對於提昇知識的貢獻及其潛在的可運用性，都是廣被承認的特質。但是從策略性研究的興起可以看出，大學未必能再像以往一樣認為基礎研究理所當然是學術界專屬的領域，產業界是否繼續和大學合作，或者會自行進行研發也有待觀察。很顯然的，面對產業界插足基礎研究的發展趨勢，研究型大學一方面必須和產業界競爭優秀人才，以強化大學開闢新研究領域的能力另一方面也必須確認大學的利基、重新思考大學的定位問題。

美國高等教育的期許與願景

　　從美國的經驗可以看出，以美國財力之雄厚，高等教育之普

及，經過百餘年的發展研究型大學至今也只有一百餘所，是美國高等教育體系中最菁英的一部分。全美國將近三千六百所高等教育機構中，被歸類為研究型大學的不到4%，所幸研究型大學因為規模較大，其學生占全國學生數的比例為17.5%，儘管研究型大學的成功有目共睹，但在研究型大學快速成長的同時，要求高等教育更注重均等研發經費更平均的呼聲時有所聞，特別是研究型大學中約有三分之一是收取高額學費入學門檻多，校友捐贈多的私立大學以鉅額聯邦學術研究經費支持，原本富有的大學更不時引起強烈的批評。由民粹論者和菁英論者多年來的政治角力，可以看出要兼顧兩者雖然不容易，但並非不可能，端賴相關決策者是否能深切體認下列三點：（周祝瑛，1998）

第一、在一個民主社會裡接受高等教育普遍被視為一種權利，高等教育或早或晚都必然會由菁英進入大眾化，甚至普及化階段。在高等教育擴張的過程中，傳統的菁英大學可能會面對一個兩難問題，菁英大學必須容納快速增加的學生，而忍受品質的下降；或者菁英大學為了維持品質拒絕擴張，而必須承受社會和政治壓力，前者可能導致菁英大學的大眾化，後者可能使菁英大學因為得不到社會的支持和需要的資源而漸趨萎縮。換言之，在今日社會裡只有在教育機會均等及社會流動得到適度滿足之後，卓越的追尋才能得到社會的認同與支持，菁英型大學才有生存的空間。就像Martin Trow所指出的，美國的菁英大學之所以得到充分的發展，主要是因為大眾化的需求已經由數量龐大，且定位明確的各類高等教育機構得到滿足。若非如此，要求平等的聲浪中將侵蝕成本較高的菁英大學的合法性基礎。

第二、高等教育的充分提供，固然是讓菁英大學繼續成長的必要條件，但是高等教育的普及，並不能保證菁英大學的產生和

學術品質的提昇。就社會發展而言高等教育的普及確實有助於強化人力素質，但是面對高科技的快速發展，激烈的國際競爭、科技的創新及國家競爭力的提昇，則有賴於高級人才的培育及世界級研究發展能力的培養。換言之，均等的追求固然具有普世的價值，但是高等教育在量方面的擴充和學術質的提昇，往往存在著內在矛盾，即使政府有能力並且願意挹注龐大經費以同時堅固質與量，但是在一個大眾化甚至普及化的高等教育體系裡，並不是每一個學生都具備追求學術卓越的能力和意願，政府和學術界都必須有這種體認和擔當，承認大學生有不同的能力和需求，大學必須有不同使命和功能，為了培育社會發展不可或缺的領導人才和提昇基礎研究的能力。政府必須放棄齊頭式的高等教育經費政策，依據大學不同的定位功能和表現給予不同的經費。

第三、高等教育和國家發展之間的關係密切，不可能完全由市場力量來運作，雖然根據美國的憲法，美國各級教育不都屬於地方政府的權限，聯邦政府無權干涉，但是由美國研究型大學的發展，可以看出聯邦政府的科學政策以及透過國家科學基金會、國家衛生院、國防部等聯邦機構所提供的鉅額研究經費，在研究型大學的成長及其發展方向上扮演了主導性的角色。除了聯邦政府、州政府在研究型大學的成長上也扮演了關性的角色。

衡諸美國大學教育的發展歷程，實與美國經濟成長之脈動有著密切之關係，而且美國大學教育的變革亦引導著全球高等教育的趨勢方向，但近年來強調短期績效、數量方法、競爭績效的教育既定典範思維模式（prevailing paradigm），卻隨著美國國家和企業競爭力在國際經貿舞台上之衰退，使得教育工作者與企業實務專家對傳統大學有著重培育技術才能之使命，甚至人才培育方式或機制（mechanism）產生質疑。而究竟大學教育在環境變動趨

勢過程中，如何尋找時代性的重定位（repositioning），如何藉由教育典範移轉（paradigm shift），提昇整體國家人才資源競爭力，進而創造國家持久之競爭優勢，實有賴從事教育大業之政策制定者與百年樹人之教育工作者，以環境前瞻視野為憑據，建構實質的大學教育新典範思維模式（new paradigm）。

依「美國新聞與世界報導」（U.S. News & World Report）於1990年3月19日之專文，指陳九十年代初期的大學教育衿宥於傳統的既定典範，於課程設計、教材內容及教育心態上都無法「預應」（proactive）未來環境的變遷。其指出癥結乃在於：

一、課程過分重視數量分析技巧，對於人的管理、環境因素、創業等較不重視，因此培養出的人才較缺乏洞察力。

二、由於課程的安排以功能科目為主體，缺乏整合的課程，於是未來在解決問題時，較難面面俱到。

三、國際化、全球化的趨勢並未反映在課程中，學生雖僅懂各種理論和複雜的模式，卻對國際經濟的現況缺乏認識，也感受不出科技變化對長期競爭力的影響。

四、由於忽視了企業理論（ethics）的教誨，導致了瀆職案件的不斷發生，大學教育所培育的似乎不是能夠帶領國家社會成長茁壯的中堅份子。

由美國大學教育新思維典範之移轉（如表3-1所示），可知全人教育內涵已成為全球未來大學教育之核心理念。

探討大學教育之使命、定位實與經濟成長之脈動及社會人文變遷有著密切之關係，但近年來強調短期績效、數量方法、資訊科技與競爭績效等技藝性教育之「既定思維」（prevailing paradigm），卻隨著全球經濟整合、國家競爭力衰退與道德淪喪使

表3-1 美國大學教育新典範

新思維典範	美國大學教育之具體作為
全球視野 （globalixation）	• 匹茲堡大學、南美以美大學：要求選修外國語言課程；規定學生研修國際企業課程 • 史丹佛大學：培育具有全球市場有效經營能力之人才 • 哥倫比亞大學：使學生成為不斷擴張之國際市場一份子 • 維吉尼亞大學：學生至歐洲見習及學生交換制度
道德倫範 （ethics）	• 哈佛大學、西北大學、維吉尼亞大學、密西根大學：開設企業倫理課程、落實企業倫理教育 • 南美以美大學：學生必須參與非營利組織之顧問工作 • 密西根大學：至底特律貧民區從事一天打掃整理工作，並參與服務社區計畫
領導統馭 （leadership）	• 芝加哥大學：推出一系列由大企業支持的領導活動和創造團體精神研討會，使其由1988年第十一名躍升至1992年第二名全國排名 • 印第安那大學、西北大學、維吉尼亞大學：開設增加學生「人際關係、待人處地」技巧之課程 • 賓州華頓學院：培養二十一世紀企業領導人

得教育工作者對傳統大學教育，所培育出專才之能力，甚至大學培育方式及機制產生質疑。如何在變遷的環境中尋找時代性之「重定位」，實有賴教育工作者以環境前瞻視野爲依舊，依社會需求導向爲主軸，建構大學教育之「脈動思維」（adaptive paradigm）。

換言之，市場的競爭或許能使高等教育更積極而有效率的回應消費者的需求，但不必然能造就需要鉅額研發經費及長時間孕育的研究型大學。美國的經驗顯示研究型大學的成就令人欽羨，但是世界級大學所需經費龐大，非舉全國之力難以成就，在卓越和均等之間如何拿捏，考驗的不只是政治智慧，也是決策者的魄力與決心。

第四章 英國高等教育的現況與發展趨勢

英國高等教育的現況

一、英國高等教育的演進

英國社會的階級色彩甚為濃厚,其教育工作的推展,向來以貴族為重心。因此,傳統的英國教育乃以「私人興學」為主,直至1833年才開始由政府補助部分學校硬體建築。在此一特色下,英國教育有著強烈的自主色彩,政府管制的影響力極小,平民教育的機會明顯然於貴族。

1866年的「唐頓報告書」首度為新興的中產階級爭取教育機會,但受教機會卻仍為階級觀念所左右。1870年通過的「福斯特教育法案」係在政府、教會及教育同盟協會之間達成協議,用以推廣「基礎教育」,但仍反應出極深的階級差異觀念。此外,階級差異觀念的影響使得屬於下階層者之技職教育常被忽略,直至1889年「技術教學法案」在英國申辦世界博覽會失敗之刺激下通過,技職教育方受重視。

在「克勞斯委員會」與「白來斯委員會」兩項報告的基礎上,「巴爾福特教育法案」於1902年正式通過,確定了英國全國性教育的基礎,並促成了地方教育局之成立。而1944年的「巴特樂教育法案」通過後,從此奠定現今英國教育體制的基礎,並確立地方教育行政體系。

在英國高等教育的發展史上,大學一向備受重視,並享有極高的自主權;尤其自1963年的「羅賓森報告書」(Robins Report)公布之後,「師範教育」與「高等技術教育」的位階即提昇與大學相同的地位,高等教育從此同時在質與量上蓬勃地發展。其傳統高等教育機構大致分為五類:牛津、劍橋大學;新興大學;技術學院、技術大學、師範學院,以及多元技術學院。此外,英國

在「成人教育」與「空中教育」方面的發展亦十分出色。

　　目前，由於一系列的教育立法與改革行動，使英國高等教育之發展邁向新的里程，不僅持續擴充高等教育的數量，並廢止了原先大學與多元技術學院二元並行的制度，建立新的單一架構。由最近的統計數據顯示英國政府對其高等教育所作的革新，確實已獲致相當成效。

　　再者，隨著社會大眾對高等教育績效責任要求的增加，政府對高等教育的表現與管理亦日漸關注，並認為高等教育機構係一「公共服務」機構，應要求其必須建立一套品質保證體系，以作為顯示其負起績效責任的一種手段。另一方面，高等教育機構則認為政府正藉由課程研究與評鑑的結果，來決定對其經費的補助；換言之，政府正以財政介入的方式，影響其原有的自主精神。

　　總而言之，英國政府與高等教育機構兩者對彼此的看法，各執一端。未來如何為兩者之間的關係尋得一新的平衡點，實攸關高等教育之發展。

二、英國高等教育的分類

　　英國大學教育十分注重專精化，強調多元功能，內容上係以增進心智能力與公民教育的涵養為主。另外，英國亦重視其文化的建立與傳承；在教學方式上，以面對面的「導師指導法」為傳統主要方式；學年採三季制，在校期間上課時數較其他國家為短，但師生關係與生活教育卻常列為教學重點，因此，相對而言，英國在技能的傳授與就業能力之強化上未若其他先進國家一般的重視。整體而言，英國的傳統高等教育機構，可大致劃分為五類：（戴曉霞，1999b）

（一）牛津劍橋大學

為英國最具地位的高等教育機構，亦為典型的大學城。其成立時間可回溯自十三世紀，歷史頗為悠久。教學上強調教學與應用研究，學風獨立自主；在水準上，它們以招收全英國最好的學生，培育最傑出的人才為號召。

（二）新興大學

大多數成立於十九世紀，以「地方性大學」為主，後期亦發展出具有國際色彩的大學，其性質與國際間之「綜合大學」類似。

（三）技術學院、技術大學

早期以學院居多，課程上以技能教授為主，過去頒發類似學士學位的「技術文憑」，而1960年以後則由技術學院升格為大學。

（四）師範學院

為提供師資教育的專門性高等教育機構，原先為「師範專科學校」後來升格為學院，原僅提供證書課程，現已與大學合作，提供學位課程。

（五）多元技術學院

自1996年起開始設立，主要教學目的為提供技術教育，較為「職業導向」；在教學對象上，以不需專精課程者及半工半讀者為主，其學位之地位略遜於傳統大學。

英國高等教育的經營

一、英國高等教育機構之制度特色

（一）入學制度

　　英國的高等教育機構招生通常是由各校設定最低入學標準。在英格蘭及威爾斯地區通過GCEA level及AS level是普遍的入學要求，惟某些課程要求需通過特定學科方可。通常通過二至三科A level且成績為A～C者能夠入學。蘇格蘭學生進入高等教育機構就讀則視其在SCE考試之成績而定。1988年蘇格蘭政府施行蘇格蘭擴大入學機會方案，提昇缺乏傳統教育資歷的成年人入學機會，特別強調弱勢族群，例如，少數民族、女性、殘障及經濟弱勢者的機會，在1989～90年約有七百五十個成年學生通過此方案入學，至1993～94則增為二千人。由於SWAP的經費資助終止於1994年，蘇格蘭政府乃對此方案成果進行評估。

　　大學入學申請係透過大學及學院入學許可服務協會來處理。其提供每位申請者至多八個選擇機會。每所學校有權選擇學生，也必須提供詳細的學校設備及課程手冊予學生參考。學生必須填寫UCAS所提供之申請表，並於9月1日至12月15日前寄回，因英國大學開學係在次年之10月。然若欲申請牛津或劍橋大學者，尚必須另行向此兩校之學院個別申請。一但UCAS收到學生之申請表件，即影印一份寄給各相關學校，各校獨立作業，決定結果後送返UCAS，並敘寫其理由或條件，條件要求如需參加特定學科之考試等。至於研究所之申請程序，則是向各校自行申請。

（二）課程與學位

英國高等教育機構提供非常廣泛之課程，例如，醫學、法律、科學、工程、電腦、衛生保健、建築、歷史、語言、藝術設計、音樂戲劇、師資培育及其他專業等領域。大多數課程係全時制，但有愈來愈多部分時制的課程規劃，學生可到校學習，也可採遠距教學之型態。也有許多課程，特別是科學及工程等，採三明治學習方式，學生在某些時段可在學校學習專業知識，又某些時段則可在企業或專業環境學習。

在學位方面，英格蘭、威爾斯及北愛爾蘭有學士學位、研究學位——碩士、博士學位，專業資格三種。其中取得學士學位需三年，然語文學科及其他學科可能需額外一年的國外實地經驗。某些專業學科如醫學、獸醫則需五至六年之就學期限。蘇格蘭地區的學士學位均需四年方可取得。碩士學位之取得通常需一至二年，視領域而異。博士學位則至少需三年，方可取得。

（三）教學方式

英國不論是牛津或者是劍橋大學，眾所周知莫過於個別教學的導師制（Tutorial System of individual instruction），此種制度雖無特殊意義，但卻沿用至今，而未作絲毫的改變。學院有關當局會指派一位品德導師來負責指導大學生的生活，而這種指導是多方面的，從讀書生活以及至日常生活的一些細節，例如，住宿問題、感情挫折經濟困難、延長簽證及申請學院獎學金等，凡是足以影響學生求知情緒的，導師都有權過問並設法協助學生。除此之外，當然顧名思義之人格教育更是品德導師的重責大任。

另外尚設有課業導師來為學生補強課業，這種由課業導師所實行的課業輔導課乃是一個個別教學的導師制，通常是採一對一面對面的方式著稱於世，從而成為牛津或劍橋大學這兩所英國最

古老大學的註冊商標。由於牛津與劍橋大學的授課速度極快，學生往往課後，僅有模糊的概念，而無法對授課內容有極為深刻的瞭解，故為了彌補此種瀏覽式教學的缺陷，各學院乃針對學生所修的每一門主科，聘請一位專任的課業導師來為學生進行課業輔導課程。每次的課業輔導課大約僅有一至三名學生，而每名學生可同時有數位課業導師。一般而言，上課業輔導課前的一週，課業導師會為學生開出參考書目，並指定小論文之撰寫題目，然後學生再就該小論文之題目，詳細閱讀相關資料後，始撰寫一篇小論文。

　　研究所的導師制，與大學部的學生一樣，在生活方面亦有品德導師來負責學生生活上的指導工作。通常所有以獲得研究所入學許可者，最初只具有試讀生的身份，所以在試讀期間內課業方面的課業導師亦叫做Tutor。這段期間學生試讀的過程全是由Tutor負責計畫與指導，學生可否取得正式生資格，亦全憑Tutor向學校提出報告而定。然而待學生取得正式生資格後的導師則稱為Supervisor。兩者不僅名稱不同，在工作目標尚亦有所差異。Tutor主要在奠定研究生學問之基礎；而Supervisor則在使學生更深入的研究某個議題。

（四）品質保證制度

　　英國高等教育品質保證制度的發展錯綜複雜，但綜合歸納其品質保證工作可以三個要素與兩大目的導向加以分析如下：

　　三個要素包括：「品質控制」「品質審議」以及「品質評估」。

1.品質控制

係指各高等教育機構須對其學術水準負責，包括在相關標

準、過程及校務等方面，均須確定教育單位與評估單位都能滿意的接受。

2.品質審議

係指高等教育機構有共同監督和改進其學術品質的責任，而由「高等教育品質評議委員會」（HEQC）負責，其下設有品質「審議小組」在持續循環的原則下以「自我評鑑」與「同僚審查」的方式來進行高等教育的品質審議工作。

3.品質評估

係指高等教育品質的外部評鑑，由三個「高等教育經費分配委員會」（HEFCs）負責，「自我評鑑」與「外部評鑑」是此一過程的重心。「高等教育經費分配評議委員會」的「聯合工作小組」負責發展「屬質」與「屬量」的指標，以資使用。

若以目的言，英國高等教育之品質保證制度亦可區分為「績效責任」與「改進」兩大導向。

就「績效責任導向」而言，「高等教育經費分配評議委員會」乃一中介組織，係政府單位，其層次屬於機構審議；方式則為品質評估，即自我評鑑的外在檢查，加上外來評估者的訪問評鑑；其報告亦可分為兩類：品質評估報告為公開的總結性判斷，品質審議報告則為「高等教育品質評議委員會」所發布。至於品質評估之目的，則係作為經費分配決定的參考。

就「改進導向」而言，「高等教育品質評議委員會」係一由高等教育機構自組的中介團體，其層次屬於課程評估；方式則為品質評估與品質審議性質的自我評估，以及同僚的品質審議；其審議之目的係鼓勵高等教育機構使用其評估結果，以求改進。

整體而言，英國高等教育機構的評鑑工作，十分偏重於自我

品質保證工作的達成。究其特色,可由英國高等教育獨立發展的色彩窺其全貌。由於學校平時即注重個別獨特校風的維持,因此,各校的自我期許乃成為評鑑工作的一大特色。

縱使近期英國高等教育機構的評鑑工作,因為績效責任要求與經費補助之問題,導致政府單位的干預,但無論是何種形態的管制方法,皆以「同僚審查」為主,並針對各校是否建立品質保證制度以及品質保証制度的適用性,提出興革意見。相形之下,各校的自主性仍然很高。換言之,雖然教育結果一定要滿足政府與「高等教育經費分配評議委員會」的政策、入學標的,以及課程研究與評估,但是,品質保證乃須以高等教育機構所各自表述的意圖與目的,來評估其目的之適合性。此外,品質保證的證據亦必須由大學自行提出。這些證據須由高等教育機構與「高等教育經費分配評議委員會」共同決定,並由外部檢查者證明表現指標之達成程度。

展望未來英國政府與高等教育機構之間首先須對「品質」之定義有一共識。其次,雙方要努力發展一長期的管理方式,包括:評鑑政策、經費分配、及透明化的評估程序;接著界定未來市場因素、設立目標與標準;最後,雙方需不斷地自求改進。如此,其高等教育的品質保證制度才可望更完善。

二、英國高等教育機構之經營特色

英國教育呈現多元化的延伸,尤其是中等教育以後之教育體制,各校皆有其特色,以富有彈性而著稱。英國的教育哲學可以複數形態呈現,或變為教育哲理或教育哲學體系。理論上,英國的每一所學校都存有一套自身的教育哲學,各地之地方教育當局(LEA)亦可自由地發揮地區性的教育理念。實際上,英國教育哲學多層次之面向對大部分學校來說確實具有其共通性。有人認為

英國的學校及教育工作者，可用「常識哲學」，也有人提出可用「實際的」或「實用主義的」來形容。承襲實用主義的觀點，英國人認為有用的才算數，而評估其改變可接受的速度是循序漸進的。從以上論述，可知英國人對教育的觀點，尤其是多元化的特色，實可應用在高等教育的發展特徵之中。

（一）經營特徵

1. 自原意培養菁英的教育態度，漸為大眾教育所取代，成為普及性的教育。在其功能的展現上，所具象徵性之價值漸減，但功能性價值漸增，呈現多元化的發展。

2. 在制度上，大學教育為整體教育的一環，儘管自身有其高度自主性，也不能單一獨立於其他階段的教育。因此，高等教育負有為社會培養整體性人才，應兼重技能及知識的培育與訓練。

3. 在大學內部組織型態上，以往皆由校內人士擔綱，但現今則以一種企業的效率理念來管理學校，而有所謂建教合作課程之出現，或者稱為三明治課程。同時也開始走出純學術理念，與社會利益相結合。

4. 與政府的關係上：1970年代以來，財務問題使得自主性受到影響。在行政體系上：隨著多元技術學院的升級改制，及政府對經費的控制，使得英國高等教育體系已有中央集權化的趨勢。

5. 英國並無統一的大學法，而是以「皇家憲章」作為母法，各大學另定其規程、條例與規則。

6. 英國大學教師之延聘，各校在其聘任資格、遴選程序及職稱上都無統一的規定。師資的延聘，隨著「永久聘任制」的廢除，取而代之的是契約關係。對於教師的教學方面，

則保有教師的教學自由，亦為學術自由的展現。

7.英國大學教育對於學生的入學規定與入學後之修業規定，亦無統一的標準。對於具有特殊才能與特殊情況者，則有彈性甄選原則。

8.英國各大學之學術事項，均由大學評議會為最高決策機關。學術評議會由學術人員組成，不僅成為學術自由的基礎，而且相關的原則事項也在其參考院務會議、系務會議或教授會議等建議的原則下，得以較周延之運作。

（二）經費來源

近一個世紀以來，英國政府高等教育的撥款方式歷經變革，在1919年首創「大學經費協調委員會」（University Grants Committee, UGC）專責將國會審議通過的補助款分配至各大學。此一制度實施了接近七十年，直到1988年才正式廢止，改由新成立的「大學經費分配委員會」（University Funding Council, UFC）所取代。新的制度卻只維持四年（自1989年至1992年止），為了因應多元技術學院升格為大學，以及統整高等較育資源的需要，自1993年起在英國境內分別成立了英格蘭、威爾斯及蘇格蘭三個「高等教育經費分配委員會」（Higher Education Funding Council, HEFCs）就現行三個高等教育經費委員會而言，英格蘭高等教育經費委員會、威爾斯高等教育經費委員會，以及蘇格蘭高等教育經費委員會均係根據1992年繼續與高等教育法案於1992年5月成立，並成為一非教育與就業部直屬的公共部門，以執行政府的政策。此三個委員會的主要任務為分配由英國教育與就業部部長提供給予英格蘭、威爾斯及蘇格蘭的高等教育經費。北愛爾蘭則未有獨立設置的高等教育經費委員會，而是由北愛爾蘭教育部直接負責高等教育經費分配事宜。

（三）政府與高等教育

根據高等教育研究者的觀察，在1980年代中期以前，西歐各國政府對於高等教育部採取計畫與控制策略。到了1980年代中期以降，才改為自我管制策略。政府不再作細部的掌控，以增加大學的自主。換言之，政府放鬆對高等教育機構在財務、人事、課程方面的管制，將決策權下放給學校。舉例來說，在1987年的綠皮書「高等教育：政策討論」中，Dawkins就指出，高等教育機構必須去除「依賴的受惠者」的心態。（沈姍姍，2000）

從英國教育改善的例子可以看出，政府對高等教育的操控已經由國家控制模式轉向國家監督模式。政府和大學之間的關係之所以有這樣的轉折，最主要的原因是已開發國家的高等教育自從1960年代以來急速的發展之後，到了1980年代已經陸續由精英型走向大眾型。為了減輕高等教育的擴充所造成的財務負擔，各國政府無不絞思以較少的公共經費，提供品質較好的高等教育。為了完成這兩個目的，多數政府採取了兩個看似矛盾的政策：

1. 藉由解除管制、私有化、市場化、賦予高等教育機構更多的自主與彈性，強化其積極回應變遷與競爭的能力。
2. 藉由績效責任、刺激競爭及經費誘因等方式，對高等教育進行實質的干預。

英國高等教育面臨的挑戰

英國高等教育評鑑制度最近的一項重要改革，係始於1994年底「教育與科學部」對「英格蘭高等教育經費分配評議委員會」的一項要求。「教育與科學部」希望該委員會能針對目前課程品

質評估與高等教育機構品質審議的方式，加以統整，提出一份計畫書。基此，「共同計畫小組」（Joint Planing Group, IPG）於焉成立，最近有關共同計畫小組（IPG）之組織結構、性質、品質保證的作法、所有權，以及如何從舊的體制轉移到新的作法等問題，目前正在英國高等教育界熱烈討論中。茲針對成本、目的、經費分配、所有權以及時效性五方面，分述其相關議題如下：（戴曉霞，2001）

一、成本

以往，英國的高等教育評鑑採審議與評估分離的制度，他的直接成本與高等教育的全部成本相比較雖然是不多；然而由專業與合法的認可團體所實施的教學品質評估，以及由外部品質評估團體所作的機構內部課程之評鑑機制，兩者重複所花的費用，相對而言就比較多了。

英國許多高等教育機構常私下表示評鑑所帶來的好處包括：高等教育機構將因此而注重教與學的成效；另外，審議的體系亦提供了高等教育機構一個反省與思考的機會，並使其更謹慎的評估其整體品質保證機制的作法、存在的理由，以及成效。但上述這種重複花費成本的情形亦引起學術界的不滿，因為高等教育機構因評鑑所付出的人力與資源，確實難以估計。

值此「共同計畫小組」研擬一個新品質保證作法的時刻，英國高等教育機構所面對的挑戰為：如何使直接與間接的評鑑成本達到最小？如何使得外部品質保證機制明顯的利益達到最大？而此兩目標能否達成的主要關鍵，即在於各課程與機構全面性的審議。

二、目的

英國「高等教育品質評議委員會」（HEQC）建議：一個有效且持久的學術品質保證體系，必須包含下列目的：

（一）能保證高等教育機構所提供的教育內容，達到最低可接受的標準。

（二）能提供高等教育機構相關學位、課程之標準，以及其教育品質的資訊。

（三）能藉由革新與發展，產生持久的品質改進。

自個別及共同的角度而言，上述目的一方面是由於績效責任之要求，另一方面亦來自提昇品質的期望。不管是提昇品質或績效責任，均引起另一個主要的問題：「為誰？」自1994年12月英國國務大臣提出可能有新的品質保證之作法後，即引起各界廣泛的討論。然而，上述問題迄未獲得解答。對此問題不僅在新作法之目的，同時在目的之優先順序，以及對其他的評鑑作法能否達到上述目的之認知，各界亦莫衷一是。除非這些爭論能達成共識，否則新作法的提議很難有所進展。

三、經費分配

根據1992年頒布的「推廣與高等教育法案」，英格蘭經費分配評議委員會的法定責任為：確保高等教育機構提供相關的活動以評估教育品質，或考慮提供高等教育機構財務的支援。未來新的品質保證作法，將藉由英國高等教育機構日趨多樣化的性質，及高等教育機構彈性與全面性處理公平問題的原則，來滿足上述法定要求。

此種把評鑑結果與經費分配結合的作法，隱含其具有判斷的本質與技術，亦隱含其對高等教育教學與研究工作，可能有決定

性的影響力。最後，與經費分配相聯結的作法不僅是符合外在的要求，同時亦能鼓勵機構加強品質、從事革新，以及促進好的表現。

四、所有權

　　所有權的問題包含新的團體本身，以及此團體所負責的統整體系。新團體如何在高等教育機構的管理委員會、政府、專業團體、法定團體、具有合法利益的相關人士，以及高等教育經費提供者之間，取得一平衡點，係「共同計畫小組」面對的最大挑戰。

　　至於評估有關課程與機構全面審議的作法，特別注意是否評鑑過程的每一部分，皆有具備合適經驗、訓練，以及具有公信力的同僚來進行。

　　新的評鑑制度的有效運作，將不需要不同的經費分配評議委員會、各國的高等教育機構，或專業、合法的法定團體來提供援助。然而，介於新團體與不同機構代表組織之間協議的達成，則還是需要的。

五、時效性

　　由於新的團體即將成立，「共同計畫小組」將面臨時間的壓力，他必須針對以下事項作出決定：新團體的組織架構、新評鑑制度的品質，及兩者的所有權；自目前的作法過渡到新的評鑑作法所需的安排；以及對新作法的諮詢等。可能面臨的危機為：新作法只是將目前正在實施的審議與評估工作，技術性的結合在一起。

　　綜上所述，目前英國高等教育界正面臨一個抉擇：究竟在單一評鑑團體之下，只是目前的作法稍事修改，亦即將審議與評估

工作結合在一起？或者應發展一全新的整合性作法，並在品質保
證團體及審議體系的所有權上作重大的改變較為妥適？

英國高等教育的發展趨勢

一、經濟發展和高等教育

　　英國政府在1987年「高等教育：政策討論」中，明白表示長
久以來，基礎研究、人文、藝術、及社會科學等領域對英國社會
確有重要貢獻，但是對於高等教育所培育的人才素質，主要是由
其未來雇主來評價，因此專業人才之訓練不僅是高等教育應該努
力的方向，也是接受高等教育的學生應有的權力。為了國家整體
利益著想，各類高等教育機構均應考慮調整腳步，以配合國家經
濟發展的需要。在此原則之下，高等教育機構之宗旨或目標必須
以下述原則為基礎：

　　（一）高等教育應該更有效率地配合經濟發展。
　　（二）在人文及藝術領域內進行基本的科學研究。
　　（三）與工商業界保持密切合作，以促進企業發展。

二、市場力量與高等教育

　　雖然英國廢止高等教育二元制，被視為政府強化干預的手
段。但也有研究者認為，提昇學院之地位，使其能在一個更平等
的基礎上和大學競爭，才有可能將市場力量引進高等教育，刺激
大學改進效率並正視學生及社會的需求。例如，英國政府就以
「獨買者」的身分，透過競標刺激各高等教育機構之間的競爭和對
抗。由英國高等教育近年來的革新可以看出，經濟的考量及市場
力量的發揮，確實是影響高等教育發展方向的關鍵因素。

但是，高等教育和國家發展的關係太密切，政府不可能將高等教育完全置於市場力量之下。沒有政府眞心想要創造一個完全自由或私有的高等教育市場。各國發展出來的毋寧是一種「混合模式」，一半奠基在市場力量與自然選擇的理念之上，以解決資源不足的問題；另一半則奠基在中央控制及國家干預的信念之上。換言之，在高等教育領域中，高等教育機構、政府、消費者一直是三者並存的，只是它們之間的關係是動態的，是隨著高等教育的發展、社會的需求及時代思潮而與時推移的，也是一個不斷協議的歷程。

　　綜觀英國教育發生之演繹歷程，的確具有相當程度的曲折性。然每個時代的教育理論其本質都是眞切且充分的反應出當代文化價值與社會思潮的重要需求。殊不知，當今世界時見不公平不合理的現象，無論民主政體、貴族政體、或專制政體，皆無法透過重大的政治行爲來消除此些含混之處，唯有全民教育才是徹底改善的先決之道。

　　英國高等教育機構與政府主管單位由於各自所處的環境包括：經驗哲學，結果的需要，以及對於社會價值之看法有異；其評鑑方式亦有不同的發展趨向；對教育訓練及研究持不同看法正日漸增加。展望未來，英國政府與高等教育機構之間首先需要對「品質」的定義，有一共識。其次，雙方要努力發展一長期之管理方式，包括：評鑑政策、經費分配，以及透明化的評估程序；接著，界定未來市場因素、設立目標與標準；最後雙方需不斷地自求改進。如此，其高等教育的品質保證制度才可望更臻完善！

第五章 法國高等教育的現況與發展趨勢

高等教育的歷史

法國是歐洲政治革命發源地，崇尚「自由、平等、博愛」，但在教育行政上，卻是典型的中央集權國家。（林玉体，1993）茲將重要的教育發展階段分述如下：

一、大革命前的教育

革命教育家鼓吹國家有管理教育的全部權力。伏爾泰曾倡言，教育是「政府的職責」，盧梭雖然不容情的攻訐政府，但他所厭惡的政府，是法國當時的暴虐政府，假如政府良好，他也希望政府負擔教育任務，所以他為波蘭政府擬訂了國家教育計畫。而狄德羅也應俄國女皇凱撒琳之請，提出了「一個大學的計畫」（A Plan of A University）。查洛泰要求全國教育事業的負責人，「最好由俗人擔當」。經國王任命，由五、六位政治家及學者組成的委員會專門處理全國教育事宜，使人民恰如其份的接受教育，是政府責無旁貸的工作。

巴黎大學教授，也是法王路易十四的財政部長杜哥，向法王建議設立全國教育視導中心，籌設全國公共教育體系，克服困難及阻礙來從事無與倫比的神聖教育工作。

二、拿破崙當政時的教育

拿破崙於1799年被推為法國第一共和執政，1815年卻被囚禁於聖赫勒那島。在這十六年中，拿氏可以說是歐洲政治及軍事舞臺戲中的主角，同時他對法國教育之興革也有不少貢獻。

（一）設立法蘭西帝國大學

拿破崙改革教育最令人注目的，就是經他授意而成立的帝國

大學（Imperial Universtiy, 1808）。帝國大學設於首都巴黎，這所大學具有下列幾項特點：

1. 大學成立之宗旨，在於確保教育統一，塑造獻身於宗教、帝國、王室及其家族的國民，所受教材必與對帝王及帝制之忠誠及天主教格言有關。當時因為帝王及帝制是人民利益的捍衛者，而無宗教的社會，就如同無底的瓶子一般。因此大學是指導政治及道德言論的工具。使全體國民效忠皇上，視之為全民福祉之所寄，認為拿破崙王朝是法國統一的保護者，同時也是憲法上所宣稱的各種主張之保護者。

2. 屬行軍事管教：此大學以軍團方式予以組織，訓練相當嚴格，師生都附屬於軍團之下，當教師違反了規定並引起責難時，則需予以逮捕。所有大學_的份子都穿統一的制服，黑袍帶藍色棕櫚葉，各學院等於是小型的軍隊。

3. 此大學非為教學及研究中心，卻是全帝國的教育行政、考試及教育經費之支付機構，更是全帝國所有教育事宜的發號施令站。大學設總長（grand master）一人，下有二十六位評議員（councils），都由皇帝任命。總長及評議員共同決定全國教育措施，鉅細無遺。大學下設管理高等教育的「學院」（faculties），有文學、科學、醫學、法律及神學等學院，另有管理中學及小學的部門。拿氏因重視中上教育，因此本大學的小學部之行政管理較不受重視。而大、中學之教師及校長全由大學總長任免。

帝國大學的此種型態，是教育史上少見的，法國教育的中央集權模式也由此奠立。此大學在帝國不存在時，改名為「法蘭西大學」（University of France）。但校名雖改變，管理方式卻不改。

不過，把教育看作肆行獨裁的手段，以及軍事式的管教措施，都難免受到學者的批判。

（二）設立特殊學校

特殊學校（Ecole Speciale）旨在培養專業人才，1802年的法律規定全法設立醫校（三所）、法校（十所）、機械及化工學校（二所）、史地政經專校（一所）等，另有藝術繪圖及天文觀測學校、貿易學校等之增設。巴黎更有盲聾學校，以教育盲聾學生。

三、歐洲反動時期的教育

十九世紀中葉開始，歐陸普遍存在著保守及反動的氣息。各地的民主運動遭受壓制，自由言論不能發表，獨裁勢力高漲，復時有所聞。法國亦不例外。拿破崙的姪兒自1848年掌權，1852年即解散共和體制，成立了第二帝國（1852～1870）。第二帝國恢復教會的教育權力，認為教會人士非但不是公共仇敵，且是政府的神聖憲兵隊。各級學校教師都得宣誓效忠，只能閱讀官報，並做到不耳語且不評論；對不滿者，則在廣場上行刑示眾。強調為了和平利益，可以解聘任何教師，包括大學教授。

四、普法戰後的教育

普法戰爭（1870），法軍潰敗，除了割地賠款之外，戰後政體極度不穩。幸賴政治家兼歷史家狄亞爾（Louis Adolphe Thiers, 1797-1877）的果敢及英明之領導，不但解除了內部政黨相互傾軋的危機，引領法國步入民主的航道，使法國終於成為民主社會中的一個成員。

全國每一行政區（Departments，當時數量為八十七個）各設兩所師範學校，一男一女。全國設兩所高級師範學校（一所位於St. Cloud，另一所位於Fontanay-aux-Roses），所有教師都需經國家

考試後任用。

　　1886年開始，將全國劃分爲十七個大學區（academies，包括
屬地阿爾及利亞之首府Algiers），每一大學區設校長（rector）一
人，由總統任命，綜理本學區的所有教育。但事實上，他只注意
大、中學校及師範學校。校長之外，另設學區評議會（Academic
Council），是諮詢機構，並有視導員向校長報告學校教育之實際
情形。校長是各學區最高教育行政長官，而中央政府的「公共教
學及美術部長」（Minister of Public Instruction and Fine Arts）則爲
全國最高教育行政首長，是內閣閣員之一，他可以提出教育立
法、預算，並發佈教育命令。部長之下，分設高等教育、中等教
育、初等教育（包括師範教育）及經費四部，並另設體育及職業
教育兩處。（林玉体，1993）

五、二次大戰後的教育

　　爲順應時代潮流及社會變遷的需要，戰後法國教育進行了下
述幾次重大的改革：

(一) 朗之萬改革方案（1947年）

　　朗之萬（Paul Langevin）是法蘭西學院（College de France）
物理學教授，他與心理學家瓦龍（Henri Wallon）受法國政府之委
託，經過多次調查及研商，乃於1947年提出教育革報告（La
Reforme de 1enseignement）。該報告根據下述四原則而擬訂法國教
育的改革：

　　　1.社會公正原則：任何學生不因社經地位而阻止其發展潛能
　　　　之機會，因此該報告建議將免費教育延長到十八歲爲止。
　　　2.重新改造課程之價值觀念：任何學科，無論它是手工技藝
　　　　或語文史地，價值同等，主張設立技術學院（colleges

techniques），並仿德國開欣斯泰納之工作活動教育措施，發展技藝訓練。

3. 心理輔導原則：聘請心理學家，社會學者及輔導人員來指導學生升學或就業。並且根據學童心理生理的發展，將學制劃分三「圈」（cycles），一為「基本圈」（basic cycle），給6-11歲兒童提供基本知識技能的教育；二為「輔導圈」（orientation cycle），輔導11～15歲學童試探其才能與興趣；三為「決定圈」（determination cycle），幫助15～18歲學生決定其應走途徑。

4. 普通教育之注重，以免專精教育危害全人格的發展，因此，以往中學課程過早分化的措施應予廢止。

（二）戴高樂執政時期的教育改革

戰後法國政局不穩，內閣改組頻仍，有的甚至執政不到數月。因此雖有許多教育改革方案提出，但部分改革方案甫經提出，內閣隨即垮臺。1958年戴高樂東山再起重掌長期政權後，教育改革較具效力。戴高樂在位時的重要教育改革措施是學術研究及實用科學研究二者並重的高等教育政策。

1958年，高等教育當局以獨立又富創意的學術理論研究作為大學教育的首要目標；1960年，大學教育開始大幅度的注重社會當前需要之研究，將以往強調純理論之研究方向調整；1963年另設七所新大學，課程也更為廣博及實用，並開設科技工藝、社會學、商務貿易、新聞等學科，甚至連人口學（demography）及人口研究（population study）都列為學習科目。1968年5月，巴黎大學學生抗議學校設備不足，圖書不夠，校園不寬敞，考試制度過於機械、呆板、嚴厲與煩人，學科狹隘，教授只精不博，及學生不能參與校務等，乃發生規模龐大的遊行示威，甚至形成暴動。

戴高樂總統乃於該年十月決定，大學大量開放選科，學生有權參與校務等解決辦法。（林玉体，1993）1968年11月實施的「高等教育導向法」以大學（universities）取代了以前的學院（facultes），使得大學的結構及功能更能適應學術研究及變遷急劇社會的需要。新方案並立法賦予大學具有多學科整合、教學與行政（含財政）自主、學術委員會由行政人員與師生代表管理等特徵。法國有彈性的高等教育於焉開始。（李宗薇、葉興華，1997）

（三）1975年的哈比改革法案

1975年，教育部長哈比（Rcne Haby）提出「初等及中等教育改革法案」（le Projet de Loi Relative a la Reforme des Euseignements Primaire et Secondaire），並獲國會通過。該法案將中等教育後期分為普通與技術高中（Lycees d'enseignement general et technologique, L.E.G.T.），以準備升入大學或技術學院為主；及職業高中（Lycees d'enseignement Professionnel,L.E.P.），以取得職業文憑為主。在四年中的前兩年，課程皆同，後兩年才分組；如普通及技術高中的最後兩年分為八組，即文史哲學（A組）、經濟社會科（B組）、科學物理（C組）、數學生物（D組）、數學技術（E組）、工業（F組）、商業經營（G組）、及資料新聞（H組）。分化延遲，且較精，如此進入大學或技術學院就讀，程度自可提高。（林玉体，1993）

高等教育的經營與管理

一、教育的社會情境

(一) 地理位置

　　法國位於歐洲西部，東北與德國、比利時及盧森堡等國接壤，東南以阿爾卑斯山、侏羅山與義大利相接，西南以庇里牛斯山與西班牙為鄰，西臨大西洋，南面地中海，北隔英吉利海峽與英國相望。因國土形狀，常被稱為「六角形」。地理總面積為五十四萬三千九百六十五平方公里，約為台灣的十五倍，其中三分之二為平原，26%為森林。首都為巴黎。

(二) 人口組成

　　人口方面，1991年的資料顯示全國人口數為五千六百七十萬，人口密度為每平方公里一百零二人，是西歐人口密度最小的國家。在1900～1945年間法國人口呈現緩慢成長，二次大戰之後則快速增加，1965年開始下降。1999年總人口數增為五千九百萬人，人口密度則為每平方公里一百零五人。總人口中約有四分之三住在都市，其都市大多是超過二十萬人口的聚集地。外來移民人口則相當穩定，1982年為三百六十萬，1990年為三百七十萬。移民子女大多就讀普通的法國學校，但學校中有其母語教學可供選修，間或有專門為移民子女而設立之特殊班級。（沈姍姍，2000）

(三) 政治結構

　　法國在政治上係行政、立法與司法三權分立的國家，總統為

行政權代表，總理及各部會首長組成政府，向國會負責；國會包括經由直接選舉產生的國民議會，以及間接選舉產生的參議院，為立法權代表；司法權則由各級法院行使，中央為最高法院。法國在政治上最為人提及的為其「雙首長制」（也有稱之為「半總統制」），即指在其政治制度中，總統是經由全民投票直接選舉產生，其本身具有若干重要且獨立的權力；另一方面總理及各部會首長又須對國會負責，在此情況下，總統與總理間的合作與協調非常重要，否則此制度就無法運作。（張台麟，1990）

（四）經濟狀況

在產業結構方面，1900年時法國的勞動人口大多從事農業，1900～1946年間農業人口由總勞動人口之50％降至36％。之後法國便經歷快速工業化與農業現代化之發展，至1985年，農業人口只剩5％，於此期間從事工業與服務業的人口則快速成長。到1996年農業人口佔所有勞動人口的比率降至2.7％，工業人口為30％，白領工作者則為23.5％。

法國經濟基本上是結合資本主義經濟與政府干預的制度，政府在一些重要的部門仍有相當大的影響力，如鐵路、電力、航空與電信等方面。但自1990年代開始已逐漸放鬆管制。持續的高失業率為其經濟面臨的重大問題，故政府企圖削減龐大的社會福利或政府官僚體系的支出，以及減少國防預算與加稅以減輕赤字。1999年1月1日法國加入歐盟的歐元制度。（沈姍姍，2000）

二、教育行政制度

法國的教育管理由於歷史傳統的原因，一直採行中央集權制，因而其學校制度也是全國一致性的。（沈姍姍，2000）法國的教育管理雖實施地方分權制，但實際仍為中央集權制，教育行

政由中央教育部、大學區、及府區地方行政單位，分層負責且權責分明（沈姍姍，2000；劉賢俊，1996）。中央最高行政單位為教育部，管理與督導全國各級教育，主要負責的事務包括制定國家的教育方針、政策、執行議會通過有關教育的法案，及審核撥放教育經費等。（江麗莉、盧美貴，2001）

　　法國的行政制度在中央之外，分為三級：省區（region）、省（department）及市鎮（commune）。目前全國劃分為二十六個大區（本土二十二個、海外四個）、一百個省（本土九十六個、海外四個）及三萬六千七百一十一個市鎮（本土三萬六千五百五十八個、海外一百一十三個）。在教育行政方面則將全國劃分為二十八個大學區（academic），約略相當於省區。此外，尚有諮議機關及督導機關，負責向部長提出建議及在有關行政部門的配合下，對省、大學區及全國的教育進行評估。部長係由內閣總理提請總統任命。（沈姍姍，2000）

　　大學區的教育行政機構由大學區總長、學區行政機關及諮議機構組成。法國全國共分二十八個大學區（academies），每個大學區包括數個府。大學區的最高教育行政長官稱大學區總長（recteur），大學區總長的職務主要是代表教育部監督各級學校的教育工作，重點在於有關教育立法及規章措施等。

　　府級教育單位係為大學區內的次級行區，由大學區總長代表和大學區督學（Inspecteur d'Academie）等共同執行府內中小學教育等有關事務。府級教育行政單位之最高長官稱府區國民教育長（Directeru Departementaire d'Education Nationale），其主要任務為督導、掌管該府教育服務等有關業務，並負責保持轄區內各級學校校長及府區督學間密切的關係，以確保轄區內整體教學活動的和諧。一般而言，府區教育行政長官的職權在初等教育上的權力較大，較能獨立自主地施展其獨特的做法，其次是初等中學

（colleges）。

　　事實上，法國在1982年以後已實施地方分權（decentralisation），但基於國家需要提供公眾教育服務的保證，各級學校師資的培育與招聘、支薪、人事管理、與特定的教學花費、以及教育政策與課程的決定權仍由中央負責。至於各級學校的教學運作則由中央與地方共同分擔，各有不同的權限與行政職責。（江麗莉、盧美貴，2001）

　　然而，雖說中央與地方的職權各有所司，但最後必須由中央代表授權，否則仍然不能創辦學校。換句話說，即使有學校宿舍，但未經中央認可仍不能派教師或支付教師薪資。如此各級學校師資仍由國家培訓與招聘、課程統一、考試統一的情形，故名義上是說已實施地方分權制，但在精神上仍屬中央集權的制度（劉賢俊，1996）。全國由教育部管轄的大學共有七十一所，其中有十三所在巴黎地區，總計包含了七百八十五個具有科技整合性質的「教學研究單位」（unites de formation et derecherche, U. F. R.）,其功能類似大學的系所，每一個UFR都由選舉產生的委員會管理。（李宗薇、葉興華，1997）

三、高等教育的分類

　　法國的高等教育歷史悠久，因施教機構不同而在學校結構、教學目標、課程設置和入學條件諸方面呈現出多樣性。現有三大類教學機構並存。

（一）普通大學

　　法國現有大學近百所，佔有法國高等教育四分之三比例。招收通過中學畢業會考，獲得業士文憑的中學畢業生，對其實施短期或長期教育，或在各學科（文學、人文、科學、法學、經濟

學、自然科學、醫學、藥物學、工程技術、藝術、政治學等）內實施基礎和應用性教學，並進行科研活動。

（二）重點高等專科學校

法國現有三百所專業高校及研究中心。高等專業院校分為公立和私立兩類，隸屬於各個部委和工商會等機構，提供專業教育，學生畢業後較容易找到工作。入學要求比較嚴格，需通過考試或由評委進行資格審查。重點高等專科學校實施優質的高級職業培訓，培養工程師和具有商務、管理能力的企業領導人。這類學校錄取的學生須經歷嚴格的挑選，錄取的人數也有限制。

（三）高等藝術和建築學校

在創作性領域裡實施高級專業教育。

四、學制

法國的大學和學院教育分三個階段，從第一階段到第三階段，每個階段結束，成績合格，都能得到國家授予的文憑，這個文憑並不意味著學生就可以自動進入更高一個階段的學習，但學生可以憑此進入同階段的其他科學習。擁有中學畢業證書者可以進入大學第一階段學習，為期兩年，成績合格者可獲得普通高等學業證明或科學與技術高等專業證明。第一階段畢業者可進入第二階段學習，為期也是兩年，第一年考試成績合格，即可獲得學士學位，如繼續深造一年，則可獲得碩士學位，1985年起，某些學科設置修習三年得高級專業碩士的課程；第二階段的另一種情況是，如果你就讀的是國家高等工程學院，則通常學習三年後，可獲得工程師文憑。第二階段的文憑是進入第三階段的必要條件，但各學校又有不同的入學考核，最常見的是書面的入學動機

和面試。第三階段的第一種情況獲得側重於職業生涯的高等專業學習文憑,學制為一年,第二種情況是攻讀博士,歷時三至五年,完成博士論文後,即可獲得博士學位。(李宗薇、葉興華,1997;中國教育訊息網,2001)

五、課程與學位

(一) 普通大學

法國現有大學,所有獲得法國高中畢業文憑或相當於高中畢業水準的學生都可以申請註冊入學。大學一般提供諸如:法律、經濟、管理、理工科學、醫學、牙科學、藥學、文學、藝術、人文科學等專業教育。大學學制設置分為三個階段:第一階段是基礎教育,一般為二年,可獲得普通大學文憑(DEUG);第二階段為深入教育,可獲得學士文憑(一年),或碩士文憑(二年);第三階段是研究階段,可獲得深入大學文憑(DEA),高等專業文憑(DESS),最高為博士,這一階段的時間是不定的。

法國大學學習順序與註冊階段如下:完成大學一年級課程後,可申請註冊學習醫學、牙科學、藥學(經過考試)等類科;完成第一階段課程後,可申請註冊攻讀學士,碩士或工程師;完成第二階段課程後,可申請註冊攻讀高等專業文憑(DESS、深入大學文憑(DEA)或博士學位。

(二) 高等專業院校

高等專業院校分為公立和私立兩類,隸屬於各個部委和工商會等機構,提供專業教育,學生畢業後較容易找到工作。入學要求比較嚴格,需通過高等學校的入學考試或由評委進行資格審查。可分為下列三種類型:(中國教育信息網,2001)

1.高等專科學校：包括培養工程師、建築師、獸醫、農學家、藝術家、軍事家的高等專科學校，及政治研究院（IEP），法國行政學（ENA），高等商業學校，高等科學院，技師培訓（IUFM），教授培訓及一些藝術培訓等。一般讀完大學兩三年後，可申請註冊，需通過考試或由專家評委審查考生的資料決定錄取與否。

2.職業技術學院（Instituts Universitaires Professionnalises, IUP）：設在大學內部，學制三年，讀完大學一年級的學生可申請註冊。

3.技術學院（IUT, Instituts Universitaires de Technologie）：設在大學和中學內部，為工業領域和第三產業培養中層幹部，學制兩年，可獲得高級技術文憑（DUT）。

六、入學

　　法國高中生畢業後若擬升讀大學，需參加高中畢業會考（BAC），凡具BAC或與BAC同等學歷者，均可申請大學接受高等教育。一般來說，除醫學系、牙醫系、藥學系與技術學院因有名額限制而採篩選淘汰制外，高中畢業生均可憑BAC資格註冊入學。持有各類高中畢業會考證書者尚可進入二年制技術學院，成績優異者則可進入附設於高中的預備班，為入學高等專門學院做準備。（沈姍姍，2000；台灣駐法文化組，2002a）

　　高中會考（baccalaureat）為進入高等教育所必經之全國性考試，每年舉行一次，分普通類會考（BAC GENERAL）及技術類會考（BAC TECHNOLOGIQUE）。普通類會考分三組：文學組（L）；經濟、社會學組（ES）；科學組（S）。技術類會考分八組：非生產類技術組（STT）、工業技術組（STI）、實驗室技術組（STL）、社會醫療組（SMS）、農產品及食品技術組（STPA）、農

藝及環境技術組（STAE）、旅館管理組（Hotellerie）、音樂及舞蹈技術組（Techniques de la Musique et de la Danse）。高中會考考試內容係依據公訂之高三課程綱要而定，依據各科目之計分比例計算會考總成績，總成績平均達十分或十分以上者〈滿分為二十分〉即通過考試，獲得會考資格，達十二分或以上者得尚優等級（AB），達十四分或以上者得優良等級（B），達十六分或以上者得極優等級（TB），成績在八分至十分之間者可補考一次，八分以下者則不達通過標準。（台灣駐法文化組，2002a）

七、機構

(一) 國立大學（universite）

現代法國高等教育制度係奠基於1968年的高等教育法，根據該法大學是享有行政、財政及教學自主的單位，大學內係以URF（Unite de formation et de Recherche）教學研究單位為一般科系概念。凡持高中畢業會考文憑或同等學歷證明者，可依意願自行向各大學申請入學。除特殊科系或狀況外，並不限制入學名額。沒有中學畢業會考文憑或同等學歷證明者，須通過專門的入學考試，才能註冊就學。此外，還有個別專業（如法學能力班）和學校（巴黎第八大學），既不要求文憑，也不須考試，只要達到一定年齡或工齡者皆可註冊。

法國大學傳統以來在實施普通教育而非專業教育。專業訓練的課程自1970年代開始也在大學中逐漸形成制度，培育各個階段的工程人員。大學分為三個階段（cycle）：

1.第一階段是兩年的基礎階段，教學不分專業，屬概論性質，目的在使學生對主修領域獲得基本知識，以及對副修領域獲得補充知識。通過課程要求的十二「單位」（法國大

學課程之計算，包括課程內容、作業及實作）之後，可取得「大學普通科文憑」（Diplome d'etudes Universitaires Generales, DEUG）。此階段的教學重點在於研究方法與科學概念的訓練、現代世界的認識與表達能力的培養。由於此證書取得不易，淘汰率甚高，許多學生就此結束大學生涯。

2.第二階段是兩年的專門化階段，係針對專攻領域的密集訓練。修習一年者可獲得學士學位（licence），licence以導向某一專業為目標，故被視為終結教育證書；修習二年者可獲得碩士學位（maitrise），作為高深學術研究之基礎訓練。

3.第三階段為深造及科學研究階段，學制三年，必須具有碩士學位者方能註冊。第一年以教學為主，授予「加深研究文憑」（Diplome d'etudes Superieures specialisees, DES）；攻讀博士學位者則須再修業三、四年。一般醫學博士學位須在大學修業八年，牙科與藥學博士學位則修業六年。

（二）高等專門學院及其預備班

由於高等專門學院培育了相當多政治、經濟、科技、軍事等方面的傑出人才，且始終保持著「少而精」的傳統，故在法國高等教育中的地位一直很特殊，是法國高級官員、高級管理人員和高級科技人員的主要搖籃。這些學校分屬政府各部門，也有部分是私立的。主要集中於工商兩科，培養高級專業人才。

高等專門學院入學競爭相當激烈，通常是已取得DEUG、DUT、BTS或在高級中學特別為此考試而準備兩三年的預備班的學生較易考取。預備班係設在條件較好的一、二百所高中內，並無入班的考試，係根據報名者的中學成績擇優錄取。

在教學方面，高等專門學院由於傳統、性質、專業與隸屬關

係的不同，各校差異很大。它們在教學上的共同點是：學制大多三年，基本上不實行學分制；課時多，要求嚴；重實際，重應用；人文、社會、經濟、語言等普通占有相當地位；一般不授予學位，只頒發本校畢業文憑。比較有名且校友多為法國各界領袖的高等專門學院有：高等師範學院（Ecole Normale Superieure）、綜合工科學院（Ecole Polytechnique）、國立行政學院（Ecole Nationale d'Administration, ENA）。

（三）短期高等教育機構

法國人稱高中畢業後讀兩年的學校為短期高等教育機構，它們的程度相當於大學第一階段。其學校類型包括：

1. 大學技術學院：建於1966年，任務是培養高級技術員。經由審查報名者的中學成績後，擇優錄取。其修業兩年，除在學校修習理論課程外，每個月學生必須一次或數次在實際工商場所實習。平時成績及格，通過實習後，便可得大學技術學院文憑（Diplome Universitaire de Technologie, DUT）。

2. 高級技師班：建於1954年，它的培育目標及錄取方法與技術學院相同，教學組織也相似，但是附設在技術中學內，專業類別更為細分，教學更加具體、實用，由年終考試評定成績。凡在技術或職業高中就讀的學生，在高三上學期可憑成績單與相關資料進行申請。學生在接受兩年的專業倫理訓練課程後，在93種專門行業中選擇某一專業從事實習。畢業生授予高級技師文憑（Brevet de technicien superieur, BTS）。

法國高等教育爲因應2000年大學擴增計畫，自1991年起即規劃新增大學、大學技術學院及大學附屬校院。在技職及專業教育方面，亦自1991年起新增高級技師班、高等學院預備班、高等工程學院及商業管理學院等。法國高等教育學校數目在1998年已達四千零一十四所，其各類學校數爲國立大學有八十七所；高等學院預備班四百九十四所；高級技師班一千九百三十所；高等藝術及文化類學院二百零三所；商業管理高等學院二百一十四所；高等工程學院二百四十所；其他七百四十五所。（沈姍姍，2000；台灣駐法文化組，2001）

高等教育的特色

一、就業導向的教育目標

　　法國各級學校的教育目標皆以培養學生的就業能力爲導向。學生接受十一年的義務教育後，一定有其專長，畢業後即可以立刻投入就業市場。五年的初等教育加四年的中等教育，再加上高中二年的就業訓練，務期使每一個接受完整義務教育的學生，考上某一類科的工作證照。若不繼續升學而投入就業市場，便立刻可以順利找到工作。大學任何科系亦然，目標放在教育學生一定要取得某一類科的工作證照，擁有此類科的就業能力。（莊淑鑾，1997；江麗莉、盧美貴，2001）

　　法國高等教育爲因應公元二千年大學擴充計畫，自1991年起即規劃新增大學、大學技術學院（IUT）及大學附屬校院。在技職及專業教育方面，亦自1991年起新增設高級技師班（STS，培訓高等技術員）、高等學院預備班（CPGE）、高等工程學院及商業管理學院等。一般而論，技職教育學校數目自1991年起迄今按14％

穩定成長，截至1999年，法國共有大學技術學院一百零一所，高等藝術及文化類學院二百二十一所，商業管理高等學院二百四十所，大學師範學院二十六所，醫藥學院四百三十八所。（台灣駐法文化組，民2002b）

二、文憑與證照合一

　　法國學生在初中畢業後，免試升入高中，此時他可以自己選擇唸普通高中或職業學校，但在高中一年級時一定要先確定自己在畢業後要參加那一類的證照考試，之後二年就得全力以赴，為準備考取證照而努力。大學教育亦然，考上的證照就等於大學學校的畢業文憑。同一行、職業的證照也有好幾級之分。以室內設計裝潢證照為例，高中二年級學生可考「裝潢工人」證照，高中三年級畢業生可考「領班證照」，大二學生可考「策劃、採購、製圖證照」，大學畢業生則可考「室內設計老闆」的執照，或「顧問」證照。文憑與證照合一是法國高等教育的重要特色，甚至證照比文憑更具工作的保障。

三、逆向性教育制度

　　法國證照的發放，並非盲目的，否則可能會出現某些行業人才過剩，而某些行業則人才不足。每年先由全國二十二個職業諮詢委員會開會協調，預估出各行業、各等級未來幾年所需要的人才，和每年所需發出各項證照的數目，然後大學、高中才依照此需要比例，輔導學生選讀各類科，並安排適當課程開課，此為逆向性教育制度。如此一來，各行業各等級每年皆可延攬到他們所需要的人才，學生也可找到能一展長才的行業去就職。（莊淑鑾，1997；江麗莉、盧美貴，2001）

四、經費預算高

　　法國每年投注大筆的經費在教育上，約21％的國家預算，比例之高為歐盟之冠。當然，對於如此龐大的經費投資是否值得也就成了大家關注的焦點。近十年來，法國教育部開始指標的建構活動，主要的目的就是要為法國的教育訂定出導向，並向國人說明龐大的教育經費是如何被使用的。（江麗莉、盧美貴，2001）

五、教育指標完整

　　整體而言，法國教育指標系統相當上軌道，不僅本身建立有完整的教育指標系統、豐富的教育資庫，並積極參與各國際組織（如IEA、OECD）教育指標的建構。（江麗莉、盧美貴，2001）

六、高等教育國際化

　　法國高等教育國際化的顯著特點是，1975年以來，一直是世界上第二大外國留學生接受國，1980年在法留學生達十一萬零七百流十三人，1992年為十三萬八千四百七十七人。法國擁有充足的留學生生源－非洲原法屬殖民地的大學生，以1992年為例，非洲赴法留學生合計七萬四千九百四十一人，佔十三萬八千四百七十七人這一總數的54％。

　　法國政府十分重視國際教育市場，近年來正在積極探索國際聯合辦學模式，比如，已與德國政府擬定合建一所「德法學院」和「德法網路大學」。為推動國際教育合作，法國教育部長1997年10月指出：法國應投身國際教育市場，發展國際合作，向國外開放高等教育；為此，教育部將設立「國際合作局」，國際合作預算將達七十億法郎；法國的大學校（Grands Ecoles）大力招收留學生，使之佔在校生總數的三分之一。此外，他還宣布將為赴海外學習的本國大學生提供方便。（王留栓，2001）

高等教育的願景

一、大學新設兩項文憑

(一) 大學職業學士（Licence Professionnelle）

2000年6月28日公布的新國家文憑將於2000學年開學時實施。全國將有七十五所大學、大學技術學院或設有高級技師班的高中，共頒授一百七十二類學科文憑。此文憑需修滿十二至十六週的實習、二百六十至七百小時的課程。獲得高級技師文憑、技術學院文憑及大學通科文憑及在職進修者（佔四分之一）皆可修習。

(二) 碩士文憑（Mastaire）

此文憑的設立係為便於法國與歐盟國家學歷相互承認對等之用，利於推動教育國際化。凡持有高中會考後五年（Bac+5，大學畢業以上程度）之學歷如DEA、DESS及高等學院工程師及管理文憑者，可直接申請換發。（台灣駐法文化組，2000；沈姍姍，2001）

二、建立高等教育指標

高等教育下有六個指標項目，其中有一個指標是屬於成本層面、二個指標是為教學活動層面、三個指標則為成果層面。

(一) 教育成本費用

1.高等教育支出（higher education spending）。

（二）學校各種活動

1.高中會考資格者進入高等教育的立即管道（immediate access by baccalaureat holders to higher education）。
2.高等教育的教學活動（schooling in higher education）。

（三）成果（result）

1.大學生進入第二階段的比例（percentage of university entrants reaching the second cycle）。
2.獲取碩士或博士學位的成功率（success rates for DEA's and doctorates）。
3.高等教育畢業資格與職業類型的關係（relationship between higher educational qualifications and career patterns）。

普通科高中會考（Bac general）及格者有94％直接進入高等教育校院就讀，技術科高中會考（Bac technologique）及格者有83％，專業科高中會考（Bac professionnel）及格者則僅有17％進入高等教育校院就讀。一般而言，論高中會考及格者進入普通綜合大學或技職教育學院就讀第一階段（即相當唸大學一、二年級）平均約二年七個月可結業，獲頒大學普通科文憑DEUG或大學科技文憑DEUST。第一階段結業生中約有57％的學子繼續進入第二階段。第二階段第一年結業可得學士License學位，第二年結業可得碩士maitrise學位。約35％持碩士學位者進入博士預備班（DEA），35％持博士預備班文憑者進入博士班（Doctorat）。（江麗莉、盧美貴，2001）

三、建立教育資料庫

(一) 第一層資料庫

基本上，這一區的資料是對外開放的，一般社會大眾皆可從網路上查詢到此部分資料庫的資料。

1. publication：期刊資料，是一些供外界如家長與學生查詢的期刊資料。
2. look on education：視聽資料，提供給家長使用的視聽資料，基本上，都是法文的資料。
3. IVAL：教育成果（包括成果現況與對成果的預期，例如，出生率的存放處），在這亦包括了技職教育方面的資料。
4. evaluation pedagogy：教育評鑑相關資料。

(二) 第二層資料庫

此區資料仍對外開放，提供學術界查詢此部分資料，較第一層資料具專業性。

1. infosup：在這資料庫中包括九十所高等教育機構的相關統計資料。
2. IPES：在這資料庫中包括全國一萬二千所中學的統計資料。除此之外，這個資料庫還包括五十學校教育指標的資料，即是針各個教育指標項目配合其相關資料，並且為提供學校單位與地區單位相互比較，在這資料庫中也存放有各個地區的指標相關資料。
3. InPEC:在這資料庫中存放著六萬筆學校指標資料。
4. center base of piloting（總資料庫）：這是有資料的集中處。例如，特殊教育資料即存放在這個資料庫中。

（三）第三層資料庫

　　這部分的資料通常只供內部人員（如校長或政府官員）使用，在不同資料庫間以內部網路（intranet）相互連結、流通資料。例如，EPP是有關教育人員資料的一些數據，其餘的則爲更爲專業的資料庫。這部分總共有五十個以相同系統連結的各種資料庫。（江麗莉、盧美貴，2001）

第六章 德國高等教育的現況與發展趨勢

高等教育的歷史

十九世紀初期，歐陸是拿破崙稱霸的局面。1806年的普法耶拿（Jena）一役，使普魯士王室在教育上的努力盡付東流。翌年訂立了梯爾西特條約（Treaty of Tilsit），普魯士喪失大半領土。但普人卻從此喪權辱國的戰役與條約中獲取了教訓。他們以振興文教作爲湔雪國恥及振興國家的後盾。茲將重要的教育發展階段分述如下：

一、耶拿戰後的教育改革（1871年以前）

（一）設立公共教學部

1808年設立負責公共教學的中央行政部門，稱爲「公共教學部」（Department of Public Instruction），任命一流的學者洪保德（Friederich Wilhelm von Humboldt）爲首任部長。此行政單位取代了前王室於1787年所設而由宗教人士掌管教育權的「高等學務委員會」，此後教育行政權力悉數落入世俗人士手中。

（二）設立教育學院

在大學設立教育學院（Pedagogical Seminars），專習教育學術，如赫爾巴特於1810年在克尼斯堡大學設教育學院。後來柏林大學及哈列大學也相繼成立。大學爲了培養中學古文學師資，也設立語言教育學院（Philological Seminars），側重古典語文的專業訓練，哥丁根、哈列、克尼斯堡、波昂等大學都在十九世紀早期成立此種學院。

（三）創設柏林大學

柏林大學於1810年成立，這所舉世聞名的高等學府繼承了哈列大學的精神，追求一個「目標」（zweck）及兩個「條件」（bedingungen）；一個「目標」就是「知識」（wissenschaft），即熱烈的、有方法的、且獨立的探索真理，而不計較功利上的應用，為學術而學術；兩個條件即「教自由」（lehrfreiheit）及「學自由」（lernfreiheit），教授可自由教他自選的科目，學生可以免除強迫性的背書。當時菲希特曾發表就職該大學校長演說，闡釋學術自由的重要性。菲氏認為只有在安穩的且不受干擾的知識進步的園地＿，人類才能圓滿的實現終極目標，在所有的可能園地＿，這種進步最可能產生的恰當場所就是大學。

因為大學累積了每一時代最高的知識成就，因之下一代人可以從上一代人的肩膀上看出更為遙遠的知識水平。假如大學能網羅那些沉浸於學術研究領域內的一流學者，又能吸引天下英才匯聚於此接受大學教授的指導，則大學本身將能獨立自存而不必仰賴外力。菲希特說：「不僅這些外來的影響及干預是有害的，並且對有意製造進步的人而言是種一擾亂。因之，假如要大學達到它應有的目的，則必須放手讓大學自由。它需要並且也應該要求徹底的外在自由，最廣義的學術自由。由是，教師教學絲毫不受限制，研究的學科也不受阻礙。教師可以自由的思想並傳達獨立的見解給學生，而大學生也同樣享有此種自由。」（王留栓，2001）

（四）普魯士全邦學生聯盟事件

1815年，耶拿成立普魯士全邦學生聯盟（Burschenschaft），口號為「榮譽、自由及祖國」（honor, liberty, and fatherland）。1817年該聯盟（於Wartburg）召開會議紀念宗教改革三百週年，

宣揚自由觀念。政府先不動聲色，謀思予以壓抑學生運動的策略。終於在1819年，因一名學生殺害一位劇作家，政府遂利用此機會強迫學生組織解散，與自由思想或社會主義有牽連者一律予以拘禁，其中一位受害者就是德國提倡健身運動之父賈恩（Friedrich Ludwig Jahn）。賈恩在他的兒子之病床上被捕，雖然控訴他的罪名不能成立，但他仍被關在好幾個囚房_，並且禁止所有外在往來，使他的倔強性格遭到精神崩潰的結果。當德國西北部的漢諾威（Hannover）平民革命時，七位哥丁根大學教授聯名抗議鎮壓行動，卻被解職。至此，柏林大學所標榜的學術自由受到嚴重的踐踏。（林玉体，1993）

二、帝國時期的教育（1871～1918年）

1871年的普法之戰，普魯士徹底打敗法軍，「德國」從此成立。當時鐵血宰相俾斯麥（Otto von Bismarck）大力推行國家精神，培養國民為國王效忠的作風。在教育上實施幾種重要改革工作：

（一）完全剝奪教會的教育權力，所有各級學校都免於教會控制，教會學校由政府指派的非教會官員予以監督。俾斯麥此舉，乃與羅馬教會進行了長期的「文化戰」。

（二）注重新帝國國家觀念之灌輸，培養守秩序且滿意於自己的社會地位、身份、及職業的學生及對長上忠誠服從的國民。

（三）注重科學教育，加強實科學校之教學，設立工藝大學，以培養科技人才。此措施，顯然受工業革命的影響。古典語文之學習，漸失去唯我獨尊地位。

（四）1872年成立一種十年制女子學校（Lyzeum），六歲入學，頭三年授以基本學科，後七年則為中學性質，科目

與男校大同小異。女子教育自此受到重視。繼續升學者可入高等女校（Oberlyzeum），高等女校有兩種：

1. 家政學校（Frauenschule）：以研究語言、公民、藝術、音樂、針繡、家事、及幼稚園教學為主，時間為兩年。
2. 師範學校（Hoheres Lehrerinnenseminar）：唸文學、歷史、邏輯、心理學、及教育史，修業四年。

十三歲的女生亦可轉入類似男校古文中學（Gymnasium）的「預備班」，加強拉丁及希臘文研究；也可入「高級實科學校」（Oberrealschule），專習數學、自然科學、及現代語言；或入「文實中學」（Realgymnasium），攻讀拉丁及現代語，但免修希臘文，畢業後可以升入大學（林玉体，1993）。

德國大學自十九世紀初洪保德改革後，經歷了一個世紀的發展，以研究著稱的德國大學在眾多的學科中都有卓越的貢獻，處於世界科學的領先地位，被看作是世界科學的中心。德國高等教育模式也受到普遍的推崇，被譽為世界上最好的高等教育機構，對世界高等教育的現代化產生了深遠的影響。截至1900年，德國共有四十九所高等學校，其中二十二所為大學，十一所為工業高等學校，其餘十六所為農學、林學、礦業和獸醫等專科性高等學校。此時的高等教育仍是精英教育取向，只有少數人有機會進入大學，大學生再十八至二十五歲年齡層中只佔0.85％。（陳洪捷，2001）

三、共和國時期的教育（1919～1933年）

第一次世界大戰結束後，德國組成「威瑪共和國」（Weimar Republic, 1919-1933），實行民主政治。此時的德國在教育上，產

生下列幾種重要的改進措施：德國工商產品的品質獨步全球，這是由於德國人種的優越，民族之勤奮，加上科技教育的注重而造成；各種類型的「技術高等學校」（Technische Hochschulen）林立，為德國經濟奠下了深厚的基礎。

教育行政如同美國，行各邦自治式，採民主精神。教育行政機關不用上對下的命令文件來處理教育問題，倒以指導或建議來解決學校在課程上及教學上的困難。各級學校都應進行「道德教育，對國家的責任感，以德國國家精神來履行各人職責，且人人都應有職業技能。」而中央政府「可以確立教育制度的指導原則，公立學校體系應發展成有機的整體性」，這些都是教育行政或制度上的新作風。（比較教育學會，1976）

由於戰敗所導致的經濟衰退和貧困，使大學的經濟狀況也十分惡劣，然而德國大學在社會上享有的崇高地位與學術傳統都得以繼續，在學術上的成就仍是世界一流。1939年以前，德國科學家榮獲諾貝爾獎者佔全部獲獎者的四分之一，共有三十六人，比第二名的英國多出十二名。另外，民主共和制度也擴大了高等教育的開放性，使大學生佔適齡人口的比率提高至1％。（陳洪捷，2001）

四、納粹時期的教育（1933～1945年）

納粹時期的高等教育政策在根本上是反科學的，其目的首先再清除大學中的政治異己，1932～1939年間，約有40％的大學教師由於政治或種族因素離開大學，流亡國外，德國大學因此元氣大傷，其負面影響至今猶存。同時，納粹政權在大學中推行統一化政策，在大學的管理和教學中貫徹納粹的意識形態，將大學當作維護政權的工具。此時期的大學生人數銳減，1938年減少到五萬八千萬人，約只有納粹上台前的1932年大學生人數的一半。

（陳洪捷，2001）

五、聯邦德國時期的教育（1945以後）

此時期的高等教育經歷了前所未有的發展與變化，並且在不同的時段呈現出明顯不同的變化趨勢和特點。茲分三個時段加以說明：

（一）重建時段（1945～1965年）

1945年，德國戰敗投降，國土被瓜分成東德和西德。東德行共黨政治，西德行民主政治。東德的教育，是專制式的教育，西德的教育，則力除納粹遺跡，建立民主式的教育制度，以威瑪共和時期的教育為基礎，繼續推行民主式的教育。根據西德憲法第七條的規定，教育分屬各邦管轄，聯邦政府並無教育實權。各邦設有教育部，全權處理各邦教育事宜，而邦與邦之間的教育措施，也不盡相同。（林玉体，1993）在聯邦德國建立後的十年中，重建因納粹和戰爭而被破壞的高等教育和恢復威瑪時期的高等教育傳統，成為高等學校和政府高等教育政策的主要目標。此時期的大學由於過於注重自己的獨立地位，而較少關心社會發展及社會大眾對高等教育的要求，故將此時期的大學斥為「象牙之塔」。（陳洪捷，2001）

（二）改革時段（1966～1980年）

從六十年代初開始，由於東西方對峙與競爭、人利資本理論的流行、政治民主化和大學生運動等國內外因素，在德國出現了空前的高等教育改革，其主要目標是高等教育的民主化和機會均等的落實，在教學內容也有了改變。此時期的高等教育在結構、規模和管理體制等各方面都有許多變化，德國高等教育也從此進入大眾化時代。聯邦政府獲得了參與制定高等教育宏觀政策和立

法的權利，並於1976年頒布了第一部全國性的高等教育法—高等學校總綱法。（陳洪捷，2001）而大學在量與質上也有了一些變革。

1.大學在量上的增加

德國大學本是少數精英者研究理論知識的場所，但民主教育的呼聲甚囂上之際，以及民生富裕之時，接受高等教育的人數乃無形中增加神速，西德大學生入學人數有成幾何級數增加之趨勢。（林玉体，1993）到了七十年代，新建的大學有二十四所，新型的總合高等學校有九所，高等專科學校十九所；適齡人口接受高等教育的比率也增加至20％。（陳洪捷，2001）

2.科際整合之研究傾向

為了恢復德國原先享有的學術輝煌地位，學術機構於1960年及1962年兩度提出發展科際整合的專題研究計畫，雖然歷史悠久的大學裏足不前，但新設大學卻勇往邁進。如1970年設立的皮列菲德大學（Bielefeld）也進行過諸如歐洲共同市場的目標與方法，舊有城市改建辦法或少年犯罪問題等研究項目。這些研究都以科際整合的方式來作「團隊工作」（team-arbeit）；並且每年均舉辦約三十次研討會，邀請國內外專家學者赴會研討。

3.重視生活教育

部分大學注重大學生的輔導，實行英國師生共宿的學院式生活。但此種舉措，卻也遭受學生組織的疵議，他們認為生活教育式中小學的份內工作，非大學的職責，否則是對「成熟證書」的諷刺。

4.民主式的大學管理

大學師生有權參與大學行政。1968年開始，各邦逐漸制訂大學法，其中有許多民主化的教育措施，如規定系務會議由教授（佔50％）、講師助教代表（佔30％）及學生代表（佔20％）組織而成，共同推展系務，並且系內教授人選，應公開徵求等。（比較教育學會，1976）

（三）新探索時期（1981年以後）

八十年代的德國將提昇高等教育質量、培養高質量人才和提高科研水平等列為高等教育的核心目標，政府採取了一系列措施以促進高等教育的自主性、競爭能力，並試圖將市場機制應用於高等教育領域。進入九十年代，隨著經濟全球化和高等教育國際化的趨勢，高等教育也面臨了新的挑戰。根據1998年的統計，德國共有高等學校三百四十四所，其中大學有九十二所，高等專科學校有一百五十二所。（陳洪捷，2001）

高等教育的經營與管理

一、教育的社會情境

（一）地理位置

德國位於歐洲大陸的中心，西臨萊茵河，東至奧得河、奈塞河，南屏阿爾卑斯山脈，北臨北海及波羅的海的中歐區域內，被視為歐洲的心臟地帶。其鄰國有丹麥、荷蘭、比利時、盧森堡、法國、瑞士、奧地利、捷克及波蘭等國。統一後德國面積為三十五萬六千九百五十七平方公里，是一個聯邦國家，原西德有十一

個邦，再加上東德恢復分裂前的五個邦，故現在德國為擁有十六個邦的國家。

（二）人口組成

人口方面，1991年總人口數約為八千萬人，其中92％為德籍，8％為其他國籍，最多之外籍人士為土耳其人；1996年德國總人口數增為八千一百八十萬人，其中七百二十萬人為外籍。欲整合這些外來者進入德國文化，教育即為一大媒介，故提供移民子女普通教育、適合其個別狀況的母語教學，及適當學習與訓練機會乃是必須。德國人民的宗教信仰主要為基督教與天主教。

（三）政治結構

東西德對峙時，西德1949年訂定的德意志聯邦共和國基本法是奠定其成為民主自由國家之基礎。兩德統一後，此基本法仍為德國國家制度的基本依據。德國是行政、立法與司法三權分立國家。立法機構為聯邦議院與聯邦參議院；行政部門由聯邦政府與總統負責；司法部門則由聯邦法院負責。由於德國是聯邦國家，因此各邦擁有自己的憲法與政府。

（四）經濟狀況

在經濟方面，德國自然資源並不豐富，農業生產往往不敷需求，故須依賴進口原料並出口工業成品，以維持貿易平衡。二次大戰後，德國經濟復甦快速，目前已躍為世界主要經濟大國之一。由於經濟發展迅速，商業及服務業增加，而研究發展以及高附加價值產品均需高水準的訓練，因而教育機構即須供應此類人才。然而自東西德統一之後，由於資本流入德東以從事重建財政、改善基層架構等事項，增加了政府預算負擔，也威脅到有限

的公共教育經費。此外，自1993年開始，歐洲經濟市場逐漸整合，德國扮演著關鍵的促進角色，而歐洲聯盟（European Community）的成立也意味著經濟外，歐洲其他社會層面的整合趨勢，教育體系的整合也值得關切（沈姍姍，2000）

二、教育行政制度

德國的教育行政組織基本上可區分為三級：聯邦（bund）、邦（lander）與地方縣市（gemeiden）。根據德國的基本法，各邦擁有其文化自主權，其中包括教育事項，所以德國是一個教育地方分權制的國家。聯邦政府僅具有較形式的制定全國教育目標、原則等權責，其角色主要是諮議、顧問性質的，實際教育權力僅是有限的立法或財政權。然而為協調各邦間之教育問題，設置一些全國性教育機構來處理：如各邦教育部長常設會議、聯邦與各邦教育計畫與研究促進委員會，及聯邦教育、科學、研究與技術部等。

德國教育實際運作之權力屬於十六個邦。每個邦政府內均設有文化部，其主要任務在詮釋及執行前述聯邦層級會議之決議。邦文化部之主要責任在負責中小學的運作，包括：經費、課程內容、教學計畫、授課時數表、教師基本薪資之訂定、教師薪資稅收來源及分配、教師之培育、派任與升遷等事項。在各邦之下、縣市之上尚有一個地方行政公署之存在，做為邦政府行政手臂之延長。其組織內負責教育行政者為教育處，負責教師之派任及調動，同時設有督學負責定期訪視學校及督導實習教師。另外有教師進修與專業發展及地區之職業學校，也是由此中間層級的教育行政機構負責。

縣市教育局（schulamter）是德國最基層的教育行政機構，主管基礎學校（grundschule）、主幹學校（hauptschule）、實科中學

（realschule）及特殊學校（sonderschulen），負責地方學校事務的管理。學校外的事務，包括課程目標與內容的訂定及教科書、建築、設備等所需花費之經費，以及非教師人員（如秘書、管理員）之薪資等則須仰賴縣市政府的分配。（沈姍姍，2000）

三、入學方式

德國設有高等院校的統一招生考試，高校入學實行所謂入學資格認可的原則。只要通過文理中學高中畢業考試獲得文理中學畢業證書，即十三年級或十二年級（在四個聯邦州）的畢業證書，就獲得了「普通高等學校入學資格證書」。組合型的總合學校、專業文理中學、文理中學夜校、教會學校頒發的中學畢業證書（包括通過非學生類考試）也具有同等權利。

德國高校實行的是「寬進嚴出」的入學制度，只有在少數熱門專業，如醫學、法學、獸醫學、生物學、資訊學等專業有聯邦和地區性的錄取名額限制外，一般高校的入學選擇標準主要是中學畢業考試的總分，因此，中學畢業考試的成績對選擇專業具有舉足輕重的意義。對於藝術、音樂或體育專業，申請者還必須提供相應的資格證明；而對於技術類專業申請者，往往在入學前要求提供已完成幾個月的職業實習證明。

「寬進」的好處在於不以一次考試的成敗定終身，從而使更多的學生有機會進大學深造，同時大學也有了更多可供挑選的優秀學生。但高等學校也因此增加了接納大量學生的壓力，造成資金、師資、教學、實驗、宿舍等條件的短缺，導致在校生實際人數遠遠超過學校能接受的人數，形成人滿為患的問題。

德國的大學在實行「寬進」的同時也實行「嚴出」，因此德國大學生中途綴學的比例相當高。1993年3月柯爾總理在聯邦議會的一次講話中提到，德國大學生的平均綴學率為27%，在某些專業

高達50％。

　　高級專科學校的學生在通過了畢業考試後，就獲得了高等專業學院的入學資格，該畢業考試包括筆試和口試兩種，筆試考德語、數學、外語再加一門其他科目，口試的科目包括所有的筆試科目與一門專業相關的科目。

　　對於沒有「普通高等學校入資格證書」的學生，並不意味著沒有機會上大學，這些學生只要以優異成績完成高等專業學院的基礎階段的學習，並在某些規定的專業_符合一些特殊的前提條件，就有機會在大學_繼續他們的學業。（中國教育信息網，2001）

四、學位制度

(一) 學士學位

　　德國的高等學校對學生參加畢業考試所需的在校註冊學習時間只作出了常規學期數的限制（一般為八至十個學期），對最高學期數一般沒有明確的規定。

　　德國大學的一個學年分為兩個學期，分別為冬季學期和夏季學期，上課的時間（包括冬季學期和夏季學期）一般為二十八週，期間各有二至三個月的停課時間，供學生復習或進行各類實習。課程結構和學制則因大學之不同而有所不同，由學習和考試條例加以規範和調節。大學學習一般分成兩個階段：基礎階段和主課階段。儘管規定的最低學期數為四至五年，實際上的專業學習時間平均往往在六年以上，直至考試總共將近八年。在德國，有大學學歷的年輕人的平均年齡為二十七歲半，明顯高於其他國家（英國：二十三歲，美國：二十四歲，法國：二十六歲）。正是由於對最高學期數沒有明確的規定，使不少大學生的註冊學期數

接近或超過二十個學期，一小部分人成了「職業大學生」。

　　高等專業學院與一般大學類似，一個學年也分爲兩個學期，分別爲冬季學期和夏季學期，但上課的時間（包括冬季學期和夏季學期）要比大學長得多，一般爲三十六週。高等專業學院的常規學期數根據不同的學校和專業分別爲六至九個學期不等，目前，德國大多數高等專業學院都努力達到四年制，其中包含一至二個實習學期，而且學生在開始學習前，通常必須已完成幾個月的學前實習。高等專業學院的課程一般分爲基礎課程和主要課程兩個階段，基礎課程爲二至四個學期，結束時有一次預考，然後進入主課階段。在主課階段，學生可在專任講師的指導下在幾個主修方向上選課。在實驗、設計練習中，特別是在畢業設計中，要求學生能獨立完成一個有關理論、實驗或設計的專門課題。

（二）碩士學位

1.自然及工程技術科學碩士

　　自然科學、工程科學、社會科學和經濟科學等專業的學生，在滿足了學習條例對所學專業規定的條件、完成碩士畢業論文、通過一系列的口試和筆試後，即可畢業並被授予自然及工程技術科學碩士學位，所學的專業方向通常被附加在學位之後，如工學碩士、數學碩士、心理學碩士等。此外，有些學位由國家考試委員會統一頒發，如體育教學碩士和圖書館學碩士等，而在有些專業也可由私人機構頒發，如美容碩士等。

2.人文及社會科學碩士

　　人文科學和部分社會科學專業的學生，只要通過人文及社會科學碩士考試，即可被授予人文及社會科學碩士學位。與自然及

工程技術科學碩士不同，所學的專業並不附加在學位之後，而是一律通稱人文及社會科學碩士。

（三）博士學位

博士學位是德國最高一級的學位。「特許任教資格」並非第三級學位，它只是一種專為博士而設的資格考試，通過該考試的博士擁有在高校任教的資格，具備了成為教授的基本條件。在德國，所有的大學教授都可以是博士生導師，因此，凡是獲得第一級學位的學生都可以申請在德國大學的有關專業中攻讀博士學位（Promotion），通常不需行資格考試，但有一個前提條件，申請人必須成績優秀。

在德國的大學，博士生只對科學研究和他的博士導師承擔義務，他可以完全自由地進行研究，沒有任何必修的課程，但可以通過參加博士生專題研討會交流經驗和知識。在整個博士生的學習生涯中，必須不斷地獲取和掌握所選擇的研究領域中的新知識，這是「無形」的考核，只有通過這樣的日積月累，才能最終完成博士論文，獲得博士學位。博士生的學習期限並無任何明文規定，一般至少三年，如果在研究或教研室兼職的話，時間更長，一般為五年左右，只有醫學專業例外，大學畢業即可獲得博士學位，因此醫學博士學位既是最終學位，又是第一級學位，相對其他專業而言，醫學博士論文往往比較短而專。

除了必須提交書面的博士論文外，還必須通過博士學位的口試。在正式授予博士學位前，博士生還必須把論文印刷成冊，並按規定提交一定數量的論文，以便分送到各大學圖書館供收藏和查閱。博士學位通常同時註冊所取得學位的專業，如哲學博士、法學博士等。對於由於種種原因，最終沒有獲得博士學位的博士生，導師除了表示遺憾外，不負任何責任，「寬進嚴出」的原則

同樣也適用於攻讀博士學位。

　　研究生院是大學的一個機構，專門支持和幫助攻讀學位的科學後備力量，這是攻讀博士學位的另一條途徑。博士生可以在一個系統的、包括課程在內的學習大綱的範圍內攻讀博士學位，他由一個或幾個參與研究生院工作的大學教師指導。

（四）高等專業學院的學位

　　高等專業學院的學生在通過畢業考試或學位考試後，同樣被授予畢業文憑和學位，只是須在學位證書上加註「高等專業學院」字樣，以示區別，稱爲「高等專業學院」碩士。高等專業學院畢業生具有從事職業的資格，並有權獨立開業，而且也可能轉入相應的大學學習，但通常不能直接攻讀博士學位。

　　爲了適應勞動力市場變化和高校改革的緊迫形勢，許多高等專業學院還分別單獨或與其他大學合作在諸如機械與資訊科學、經濟工程學和環保等專業領域內開設研修班，專門招收大學畢業生，經過三個學期的學習之後，授予第二學位。如經濟工程研修班的畢業生被授予高等專業學院經濟工程師碩士學位，在經濟界深受歡迎。（中國教育信息網，2001）

五、課程與教學

　　德國各高校的教學形式基本上是相同的，主要的形式有講課、練習、研討班和實習等。這些教學形式貫穿於包括基礎階段和主課階段的整個學習過程中。在高校裡，各專業系所只決定學生必須修滿的課程數量，並不替學生制訂課程表，學生在每學期初根據自己的情況自由選課，但必須注意緊扣已制訂的學習計畫，在毫無頭緒的情況下，也可以向各系或教研室的教學助教或者高年級的同學請教。以下分述上課的不同形式：

（一）講課

講課主要由教授或講師就某一個專題，在講台上講述相關的要點、重點，或是教師自己覺得特別有心得的內容，學生必須通過課外閱讀補充課堂上所學的知識。聽課的學生人數並無限制，主要取決於講課的題目、教授或講師的名氣、講課技巧等，對於一些冷僻的課程，可能只有幾個人；而一些名牌大學的名牌教授講授的課程，聽眾能達到百人。實際上，聽課人數也反映了教授的知名程度和水平，為了保證教授講課思路的連貫性，一般在課堂上不進行討論或提問，但在一些規模較小的專業課上，教授往往允許學生在聽不懂的情況下當場提問，但不展開討論。德國高校的課堂教學氣氛相對來說比較輕鬆，特別是專業課，教授從不點名，學生可以在課堂上做別的事，甚至半途退場，唯一的前提條件是不能影響別人。考試並不放在期末，而是在下一學期初進行，學生可以有一個暑假或寒假的時間進行複習，通過考試者可以獲得一份成績證明。

（二）練習

練習通常與講課的內容緊密相關。練習只存在於基礎階段，一般由教學助教負責。練習的題目一般在學期初或在上一學期末公布，學生必須繳交一份書面的課外作業，由教授或助教給課外作業打分數，及格者同樣將獲得一份成績證明。

（三）研討班

研討班作為一種教學形式，主要培養學生的獨立思考能力、表達能力和參與精神。教授一般會在學期初開列一張本學期將舉辦的研討班的題目清單，這些題目並不一定與講課的內容相關，而往往與教授的研究課題有關，有些題目是跨學科的，甚至是相

當領先的，有興趣的學生可以向教授登記主講某個題目，並確定日期。當然，如果學生有好的題目建議，教授也會採納，並補在題目清單上。登記並講的學生必須在廣泛收集和閱讀大量資料的基礎上擬定提綱，寫出發言稿，內容要求能羅列各觀點和思路，但並不強求作出結論。一次研討班的活動一般由一個人主講，講完後展開討論，所有的參加者（教授、助教、科研人員、學生等）都可以各述己見，進行辯論，教授也往往能從中得到很多啓發，甚至發現一個新的研究方向。主講的學生必須將發言稿整理成論文，在規定的期限內交給教授，從而獲得一份成績證明。

（四）實習

實驗和實習是德國高校教育形式的一個重要組成部分，不僅自然及工程技術科學的學生需要參加實習，有些人文及社會科學的學生也必須參加實習。有些專業要求學生在入學前已在企業或行政機關中實習過，具有該專業的基本的實踐知識。從廣義上講，實習既包括在校外企業或機關中實習，也包括在實驗室、工地、計算機旁以及在任何一個地方學習科學的工作技術和研究方法，對於自然科學、工程科學及部分經濟、社會和地球科學的學生是必修的主課程內容，學生必須在主課階段完成一至數次的專業實習，不同的高校、不同的專業對實習的要求也不一樣，有些專業還要求必須在主課階段至少在實驗室外成功地完成一次實驗。（中國教育信息網，2001）

高等教育的特色

十九世紀初，以德國人威廉·洪保德為代表的新人文主義的大學改革為德國國立大學贏得了充分的內部自主權，實行教研室

教授自我管理，強調科研不受任何社會集團的影響。洪保德的「教學自由」、「教研一體」以及「以科促教」思想爲德國高校的發展奠定了堅實的基礎，長期以來德國高等教育在世界上享有盛譽。（李國強，2001）

一、官僚式的高等教育人事制度

　　隨著時代的變遷，洪保德模式正受著前所未有的挑戰，儘管德國高校的科研成果依然引人注目，但是現行的高教模式過於呆板、官僚，年輕人很難脫穎而出，學校缺乏競爭能力，無法在教育這個國際市場上佔有一席之地。爲了改變這一狀況，布爾曼女士自1998年秋出任德國教研部長以來，提出了多種改革措施，但這些措施在實施過程中受到了各方面的阻力，成效不大。爲了在2002年此屆政府任期結束時能有一個實實在在的改革成果，布爾曼部長決心在德國高校開展一場以改革薪資人事制度爲內容的「高校革命」。

（一）德國高校現行薪資人事制度

　　按照德國現行的法律，高校教授的身份爲公務員，其薪資由基礎工資和家庭補貼兩部分組成，分爲十五個級次。薪資每兩年自動上升一個級次。這一晉薪方式與所從事工作的質與量無關。另外，教授還享受聘任或延聘的特殊津貼。

　　在德國，年輕人在完成爲期三、四年的博士學業後，必須再花七、八年的光陰去應付教授資格的考試，這樣他們首次獲得教授席位時的平均年齡爲四十二歲。在獲得教授席位前，他們無法獨立進行科研和教學，一切聽從教研室教授的安排。這一體制有著明顯的缺陷：它不獎勵，不罰懶，而且妨礙高校與企業間的人員流動，因爲教授如轉去企業工作，必須放棄他的薪水和養老金

待遇；學校因受法律限制無法高薪聘用傑出人才；年輕人的發展在很大程度上受教授的制約，而教授自身的科研情況則無人可以過問。

(二)「高校革命」的內容

　　布爾曼部長於1999年6月任命組成了一個專家委員會，專門研究高校薪資人事制度的改革問題。該委員會由高校及學術機構的專家組成，聯邦與州政府主管教育的部門、工會及高校聯合會派代表以顧問身份參加委員會的工作。2001年4月10日，專家委員會向布爾曼部長提交了一份高校薪資人事制度改革建議書，主要內容如下：

1. 維持高校教授的公務員身份，教授職稱以下的科研人員實行雇員制。鑑於高校教師工作的性質不同於公共服務行業，擬在適當的時候引入一種新的適合高校科研人員特點的人事制度。方便高校與企業、外國機構之間人員的雙向流動，准許薪資和養老關係的轉移。

2. 設立「青年教授席位」，作為教授資格考試的一種替代形式和申請終身教授的新途徑，「青年教授席位」由專業院系照一定的程序負責公開招聘，由校外評估專家對應聘者作出鑑定，作為應聘條件。申請者必須在三年之內完成博士學業，如在取得博士學位後進行博士後研究的話，這兩個階段的總時間不得超過六年。「青年教授」擁有獨立科研、教學和帶博士生的權利。學校分配給「青年教授席位」一定的科研經費，提供必須的基礎設施。

3. 改革現行的工資制度，建立一套靈活的、具有競爭力的、與個人成績架構的新型薪資制度。新工資分為固定薪資和

浮動薪資兩部分，取消原來每兩年晉升一級薪資的做法，取消與聘任和延聘有關的津貼。大學教授的固定薪資為八千三百馬克，高等專業學院教授的固定薪資為七千馬克，大學教授的浮動薪資平均為二千一百五十馬克，高等專業學院教授為一千八百五十馬克。教授的收入最高額不做極限。每隔五至七年對教授的工作成績作一次評估。決定浮動工資數額的因素有：科研、教學、培養科研後備力量方面的成績；高校管理中擔任的職務；超額的教學工作量等。

新的薪資制度實施後，新聘教授按新規定執行，已聘教授則可以按現行的薪資體系或按新制度領取薪水。（李國強，2001）

二、高等教育科研經費高

德國2002年的教育預算比2001年增加四億四千萬馬克，增加到一百六十億四千一百萬馬克，創歷史新高。教育部長布爾曼強調，高等學校、科研機構、高校學生、參加培訓人員及所有想接受繼續教育的人，都是德國今天教育政策的受惠者，所有生活在德國的人都會享受到這種智力投資，讀大學和接受培訓不再依賴父母的錢包，特別是那些願意學習並能夠學習的人都會得到政府的資助。今後兩年德國的科研經費將優先資助對人的研究和對創立新工作崗位的研究。所有的資訊科技領域和生命科學是未來的關鍵技術，開發有利於生態、有利於環保的新產品，都是資助的重點。

德國政府體認到，目前各國的高等教育都在國際上爭奪最好的人才，因此，德國政府也將投入更多資金，加強學生和學術的國際交流與合作，德國要成為年輕一代學習和研究的國際熱門地區。（正梅，2001）

三、雙軌制的高等教育

德國大多數邦的高等教育為雙軌制，包括專業高等學校與大學兩種。

（一）專業高等學校

學生必須獲得成熟證書方能申請。有些學校可根據能力高低或在地身分而選擇學生。某些熱門科系也會有較長的等待期，其課程強調科技等職業導向內容，修業年限三年或三年半。

（二）大學

以教學及研究為主，又可分為傳統式大學和現代式大學兩種，傳統式大學的特色為分散在許多大小不一的分部之中，而現代式大學則集中分布在幾座大的教學大樓中。但二者之差異已愈來愈小了。

高等教育機構並無入學考試，凡是文科中學畢業生或具同等學歷，並通過高中文憑證書考試者都有資格申請學校，原則上均可入學，但部分大學科系有名額限制，申請者需有較好成績方能進入。大學是不能選擇學生的，大約有70％的大學生來自文科中學。大學修業年限為四至六年，其他類型之高等教育則修業三至四年。由於德國高等教育機構允許學生自由選課，自由決定參不參加考試，有些學生面對如此琳琅滿目的課程，往往不知所措而選錯課程；而有些學生怕畢業後找不到工作，便留在大學中等待時機，故意延後參加畢業考試的時間；再加上有些學生在大學中不認真學習，致使大學畢業學生的平均修業年限都遠超過規定年限。

高等教育的課程分為基礎課程及專業課程。基礎課程階段結束時舉行一次考試，稱為前期文憑考試（grundstudium），學生通

過學科考試獲得證明，再加上平時參加自學討論的證明，便獲得
進入專業課程學習資格。（沈姍姍，2000）

四、強調學校自主、學術自由

洪保德在1910年所創的柏林大學中，致力於推崇單純的科學
教育研究及高等教育。德國高等教育繼承「洪保德傳統」，強調
「學術自由」及「教學與科學研究的統一」，高等教育機構在過去
三十年以來擴展快速，自1960年代以來已增加了三倍，包括三百
所大學及其他公立教育機構及六十二所私立高等教育機構。德國
高等教育機構的組織及設立基本上是以聯邦為基礎，各邦則是負
責高等教育的型態及經費。聯邦政府與各邦政府對高等教育經費
的分攤比率則視各項計畫或活動而定。高等教育的就學率約為同
年齡組群的30%。

德國大學行政基本上是自主的。校長由教授們選出，任期至
少兩年。教授是終身職且為公務員。校長之外，尚有副校長
（chancellor）負責學校的行政及財務。由於聯邦政府及各邦政府
均賦與大學相當的自主權，故大學甚少受到外界干擾。但專業高
等學校則會受到較多外界的干預，如來自工商業及雇主的需求，
此種干預往往是採非正式或非系統的方式進行。（沈姍姍，2000）

五、高等教育國際化

德國是世界高等教育發達國家，在高等教育國際化方面有著
優良的傳統，洪保德高等教育改革思想曾在世界教育史上寫下了
光輝的一頁。第二次世界大戰結束後，隨著高等教育國際化的逐
步形成和發展，高等教育交流與合作也有了很大的進展，在1975
～1990年期間（1979年除外），德國接受的外國留學生人數一直僅
次於美國和法國，居世界第三位。1990年8月31日，「關於創建國
家統一的條約」的簽定和基本法的生效，德國終於重新統一。隨

著經濟全球化和高等教育國際化的迅速發展，德國步入了新的國際化進程。

　　在聯邦政府、地方政府及社會機構的大力支持下，德國高校也積極參與高等教育國際化活動，比如，許多大學都設有國際事務辦公室，直接負責國際合作與交流。1993年，德國高等教育機構與外國同行發展的合作項目達六千七百餘項，其中三千七百多項是與歐盟國家的高校共同實施（英國和法國各佔有近一千項），1300項是與中東歐國家的合作（俄羅斯和波蘭分別擁有三百項）。此外，與美國的合作項目有五百三十項，而中國則有二百三十項。

　　德國十分重視留學生市場，既是留學生接受大國，又是留學生派出大國，以1991年為例，在德學習的外國留學生達十一萬六千四百七十四人，僅低於美國的四十一萬九千五百八十五人和法國的十三萬九千九百六十三人。而德國赴海外的學生達三萬四千名。在數量上僅低於先進國家的日本（1990年出國留學者達三萬九千人）和發展中國家的中國、沙烏地阿拉伯和摩洛哥。面對國際教育市場的激烈競爭，德國一方面積極鼓勵本國大學生到國外留學，另一方面正在制定高等教育改革方案。其中計畫參照英美學士、碩士學位制度，建立與外國接軌的學位體系，並將自有學士學位的外國留學生開設碩士或博士課程。（王留栓，2001）

　　高等教育國際化的趨勢也帶來了質量管理的挑戰，各學科的交流、國際間的交流，固然給大學帶來新的活力，也給了大學新的競爭壓力，學校必須創造機會，使學生可以充分選擇學習世界各種知識，學校也必須適應社會發展的需求，開放市場、改變學科設置和修學標準，以滿足學生的國際流動，減少學生的學習時間，使學生更能式應全球化的趨勢。（劉晉榮、史朝，2001）

高等教育的願景

一、高等教育的問題

（一）精英化的高等教育

　　德國大學最為人詬病者在於未符合現今世界大眾化高等教育的潮流；大學輟學率高，且獲得學位的時間過長；花費在大學的經費又較其他OECD國家為少。故德國大學目前發展趨勢在於朝向尋求企業資助，而非完全倚賴邦政府財源，企圖在薪資、設備與一般資源方面能獨立於邦政府而自行負擔，且學習英美講究辦學的效率，但高等教育仍是以教學及文化目標最為優先。此外採行歐洲學歷認證制度（European Credit Transfer System）也是鼓勵學生獲得國際經驗所必須。（沈姍姍，2000）

（二）高等教育公共資源不足

　　德國九十年代以前的高等教育財政主要由州政府資助，反映在預算的分配、管理和控制的高度科層體制上。九十年代後的高等教育擴張迅速，而公共預算卻持續下降，高等教育公共資助不足問題益形嚴重。為了解決此問題，德國高等教育財政正向市場為導向、效益為本位、多元化投資為目標的方向演變，以節省成本、提高成本效益，強化高等教育的競爭力。（楊明，2001）

（三）高校人事制度的改革

　　各界人士一致認為，德國高校已到非改革不可的地步。除了_邦教研部的專家委員會在作專題研究以外，德國各州文化部長聯席會議也組建了一套由各州主管教育的國務秘書組成的委員會，

專門探尋改革德國高校體制的路徑。主管公務員法的德國內務部也表示贊同對現有高校工資人事制度的改革。議會各黨團、工會和婦女組織在總體上都支持改革的思路。德國大學校長聯席會議也認為「擬議中的改革是積極、重要的一步」。

「高校改革」深得青年學者的歡迎，因為這不僅將為他們掃除發展道路上的障礙，使他們不必等到四十二歲，而在三十八歲甚至在三十五歲時就有可能成為名正言順的教授，他們在高校和企業之間獲得更廣闊的發展空間，從而不必遠涉重洋到美國去謀求前途。目前德國共有三萬七千名教授，2005年前有近一半的教授將退出職業生涯，這新老交替的時代給體制改革創造了絕佳的機遇。

儘管「高校革命」擁有天時人和之有利條件，但實施起來卻困難重重。代表全德國一萬七千五百名大學教授利益的德國高校聯合會，堅決反對專家委員會提出的改革建議，並且退出專家委員會。德國教育與科學工會批評新的改革建設沒有全盤考慮德國高校的人事體制問題，指出教輔人員編制的縮減會影響教學質量，新的薪資制度只能使極少數富有的教授越來越富，而那些人數眾多的教輔人員「只能像以往那樣靠一紙五年的聘書和一份微薄的薪水艱難度日」。

「高校改革」成敗的另一關鍵是經費問題。按照布爾曼專家委員會提出的改革設想，整個改革措施在實施過程中必須執行「費用中性」的原則，即政府不提供額外經費，在現有薪資總額範圍之內，通過對薪資結構的調整，解決改革所需的經費。這一設想的可操作性很小，另外，由學校自行解決「青年教授」的科研經費也會使改革的前景蒙上一層陰影。（李國強，2001）

（四）重研究輕教學

德國傳統大學體制是以科學研究爲基礎的，教學和人才培養的地位較低。長期以來，儘管大學在爲專門職業培養人才，但卻無視於這些專業的需要，一味地注重科學研究，將科學研究當作是大學的基本任務；在大學教授的選拔和聘任上也完全以科研水平爲依據，而未考慮教學能力和水平。這種觀念在大學只是培養少數知識菁英和學者的時代尚能被接受，但在大學功能擴展、接受大學教育人數增加的社會需求下，大學的教育和培養功能必須有所調整。

（五）學生修業時間過長

根據德國的大學理念，科學研究應當在自由中進行，學生在自由學習原則下，應自己組織安排個人的學習，選擇自己的學習重點，學校不應有任何的干預和規範。一切對學習的形式性規定都被認爲不符合大學的主旨和目標，任何關於學習過程的程序化和規範化的建議都難已被接受。因此大學的學習長期缺乏合理的學習結構，沒有適用於不同學生需要的、分層次的培養制度，使得相當數量的學生因缺乏目標和學業制度的引導而一再拖延學業，甚至中途退出學習。從五十年代起，學生修業時間過長（如1992年大學生平均修業時間長達七年八個月）和大學的高淘汰率（約爲20％～30％），就一直都是德國大學難以解決的問題。（陳洪捷，2001）

二、高等教育的未來

（一）增加高等教育研究與教學之國際競爭力

自從1995年以來，聯邦與各邦及工業界代表一直討論如何增

進在研究領域中，德國高等教育體系之國際競爭力，而且提出若干合宜的對策與建議。目前申請前往德國留學之外國學生數量並不多，尤其是在技術與經濟課程更是如此。影響所及，德國乃採取一些改進的措施，例如，針對外國學生需要所設置之特別學習課程，以及在德國高等教育機構中，強化國際層面的教學單元，以及確保德國高等教育文憑能獲得國外的承認，同時亦努力尋求提昇本國學術競爭力的方法，希望海外任職之德國學術人員及科學家能夠受到鼓勵而返國服務，並且將他們在海外獲得之知識，完全應用至德國之研究與工業界。爲了確保與世界領先之科學家與研究機構，進行合作及資訊交流，德國必須建立更具吸引力的條件，以吸引外國學者及研究領域之科學家。

（二）推動終身學習的概念

由於快速的社會變遷,終身學習益形重要，爲了維持社會與經濟發展，德國已深刻體認終身學習的重要性。繼1971年第二次建議之後，在1994年12月政府採納各邦教育與文化事務廳廳長聯合會議（Standing Conference of the Ministers of Education and Cultural Affairs）針對終身學習的第三次建議。在德國統一、歐洲統合、中歐與東歐之快速發展及移民運動的增加後，愈來愈顯示繼續教育的重要性。必須教育公民，使其認識全球關係，以及評估前述變化對其生活之影響及重要性。

除此之外，繼續教育之所以重要是因爲必須開放海外的公民及德意志民族的工作與生存機會。爲了進一步使教育制度實現其任務，未來主要的優先項目是提昇教學人員的專業能力，以及維護參與學習者之權力，而且必須建立繼續教育機構相互承認的標準，因而可以訂定教育品質的管制措施及制度。至少，此次建議重視所有教育機構可以提供一個綜合性的證明體系，因此參與進

修者能夠修習配套概念（modular concept）的課程，並與個人選擇之科目相互結合。

（三）加強學校的跨文化教育

在1992年各邦教育與文化事務廳廳長聯合會議，曾提出加強學校跨文化教育（intercultural education）之建議，目標在於融合各種文化，並且滿足跨文化教育的需求。初步的建議並未設定任何特定的條件，主要目標在於提供基本的指導方針，以便實施各邦之跨文化教育。

此項建議是根據一項基本假定，亦即所有學校學生將會接受一項共同的跨文化教育課程，由學校來提供基本的跨文化教育，因為學校是實施教育的主要場所。跨文化教育的教導方式應採跨學科、問題導向及實務的途徑。這包括：方案作業、學校對外開放、利用真實生活情境及學生自身的經驗，因此得以鼓勵並提昇個人的主動性、行動和責任。

（四）同等重視普通教育與職業訓練

在中等教育後期，學校提供之課程範圍包括普通教育課程與職業課程，還有結合兩者之課程，可供學生修習。普通與職業教育課程已經各自發展出相關科目之文憑與資格。屬於普通教育性質之中等學校與職業訓練制度之間的功能性區分，主要在於教育方案內容之差異。但從教育與社會的觀點，兩類課程應具有同等的價值，因此可去除社會賦予此兩領域之價值差距。

目前德國各邦的共識及達成之協議是：如何促成普通教育與職業訓練文憑資格之互相承認，以提供入學資格，並參加更高層次之課程學習活動。相互承認標準應是課程內容、要求水準及所獲得的技能。在確保各種入學管道及資格時，必須考慮不同資格

間有可供比較參照之標準，以提供接受普通與職業教育者公平的高等教育入學機會。各邦之間正繼續討論普通教育與職業訓練的綜合性計畫，主要的優先項目在於職業教育與普通教育體系資格，應獲得相同的地位。（王如哲，1996）

（五）高等教育質量管理

質量是高等教育管理最為重視的問題，質量管理是大學管理的核心，特別在研究、教學、繼續教育、年輕學者的培養、國際化、知識轉化、管理和組織、大學行政等方面，針對大學所進行的一個完整的評估過程需要9個月的時間，評估的目標是為了提高資源的利用率和有效性、重新規範政府的控制和影響作用、加強自主管理、自我負責和加強競爭力、建立以效率因素為基礎的系級經費分配方式等。（劉晉榮、史朝，2001）

（六）建立教育指標

1.由國際比較進而重視校際表現標的建立

由於國際發展趨勢的影響，德國在電腦統計方面也有很大的改變，從OECD「國際學生評量方案」（PISA）的參與即是一例。透過這種結果導向評量的參與，德國中央教育行政單位要求比較十六邦的教育相關資訊，透過這些資訊進而改變個別的教育系統，以確保教育的品質。因此，每一學校必須保證改變，讓基層的學校動起來，這是德國歷史上首次以校為基礎的改造。以全校表現為基礎，而不只是要求單一老師的表現，在這樣的基礎之下，進行校際相關發展的比較。因此，每一學校必須發展策略，每一所學校的教師亦需面對這種改變。目前德國因面對國際化與國內兩個改變趨勢，已積極的透過專業的協會來面對此一挑

戰，如何做好班級教學，保證教學品質然後遍及整個學校。此一品質指標的形成，是此一階段的發展重點。

2.透過共識形成教育指標

建立「共識」在德國目前的改造是非常重要的，透過這種過程並且建立共同的語言。例如，在發展的前提下，必須確立大家所講的「品質」一事是相同的，然後建立協約，以便推行。因此，他們常用說服的方式，向學校推動相關指標的發展，而共識、協約、溝通成為一種常態，以確保此一制度能有效的運行。德國教育系統的運作已做了很大的調整，溝通扮演重要的角色。為了因應歐盟及OECD的發展趨勢，學校品質保證工作，已不斷的在溝通中進行。「從上而下」（top-down）是法律方面的程序，目前學校層級已不太容易進行這種運作形式。

3.發展邦際比指標系統

截至2000年，德國的某些層級沒有完整的比較性資料。例如，學校中輟方面資料，在中等教育方面要全德國的資料整合，才能得到目前的中輟率，如果要得到比較性資料，還要考慮是在那一層級。目前德國的十六邦（Laender）的資料，在比較方面仍在持續的進行蒐集與彙整中。在形成教育指標的構想中，仍需進行個別的統計，首先需將十六邦的學校統計分別送達彙整，但是這樣的過程也有一些誤差。邦際指標性的比較正在發展中，學生經費花費比較方面目前建立得比較好。（張鈿富，2001）

第七章 澳洲高等教育的現況與發展趨勢

高等教育發展的歷史

　　澳洲位處南半球，其得天獨厚的地理環境及豐富的資源，使澳洲一向被譽為「The Lucky Country」，澳洲教育水準高，提供廣泛的課程，其大學教育及研究所更曾經培養出多位諾貝爾獎得主。澳洲的高等教育體制，以一個國家總人口一千七百萬的澳洲而言是相當的完整齊備。全澳洲每年大約有四十萬人註冊就讀於澳洲高等學府的各種課程。這其中包括了全職（full-time）、半職（part-time）及校外函授學生。以下簡述澳洲高等教育發展的歷史（資料來源：http://www.tosa.org.tw/tosaaus.htm）：

一、1950s的發展

　　第二次世界大戰後，澳洲聯邦政府開始重視高等教育，投注前所未有的補助，致力於人才培訓及戰力知識相關之訓練，科學和技術的社會價值受到高度重視。戰前全國只有六所在十九世紀及二十世紀初設立的州立大學。1946年全國大學學生約二萬五千五百人，戰後雪梨成立第二所大學，即新南威爾斯大學（當時稱新南威爾斯科技大學），1950年代又相繼有三所大學成立，使得到1960年全澳共有十所大學，學生人數增至五萬三千人。

二、1960s的發展

　　1960年代早期，政治及社會壓力，使得擴展高等教育的呼聲日益提高，1961年成立委員會（Committee on the Future of Tertiary Education in Australia）檢視澳洲高等教育的課程與發展，該委員會的報告，即所謂馬丁報告（Martin report），建議成立高等教育學院（College of Advanced Education, CAE）以取代大學的擴增。CAE和大學在地位上是相等，但功能不同，主要差別在

CAE是以職業及教學爲取向的發展，而大學是學術與研究取向，此一變革使得澳洲的高等教育步入所謂的雙軌系統（binary system）。Martin report雖然只建議CAE部門的擴張，但1970年代有九所大學相繼成立。

1960年代成立的雙軌制很快成爲三軌制的事實。許多的CAE雖是新成立的，但大部分是先前屬於州教育部或州教師學院的科技學院，當CAE朝向發展較高學術標準及學術性課程時，專科技術教育即所謂的TAFE（Technical and Further Education）挑起學院所留下較低層級的教育工作，大部分是學徒式或成人教育的課程，因此第三層級的教育（tertiary education）實際上涵蓋三個部門，即大學、CAE和TAFE，1977年政府成立聯邦第三教育委員會（Commonwealth Tertiiary Education Commission，簡稱CTEC）協調高等教育的三個部門。

三、1970s的發展

1970年末期，澳洲高等教育的雙軌制日益受企業、政治及公共政策單位的質疑。1980年代中期以後，澳洲高等教育的雙軌制問題更成爲熱烈討論焦點。當時負責檢視澳洲高等教育效率與成效的第三教育委員會（CTEC）保守的建議檢討雙軌制的未來，但政府卻希望有立即的行動及採取更激進的改革。1987年的高等教育綠皮書指出澳洲高等教育應更順應及回應社會的需求，以提昇澳洲在國際市場的競爭力，同時指出預見未來的十年高教人口的大量增加，且政府將無力吸收額外負擔而必須尋求其他方式，運用結構的改變及其他相關改革。1988年的高等教育政策白皮書公布，認爲教育利益應引用較大機構的行政效率模式，合併機構，因此而產生一波大規模的高等教育改革。

四、1980s的發展

1987～1988 John Dawkins積極推動高等教育改革，1980s末到1990初重要改革如下：

(一) 廢除雙軌制

1960年代雙軌制實施以來，CAE在法律上與大學同等地位，但實際上在社會地位和資源上並不如大學，雙軌制造成高等教育的階層化事實。傳統上大學享有更崇高的名聲與社會資源，不少CAE即使已具有發展研究相關之師資與能力，亦無法取得政府的研究相關補助。西澳立法院首先於1986年同意西澳科技學院升格，但第三教育委員會（CTEC）在補助上卻仍將其視為CAE，接著各州的CAE也接著效法，聯邦政府終於在1987年宣布終止含CAE的雙軌制高等教育，CAE必須合併成大學或與大學合併，而進入現行的單一系統制（Unified National System, UNS）。聯邦政府認為學術機構的合併有好處，可節省行政支出，學校可有更深度的課程，教職員亦有較多生涯發展及教學研究選擇，同時合併後的學校可發展出各自的特色與風格。

(二) 經費補助與研究方式的改變

聯邦政府對學校的經常性補助以學生量為依據，研究補助則改為競爭方式爭取，1987年成立澳洲研究審議會（Australian Research Council, ARC），將大部分的研究補助轉移至ARC，ARC依國家需要發展優先研究領域，因此ARC也控制了研究的性質與發展方向（偏向科技、醫學、應用發明的研究及基礎研究）。同時鼓勵大學向外界爭取研究補助，尤其發展應用研究或短期可見效果之研究，以較易爭取業界的支持。ARC補助則傾向較長期、研究群或整合型的中長期研究，成功率並不高（不到20％），用意在

鼓勵大學及企業界的結合，或將研究成果找到企業界的支持。政府亦表明學校必須尋找非政府的經費支援，如私人捐贈及招收全費的外籍生。政府並未設定非政府補助基金的比例目標，但建議期望能從企業界爭取相當於聯邦政府補助款5％的補助。

（三）使用者付費

聯邦政府除鼓勵學校爭取外界的補助，展開向海外招收全費外籍生及爭取私人機構的捐贈、贊助外，也向本國學生收取部分費用，即所謂的HECS（Higher Education Contribution Scheme），其理由為教育是經濟發展，也是個人社會地位提昇的工具，因此有個人利益，個人應負擔部分成本。

（四）改善入學方式、提昇高等教育參與率

政府認為高等教育的利益應更公平及廣泛的分享，因此需改善入學方式及增進參與率，如成熟學生（即非直接由中學畢業進入大學者）採不同的入學管道，TAFE的學生可轉換跑道轉至大學，學校提供橋樑性課程供未具最基本資格就讀某領域的學生有機會升學者，該課程學生量列入聯邦補計算程式中，如此鼓勵更多人接受高等教育，促使教育機會均等。

（五）課程變革、改善學生完成學業率

澳洲高等教育在1970年代即出現學生中輟率嚴重問題，研究中未指出原因，而研究所部分亦相同，領有聯邦研究獎助的研究生僅二分之一在六年內完成學位，且比預期的時間多出一倍。為改善研究學位及研究生進度問題而引進美國的EDD（Professional Doctorate）的課程模式，EDD博士班模式結合課程與研究二部分，取代原來全為研究性質的模式，一般而言，全時生二年可完

成學位，兼職生則需雙倍時間。

（六）強調品質管制機制

　　政府的補助與獎勵視各大學的表現而定，因此學校必須發展品質管制機制及發展評量測驗標準，政府亦設立基金協助學校建立品質管理機制及各種有關提昇教育品質之教育研究及獎勵。

　　品質管制機制引導大學間相互模倣以取得獎賞，如政府獎勵研究及研究所課程，各校便爭相模倣該領域。

五、高等教育發展現況

　　雖然聯邦政府缺乏憲法賦予的特別權力，但對於高等教育事務則扮演著深具影響力的角色。澳洲大學之設置是根據州議會之法案，並且對州教育廳長（state ministers）負責。高等教育係以公立為主，並且由聯邦政府提供公共經費予以支助（王如哲，1999）。

（一）機構數量

　　目前澳洲共有四十二所高等教育機構，其中三十六所大學屬於統一的全國性體系（United National System, UNS）會員，還有四所接受部分聯邦經費支助的學院（Commonwealth-funded Colleges）及兩所私立大學。屬於全國性體系的大學至少須擁有二千位相當於全時學生的規模，並肩負著特殊任務，以及由聯邦政府經費予以支助。

（二）學生數量

　　在1996年，超過六十三萬位學生就讀於澳洲高等教育機構，包括五萬四千位來自海外的學生。大部分海外學生係來自香港、

印尼、馬來西亞及新加坡，而且偏好於選讀商業、行政與經濟學等學科領域。在1982與1995年間，高等教育學生數量增加的比率超過73％，亦即學生人數自1982年的十二萬五千人，增至1995年的二十四萬四千八百零二人。在1995年所有高等教育學生中，有十六萬五千六百九十四位是攻讀學士學位的大學部學生，其中全時學生比率最高約占59％；部分時間制學生占29％，還有12％是外部制（external mode）學生。以學習領域而言，有44％學生攻讀藝術（art）、人文學科（humanities）與社會科學（social sciences）、行政（administration）、商業（business）及經濟學（economics）。

在註冊類型方面，在1997年大約有59％高等教育學生是全時制（full-time）學生，27％是部分時間制學生，以及13％是屬於機構外部制學生。對大多數機構而言，部分時間制學生約占整體學生人數的25％至50％之間。許多機構並未招收外部制學生（external student），但有一些大學，諸如：查理斯特德大學（Charles Sturt University）、新英格蘭大學（The University of New England），以及南昆士蘭大學（The University of Southern Queensland）則其外部制學生占約三分之二。過去十年間，學生註冊入學的類型產生改變，在1983至1990年期間，全時學生所占的比例增加，但在1990年之後則略微降低。

（三）公私立學校學生比

大多數學生就讀公立學校，約72％，私立學校以教會所創學校為主，尤其是天主教，天主教學生約佔全國學生的20％。天主教學校設有Catholic Education office的專責單位，其權責及行政獨立，不受州政府管轄，但其課程受公共考試及大學入學影響。

（四）男女生受教育情形

　　義務教育後繼續完成教育者女生多於男生，以1996年為例，77％女生完成完整高中教育，男生則只有66％。但男女生接受教育比的差距隨著教育程度的提昇而呈反比現象，大學女生佔53％（以人文科系為主），大學後的課程，女生佔41％。

（五）教育經費

　　大學是行政自主，經費主要由聯邦政府補助75％並控制其入學名額，因此聯邦政府對大學的影響力最大。澳洲目前只有二所私立大學及二所私立學院，政府對私立大專院校無補助，但其教師可申請研究補助。

　　TAFE的經費四分之三由州政府提供補助，其餘靠收費，在政府教育年年刪減的情況下，收費的TAFE課程也漸漸增加。TAFE的運作自主，但受攻府政策（尤其聯邦政府的經濟政策）及企業需求的影響。近年來，澳洲聯邦政府的教育經費預算年年減縮，尤其是對高等教育的經費補助，對澳洲高等教育有極大影響。

（六）學制

　　澳洲義務教育從六至十五歲（位最南方的塔斯馬尼亞島則至十六歲），幼稚園一年，小學六年，中學六年。中學的最後二年非義務教育，（但一般學生，約四分之三，會完成完整的中學教育），稱為高級中學，學生完成此最後二年的教育時，有一全省的會考，作為其申請大學入學的依據。澳洲的大學除少數學科外，如醫科，一般為三年，成績優異者可申請第四年的榮譽學位，若未修榮譽學位，則可再修碩士學位，碩士學位有二種，一為以上課為主為期一年的學位，另一為必須寫論文的碩士，全修生修業年限一般為三年，再職生修業年限可延長一倍，碩士成績優者亦

可直攻讀博士學位。博士學位一般爲三年，再職生修業年限可延長倍。十年級畢業的學生亦可進入所謂的TAFE（Technical and Further Education College），即專技術學院，一般大學和TAFE的最大不同在前者以傳統人文、學術專業取向、科學、商管爲主，後者以修讀較具就業取向的課程爲主，有些TAFE的課程並和企業界有合作的關係，學生有充分實習機會。但TAFE另一功能爲提供成人推廣教育，課程多樣化，以休閒娛樂課程爲主。

一般而言，專科生需修業二至三年，大學生需三年，但依科系不同，修業年限亦不同，例如，文、商、理科三年，工科四年，法律四或五年，醫學六年。一般要進入專科以上學校進修者，必須至少完成十二年級教育。澳洲學生在十二年級畢後若想繼續進修，可有二種選擇：一爲以實務課程爲主的專科技術學院。其二爲比較學術理論性質的大學課程。

高等教育的特色

澳洲是個注重教育的國家，全國有四十二所大學及二百餘所專科技術學院，幾乎都是政府立案的公立學校（除二所私立大學例外），教育體制是由州政府各自管轄，因此行政體系，各州略有差別，雖然如此，但基本上教學品質是由澳洲聯邦政府嚴格控制管理，所以各校都維持平均且高水平教學品質，各學校的學歷文憑，被各州相互認同且全國通行的。澳洲的教育品質具世界一流水準，所有學校教育都是根據個人的需要、能力與興趣而設，使每個學生發展其各方面潛能，而後予以發揮，並運用於各行業中（吳慧敏，2001）。

一、高等教育發展的特色

由於高等教育學院相繼合併成為大學，目前澳洲有三十六所國立大學、四所接受經費支助的學院及二所私立大學，而這個合併的工作使得澳洲高等教育機構的數量減少，但規模大，無形中提昇了澳洲高等教育的品質及增加廣泛的課程。大學的上課方式，包括課堂上課，個別指導或分組討論和說明會，還有個人在實驗室和圖書館自修，此外於學年中也有其它的附加學術活動。澳洲高等教育主要有下述四項特色（http://www.churton-hart.com/data2/data8.htm）：

（一）州與區域建立各自的學校教育制度

澳洲為聯邦體制國家，根據憲法規定，教育事務為各州與區域的權責範圍，因此各州與區域建立起各自的學校教育制度。澳洲聯邦政府在教育、就業與訓練事務上，主要是扮演全國協調者角色。除了高等教育經費係由聯邦政府負責撥款外，聯邦政府為協助各州教育與訓練事務之推動，亦提供有限的經費，各州與區域建立起各自的初等、中等、技術與擴充教育制度，並且主要仰賴州／區域政府本身所提供的大幅經費。

（二）聯邦政府肩負提供高等教育經費的完全責任

在高等教育發展上，澳洲聯邦政府扮演舉足輕重的角色，其高等教育係以公立為主，並且主要以聯邦經費予以支助。澳洲在1960年建立大學與非大學高等教育機構並立的二元體系，但在1987年達金斯改革後已統整成為統一的全國性體系。在政府補助高等教育經費的角色上，雖然澳洲州政府擁有法定職權，但聯邦政府於1950年代末期墨瑞報告書出現後，便開始與各州政府分攤高等教育經費，在1970年代中期聯邦政府更進一步肩負起高等教

育經費的完全職責，顯示澳洲聯邦政府在高等教育經費扮演著主要提供者的積極角色。

（三）重視原住民教育並強調多元文化教育

澳洲向來重視原住民教育。以聯邦政府的識字與算數能力方案（Literacy and Numeracy Program）而言，其目標即在於測量改進教育不利學生之識字與算數能力，並提供經費補助。目前有三項協助原住民學生的主要方案如下：

1. 原住民教育策略性方案計畫（Indigenous Education Strategic Initiatives Programme），旨在提供補充性經常門經費給予改進原住民學生教育成效之機構。
2. 原住民教育直接支助方案（Indigenous Education Direct Assistance），旨在與一些提供教育與就業方案選擇之指導協助與資訊方案相結合，以及獎助學校為基礎的家長委員會（school-based parent committee）。
3. 原住民學習（ABSTUDY）方案，旨在給予提供具有資格之原住民學生生涯發展與補充性的津貼，以克服其面臨的特殊不利情境。

（四）擁有健全的技術與擴充教育體系

技術與擴充教育（Technical and Further Education, TAFE）是澳洲後學校（post-school）教育與訓練體系的重要一環，而且大致係由各州與區域撥款支助之教育與訓練活動。這與高等教育經費大都來自聯邦政府甚為不同。大部分的技術與擴充教育課程是由技術教育擴充中心（TAFE centres）負責，但也有一些課程是由高等教育機構、農學院（agricultural colleges）及成人教育局（adult

education authorities）負責開授，課程的範圍自入門級的訓練
（entry-level training）、專門化的教育、就業前的職業訓練，至滿
足個人興趣與休閒需要的成人教育課程均有。

二、高等教育的政策與管理

（一）行政制度

　　目前聯邦政府中肩負教育職責的部門爲澳洲就業、教育、訓
練與青少年事務部，其部長對聯邦國會負責，部內單位有八個司
和三個委員會。

7-1 澳洲就業、教育、訓練與青少年事務部的組成
分析與評鑑事務司（Analysis and Evalualion Division）
國際事務司（International Division）
高等教育司（Higher Education Division）
職業教育與訓練司（Vocational Education and Training Division）
學校事務司（Schools Division）
制度事務司（System Division）
就業與採購事務司（Employment and Purchasing Division）
青少年、學生與社會政策司（Youth, Students and Social Policy Division）
全國就業、教育、訓練委員會（National Board of Employment, Education, and Training, NBEET）
澳洲研究委員會（Australian Research Council）
澳洲國際教育基金會（Australian International Education Foundation）
資料來源：引自王如哲（1999），**比較教育**。

高等教育司與澳洲研究委員會分別對於澳洲高等教育事務擁有舉足輕重的影響，並構成澳洲高等教育經費補助機制的一環，茲分述如下（王如哲，1999）：

　　1.澳洲研究委員會

　　澳洲研究委員會（Australian Research Council）透過全國就業、教育與訓練委員會（National Board of Employment, Education and Training），在全國研究優先項目、研究政策及其他重要事務的協調上，向就業、教育、訓練與青少年事務部部長提出建議。此一委員會強調促使高等教育領域成為政府的實驗室並與工業界研究相結合，並負有對於基礎研究及高等教育機構的研究與研究訓練提供建議的特殊職責，也可向部長提議研究經費的分配。其經費來自聯邦政府三年為期，每年波動為原則的撥款（three-yearly rolling basis）。

　　2.高等教育司

　　高等教育司（Higher Education Division）是澳洲就業、教育、訓練與青少年事務部（Department of Employment, Education, Training and Youth Affairs-DEETYA）的下屬單位。此一單位主要負責在就業、教育、訓練與青少年事務部（DEETYA）管轄下的聯邦政府高等教育機構獎助方案，以及由高等教育司執行在部長職權下其他領域相互合作的方案。高等教育機構每年對高等教育司提供資訊，並且與高等教育司討論資源分配與綜合表現相關課題。高等教育司擁有代表聯邦政府在高等教育上的角色，以及海外取得的技能之認證方案之政策發展職責。高等教育司根據聯邦政府設定的政策架構，並且在就業、教育、訓練與青少年事務部部長的指示下來執行任務。高等教育司的組織概況如下**表7-2**。

表7-2　高等教育司的組織概況

單位	高等教育作業科	高等教育經費獎助科	高等教育研究科	海外技術認證處
主要業務項目	研究與聯繫	私人獎助	研究基礎設施與合作	教育評量與研究
	政策、預算與立法	公共獎助	研究獎助與訓練	政策與聯繫性方案
	教育發展與國際事務	大學統計	資訊科技與聯繫	職業評量
	品質與公平	財務與行政	研究政策與評鑑	行銷與支援

資料來源：引自王如哲（1999），**比較教育**。

聯邦政府的高等教育方案目標如下：

1. 支持與發展多元的高等教育體系，以利此一體系運用長程與獨立自主的方法來提供高品質的教育、學術與研究。
2. 促進高級人才的培育與發展，包括在海外接受訓練之具有技能的人力運用。
3. 增進高等教育領域的知識基礎與研究能力。

為了實現上述目標，高等教育司與政府教育部門（education authorities）、高等教育機構、私人部門與機構（private sector），及大學校長委員會（Australian Vice-Chancel-lors' Committee）、研究委員會（ARC）等對部長在教育與研究重要事務上，可提供獨立自主的政策建議之專業性委員會共同合作，一起推動高等教育方案。

（二）高等教育的政策

1.高等教育體系的單一化

1981年開始，澳洲政府決定在三年之內刪減總經費的17％。雖然經費還是由大學撥款委員會（University Grants Committee,簡稱UGC）來分配，但政府要求UGC制定選擇性和指導性的分配原則，提高科技和工程領域的經費，削減人文社會領域的經費。UGC也順從政府的要求，指示各大學擴充或削減特定學系。在這種情況之下，UGC的角色已經由長久以來所扮演的緩衝器（buffer）成為政府與大學之間的聯接器（coupling）。

在1987年12月，就業、教育及訓練部（Deartment of Employment, Education and Training, DEET）部長John Dawkins在教育綠皮書「高等教育：政策討論書」（Higher Education: A Polic Discussion Paper）及隨後在1988年公布的教育白皮書「高等教育：政策聲明」（Higher Education: A Policy Statement）中宣布「廢止給予大學和CAEs不同經費待遇的雙軌制度，另以一個讓各高等教育機構能自訂教學與研究特點，並依此獲得經費的體系取代。」（Meek, 1991）。因此澳洲高等教育的雙軌制至此告一段落，由「全國統一體系」（Unified National System, UNS）取代。要成為UNS的一份子，首要條件是學生數不得少於二千人。單一化的高等教育體系具備下列三項優點：（1）給予各大學更多彈性以決定開設的課程及研究的方向；（2）給予各大學有關資源更大的掌控權，政府在高等教育體系的經費及管理方面也將降低其介入的程度；（3）改變高等教育經費分配的原則，不再以大學類別作為經費分配基礎，而以大學所設定的目標及其完成目標的程度分配經費。雖然Dawkins表明各高等教育機構可以自行決定是否加入UNS，但是因為選擇不加入的機構在資源的獲取上將面臨不利

的情境，因此絕大多數高等教育機構都選擇加入UNS（戴曉霞，2001）。

2.高等教育的私有化

自1970年代以來，高等教育被認為是促進社會發展的必要投資，因此費用應該由政府全額負擔。到了1980年代後期，這種觀點面臨嚴重挑戰。最主要是因為雖然高等教育就學率持續上升，但大部分學生還是來自中產階級，因此澳洲政府乃決定以「高等教育費用分攤方案」（higher Education Contribution Scheme, HECS）遂行使用者付費的概念。根據HECS的基本想法是學生就學之時並不需要繳納學費，而是畢業且收入到達某個標準之後，才開始分攤高等教育的費用。

此外，政府也允許大學在政府付費的學生名額已滿的情況下，可依照成本收取學費。1996年的「預算說明」（Budget Statement）也指出，探取這種作法主要是因為「長久以來，澳洲學生反而不能享有外國學生付費進大學的機會。從1998年開始，澳洲的大學部學生將有機會以付費方式進入大學。」根據預算說明的看法，「不給予澳洲學生購買進大學的機會是不公平的，而不讓大學有機會賺取能維持及強化其品質的額外收入也是不公平的。」

和OECD各國比較起來，澳洲私人企業對高等教育的投資並不多。主要是因為許多澳洲公司都是跨國公司，研究與發展的部分通常都是在母國進行。不過在Dawkins改革之後，政府也有若干鼓勵私人企業投資高等教育的政策出籠。舉例來說，「合作研究中心」（Co-operative Research Center, CRC）方案是在1990年由澳洲總理親自宣布，目的在支持能夠配合國家發展重點、強化研究在商業及其他應用、加強和工業界的合作、刺激高等教育機構以

外的研究者積極參與研究生的教育與訓練、提昇研究生參與主要研究計畫的機會等。此一中心的運作是由政府出資50%，其餘則由參加的機構分攤。此外，大學都成立銷售研究及教學服務的私人公司，有些較大型的大學甚至在校園設立科技研究園區，以吸引私人投資。除了設立「合作研究中心」之外，政府給予投資研究與發展的公司150%的退稅措施，也對大公司開徵訓練費用。因為企業界被迫要投資在員工的進修，各大學紛紛開設MBA等全額收費的專業性研究所課程。墨爾本大學甚至將其管理研究所改為私人公司型態，其他大學也透過各種方法直接將課程推銷給工業界。

澳洲政府也解除有關外國學生的管制，1990年開始，所有外國學生必須繳付全額費用，政府也解除外國學生市場的管制，允許各校直接招收外國學生，自訂並可保留學費，同時也不因此在政府所提供的經費上遭到刪減。「有鑑於外在經濟環境、政策及行政環境的改變，澳洲與其繼續贊助開發中國家之教育及訓練需求，不如擔任夥伴的角色，以追求個人及國家的共同利益」。外國學生市場的開放造成機構之間的激烈競爭，幾乎所有大學都定期派代表到東南亞國家招募學生，有些大學甚至設立海外分校。到了1995年，超過八萬名外國學生在澳洲就讀，創造了十八億澳幣的收入，使得外國學生教育躍升為澳洲最重要的出口產品（戴曉霞，2001）。

3.政府與高等教育

根據高等教育研究者的觀察，在1980年代中期之前，西歐各國政府對於高等教育都採取計畫與控制策略。到了1980年代中期以降，才改為自我管制策略（strategy of self-regulation）。政府不再做細部的掌控，以增加大學的自主。換言之，政府放鬆對高等

教育機構在財務、人事、課程方面的管制，將決策權下放給學校。

　　政府對高等教育的操控已經由國家控制模式（state control momdel）轉向國家監督模式（state supervising model）。政府和大學之間的關係之所以有這樣的轉折，最主要的原因是已開發國家的高等教育自從1960年代以來急速的發展之後，到了1980年代已經陸續由精英型走向大眾型。為了減輕高等教育的擴充所造成的財務負擔，各國政府無不亟思以較少的公共經費，提供品質較好的高等教育。為了完成這兩個目的，多數政府採取了兩個看似矛盾的政策：（1）藉由解除管制、私有化、市場化賦予高等教育機構更多的自主與彈性，強化其積極回應變遷與競爭的能力；（2）藉由績效責任、刺激競爭及經費誘因等方式，對高等教育進行實質的干預。

　　政府這種一箭雙鵰的如意算盤固然有其成效，但也引發學術界的強烈不滿和批評。例如，Meek和Wood就認為政府給予澳洲各大學的自主其實是一種弔詭，是「自由去迎合（free to confom）政府要求的自主」（Meek and Wood, 1997）。Van vught也認為大學發展方向的力量並不是來自機構內部，所謂的大學「自我管制策略」，並不是真正的自我管制，而是條件式的自我管制。換言之，在解除管制之下「大學享有自主，政府則擁有影響機構行為的權力。高等教育機構的確享有較多的自由，但這種自由是去迎合政府願望的自由。」（戴曉霞，2001）。

4.經濟發展和高等教育

　　在1950及1960年代興起的現代化理論及人力資本論直指教育對經濟發展的貢獻。後工業時代的來臨，高等教育更被視為是提昇人力、重建經濟、刺激國際競爭力的重要基礎。在這種情況之

下，大學的理念有了顯著的轉變，各國的高等教育政策毫不遲疑的指出高等教育該配合經濟體系及國家發展重點的需要。

澳洲政府提昇生產力的決心，及藉由高等教育以重整經濟的企圖，使政府不但強調高等教育對經濟發展的重要性，更點出高等教育與經濟之間相互依存的關係。例如，Dawkins就曾明白表示：「固然發展良好的高等教育體將有助於經濟發展，高等教育的存在何嘗不是依賴經濟的成長與力量」，「因此在財政緊縮的情況之下，政府有責確保國家的發展重點能充份地反映在高等教育機構的活動中。政府對其他公共部門也有相似的要求，高等教育機構不可能期望政府只是扮演銀行或郵局的角色，提供無條件、源源不絕的經費。」基於經濟發展的考量，電腦、工程、會計、企管、科教師資及亞洲語言及研究等都被澳洲政府視為重點科系，鼓勵高等教育機構開設（戴曉霞，2001）。

5.市場力量與高等教育

為了減輕財政負擔及確保公共資源的有效利用，各國政府除了以解除管制、私有化等策略作為高等教育政策的重點之外，更積極將市場機制引入高等教育，企圖讓競爭引導高等教育機構積極回應市場的需求，以增加生產、提昇效率。澳洲廢止高等教育雙軌制雖然被視為政府強化干預的手段，但也有研究者認為，提昇學院之地位，使其能在一個更平等的基礎上和大學競爭，才有可能刺激大學改進率並正視學生及社會的需求。因為新成立或改制的大學雖然在缺乏設備和經費的情況之下，通常較難和舊有大學在研究方面競爭，但是在非研究取向的課程方面，新大學未必居於弱勢。

除了結構性的改變之外，使用者付費的學費政策及自籌財源的經費政策都迫使高等教育機構必須注意高等教育市場的供需關

係。和一般商品不同的是，就高等教育而言，影響最大、最重要的顧客是政府，這主要是因為政府多是高等教育機構之教學與研究的主要購買者。

雖然在高等教育的個人利益日趨明顯，使用者付費的觀念日漸普及之後，政府對教學方面之市場結構的影響將隨之衰退，而學生及家長的影響力將增加。不過，就研究而言，各國政府還是主要的購買者，因此政府有關研究經費的政策還是深深影響高等教育研究方面的市場結構。

澳洲在廢除雙軌制之後，所有合併或升格的高等教育機構都有資格申請研究經費，這種現象不但帶給澳洲研究委員會極大的壓力，也使研究經費的競爭更為激烈。

政府、市場和高等教育關係之轉變主要是立基在「經濟理性主義」（economic rationalism）的觀點，相信和政府的干預比較起來，市場力量能迫使高等教育機構更有成本概念、更注重管理、更積極地回應經濟體系和社會的需求。不過和一般商品不同的是，政府從來沒有把高等教育完全交由市場力量來運作。畢竟高等教育和國家發展的關係太密切，使經濟學家也認為高等教育若走上完全市場化或私有化之路，並不能使社會整體獲得最大利益。在高等教育領域中，高等教育機構、政府、消費者一直是三者並存的，只是它們之間的關係係是動態的，是隨著高等教育的發展、社會的需求及時代思潮而與時推移的（戴曉霞，2001）。

（三）高等教育的改革

過去三十幾年來，澳洲的高等教育經費補助政策經歷了三次重大的變革，它們分別為：第一次變革為澳洲大學委員會的成立；第二次變革為聯邦政府自1974年起肩負起提供大學（universities）與高等教學院（colleges of advanced education）資

本門與經常費用的完全職責；第三次變革爲聯邦政府於1987年成立了結合就業、教育與訓練的新部門，直接代表聯邦政府來負責規劃高等教育政策與提供高等教育經費事宜。茲將這三次重大的變革簡述如下（王如哲，1999）：

1.澳洲大學委員會的成立

澳洲聯邦政府接受1957年墨瑞報告書（The Murray Report）的建議，聯邦政府同意與各州分攤大學經費的職責，並且採行配合款制度（matching grant system），在資本門預算方面，聯邦政府與州政府以1：1.85比例計算。聯邦政府並且決定設置澳洲大學委員會 （Australian Universities Commission, AUC）來扮演經費補助的法定機構。自從此一委員會成立之後，直到1970年代中期爲止，一直沿用前述對等分攤的大學財力支援制度，而且在此一段期間內，澳洲大學委員會（AUC）採三年爲一期的獎助制度。每三年爲一期，在詳細考慮各大學的經費申請，並訪視各大學，還有與包括州政府在內的各類團體諮詢後，此一委員會根據預估的學生人數，以及業經同意的大學學術發展項目，建議提供給每一所大學資本門與經常門預算額度。事實上，澳洲大學委員會扮演著介於大學與州及聯邦政府之間的經紀人角色，此種機制鼓勵州政府的參與和經費投入，以便獲致聯邦政府更多的配合款。

非大學高等教育（non-university higher educatoin）於二次大戰後亦有快速的成長，設立了許多新的師範學院（teacher colleges）與其他的專門性機構（special institutions）。自1960年中期開始，接受馬汀報告書（the Martin report）的建議，聯邦政府亦對許多非大學高等教育機構提供財力支助，並且引導此類機構朝向形成一項分離的高等教育體系（advanced education sector），而此一體系與大學體系平行發展。這類機構並未接獲研究獎助，稱之爲高

等教育學院（Colleges of Advanced Education, CAEs），並且根據一項類似大學的經費補助機制，由聯邦政府經費來予以獎助。在1972年之前亦設立了類似澳洲大學委員會的組織，稱之為澳洲高等教育委員會（Australian Commission of Advanced Education）。澳洲高等教育因而形成「二元的體系」（binary system），因此1970年代澳洲高等教育制度與許多其他國家相類似，擁有一項政府獎助款與學生繳交學費相結合的經費補助制度。

2.聯邦政府肩負高等教育經費支助的完全責任

自1974年1月起，廢止了大學財力支助的配合款制度，在各州同意下，改由聯邦政府擔負起提供大學與高等教育學院所有資本門與經常門經費的職責。此一改變導致一項特殊的情形，即雖然聯邦政府負有提供高等教育經費的完全責任，但各州政府依然對高等教育機構具有影響力，並且反映在州政府指定大約三分之一的大學管理委員會（governing board）、學術評議會（senates）或校務委員會成員（councils）上。澳洲大學委員會與澳洲高等教育委員會依然扮演著分別負責大學與高等教育學院二元體系的經費支助事宜。

聯邦政府也在此時廢止了大學與高等教育學院的學費，以便增進社經地位不利學生的入學機會。三年為一期的大學財力支助計畫，在1976年卻因政府面臨財政困難而告中斷，但在稍後又恢復此一三年為期的制度，但每年予以修正調整。1977年6月，新成立了聯邦高等教育委員會（Commonwealth Tertiary Education Commission）以取代原有的大學教育委員會與高等教育委員會。但這種改變對於高等教育的財政並無太大的影響，卻顯示出聯邦政府擴大政府科層體制及增加集權化控制的程度。

3.達金斯改革（The Dawkins Reforms）

在1987年七月聯邦政府成立了結合就業、教育與訓練的新部門，而且指派達金斯（J. Dawkins）擔任部長後，聯邦政府宣布即將廢止聯邦高等教育委員會，高等教育機構必須直接與聯邦教育部直接協商經費支助事宜。此時開始一系列影響澳洲高等教育的第三次改革。在1988年聯邦政府正式由教育部長於白皮書中宣布幾項重要的改革如下：

（1）統一高等教育體系：聯邦政府廢止二元的高等教育體系，並由所謂統一的全國性體系（UNS）所取代，各高等教育機構必須每年與聯邦政府協商來決定其發展重點項目，增加的經費補助決策主要根據協議的學生數量增加額度，並考量不同學位方案的相對成本多寡而定。

（2）發展大型的高等教育機構：聯邦政府決定發展大型的高等教育機構，以減少高等教育數量，如此可以增加學生的選擇（student choice）與學分轉移（credit transfer），以及提供較佳的學術服務與設備，並且提供大學教師較佳的生涯機會與達成較佳的效率。此一政策已付之實施，在1987年原先的六十七所二元高等教育體系中的機構，已合併成為三十六所統一的全國性體系（unified national system）之會員大學。

（3）增加高等教育學生數量：政府致力於高等教育學生數量的擴充，以增加大學畢業生的數量，以及促進高等教育入學機會的公平性。特別強調增加的學生人數必須是有助於經濟成長的高度優先項目領域。

（4）促進高等教育學術研究成果：特別致力於促進研究活動及其成果，因此成立了澳洲研究委員會（Australian

Research Council）此一新機構，以負責研究經費的分配事宜。

（5）推動高等教育受益分擔模式：1988年之後，聯邦政府宣布「使用者付費」（user pays）原則，並於1989年引進一項新制度，稱之為「高等教育受益分擔模式」（Higher Education Contribution Scheme, HECS），在此一模式下學生必須分擔其接受高等教育的成本，並且以「畢業稅」（graduate tax）方式來支付，亦即在學生畢業之後，當其薪資達到澳洲平均週薪水準時，必須繳交此項特殊稅賦。此一模式的實施十分成功，對於澳洲高等教育擴充所需的經費來源有相當大的助益。

目前澳洲聯邦政府已經成為高等教育機構教學與研究經費的主要提供者，凡是屬於統一的全國性體系（United National System, UNS）之大學與非大學高等教育機構，均可接受聯邦政府的公款補助。

高等教育發展的策略

一、高等教育的理念

（一）追求立國精神

澳洲的立國精神為平等、民主、自由，教育理念亦延續此立國精神。講求平等，所以每個人都有接受教育的相同機會，講求民主、自由，所以個體的學習權應受尊重，且教育是一個自由的學習環境，讓個體的潛能得以發揮（吳慧敏，2001）。

（二）講究實用／功利主義

　　教育被視爲是國家經濟發展的工具及個人社會地位上升之工具，教育的經濟角色及經濟價值在澳洲教育政策上扮演極具影響之角色。

　　在此二大基本理念下，傳統上教育扮演了多重且複雜的功能與角色：

1. 提供監護及個人發展（custody and individual development）強調兒童中心學習及個人抉擇與民主自由概念，學校要提供身體安全（hysical safety），甚至道德安全（moral security），及有收穫的活動，以培養健全人格，使個人潛能得到最大的發揮。

2. 提供領域基礎的知識（discipline-based knowledge）此指的是各學科所共通的能力，包括：精確性（precision）、一致（consistency）、客觀性（objectivity）、清楚（clarity）、分析（analysis）、綜合（synthesis）等能力，受實用主義理念的影響，教育內容強調培養基礎能力及其實用性，而大量知識的傳授。

3. 爲成爲民主的公民作準備（prearation for the democratic citizen）1901聯邦政府創立澳洲公立小學時，即希望塑造自由平等的人民，表現平等、尊重、自我抉擇（self-determination）的能力，且人民擁有這些權利。希望透過民主教育培養其公民特性，貫穿在課程中包括更寬廣的文化認知、理解與接納差異，最後建立起人民執行民主的責任與能力。

4. 教育的經濟角色：教育被視同經濟發展的工具，是商品產出的一種社會過程，因此，在澳洲政府的教育投資、政策

改變幾乎以經濟理論為出發點。澳洲教育中心理論基礎為教育可以提昇受教者的生產力，帶來社會與個人經濟利益，教育改革勞動市場的知識、技能、態度，此即人力資本。提昇生產力，導致更多經濟輸出及增進國家財富，因此，教育一方面在為工作或市場需求作準備，教育的實用主義亦在配合教育的經濟價值。近年來教育政策受自由市場理論之影響而有不同之走向，人力資本理論，認為人力資本利益要在市場自由下才能實現，教育不該再由政府補助或完全由政府提供，主張要收費，也因此澳洲的免學費政策已開始改變，受教者之負擔也漸漸提高。另一影響教育的經濟理論為產出功能理論（production function theory），教育被視為經濟輸入（含建築、教職員等），因此會有經濟產品的產出，產出功能很難衡量，所以最常用的是標準測驗的結果，雖然它無法完全評估教育成效，但在教育政策與管理上卻具影響力，所以教育評量在高等教育有極重要之地位。

5. 社會篩選（social selection）：隨著受教育年限的延伸，正式教育的社會篩選功能愈明顯，如那些人無法繼續升學，或進入不同學校體系教育即代表不同的社會地位，因此社會篩選功能往往影響教育的其他功能。例如，教育文憑對學生在工作上的影響力勝於教育的品質或內容。業界對某些文憑、學校賦予較高的價值，結果產生競爭性，競爭超出極限或太大時往往扭曲教育的本質與功能，對政府、老師、學生產生負面影響。

二、高等教育的發展策略

(一) 訂定全國學校教育發展目標

　　1989年澳洲各州、領域與聯邦教育部長會議之後,「全國學校政策」(Natioinal Schools Strategy) 出爐,其改革內容包括:同意全國十項教育目標、每年學校教育的年度報告 (National Report on Schooling)、建立課程的社團組織 (curriculum corporation) 以發展更有效率與效能的課程。

　　1993年,此課程社團組織發行了一組八個國定課程的規劃 (statement) 及檔案,提供了未來課程發展及成績評量與報告的共同架構。1999年4月各州、領地與聯邦教育部長,在南澳的Adelaide舉行第十次的教育、就業、訓練與青年事務部長會議 (CMEETYA),訂定了新的澳洲二十一世紀「全國學校教育目標」(National Goals for Schooling in the Twenty-First Century,稱為Adelaide宣言) 取代了1989年的Hobart宣言,所有教育部長同意在以下六個領域提出教育成果報告:識字;算術;學生就學率、留校率與完成率;學校內的職業教育與訓練;科學;資訊科技。同時也同意發展以下領域的表現指標:公民及公民教育、企業教育 (enterprise educatioon) (沈姍姍,2000)。

(二) 中央政府集權與各州或領地政府下放權力的趨勢

　　自1970年代起,有許多行政權力授與個別的州時,權力下放 (devolution) 已經成為澳洲政府改革的一項特徵。但自1980年代中期以來,產生了一種新的州分權化改革方案。雖然這些改革強調的重點與詳細情形隨著各州而有所不同,而且必須對照著聯邦政府試圖將教育政策集權化之背景,才能獲致完整的瞭解。但很明顯地這州分權化與集權化是同時發生的現象,亦即分權化反映

在自主管理的學校；相對地，集權化反映於高等教育的領域及學校的課程內容（王如哲，1999）。

　　自1980年代以來，澳洲進行許多教育改革，其中在高等教育的供應與學校課程內容方面，聯邦政府採積極的涉入與訂定一致性的政策；然而各州政府卻朝向授予學校較多權力的分權發展趨勢。西澳於1987年出版了「更好的學校」（Better Schools）報告書，將許多行政權力授予學校，採用了課程「單位」（unit）與監督學校表現的機制。同年北領地政府也訂出其計畫「邁向90年」（Towards the 90s），與「更好的學校」有類似的措施，但仍保留相當的權力於領地政府；南澳也積極授權校長並訂定新的教師能力指標；昆士蘭也在「聚焦學校」（Focus on Schools, 1990）報告書中重機其教育制度，但在「學生成就指標」（Student Performance Standards, 1992）中訂定課程與學生能力測驗。新南威爾斯於1989年的「學校革新」（School Renewal）報告書中開始授權，其不僅重建學校管理體系，並打破學區增加家長選擇以提昇學校間之競爭。維多利亞州則是所有分權化改革政策的先驅，至1992年其所有學校已是由學校委員會（school council）管理預算。這些權力下放、增加家長選擇與強調教育成就的改革，均是以授予公民選擇與自主權為外貌，隱藏引入準市場機制的事實（沈姍姍，2000）。

（三）多元、公平、高品質的高等教育

　　澳洲的高等教育以往係採雙軌制，即一為大學系統，另一則為進修教育機構（advanced education institutions）。1989年澳洲建立了單一制的高等教育制度，師資培育機構也併入大學。自此高等教育目標強調品質（quality）、多樣（diversity）、入學容易（access）與公平（equality）。1997年澳洲的高等教育機構共有四

十二所公立學校，三所私立學校，96％都提供全時與部分時制的課程。就讀大學及研究所的學生在1997年共有六十五萬九千人，女性有三十五萬八千七百人，高於男性的三十萬二百人。就讀類別，75％為大學部學生，21％為研究生，4％則就讀其他大學部課程。澳洲高等教育的就學率自1990年以來均維持約30％左右。

澳洲大學均係自主機構，由各州及領地依法設置。除了澳洲國立大學（Australian National University）及坎培拉大學（University of Canberra）由聯邦立法設置，其餘均由各地方設置。坎培拉大學自1996年開始也轉移給澳洲首都領地立法。由此可知澳洲的高等教育責任主要是由各州及領地負責。在全國高等教育的政策方面則是透過多邊的教育、就業、訓練與青年事務部長會議（MCEETYA）與雙邊的聯合計畫委員會（Joint Planning Committees）來協商建立，此外尚有由澳洲大學副校長所組成的委員會（Australian Vice-Chancellors' ommittee）可供諮詢（沈姍姍，2000）。

澳洲品質運動是新近的產物。在1991年當時高等教育部部長（Minister for Higher Education）發布之報告書：「高等教育：1990年代的品質與多元化」（Higher Education: Quality and diversity in the 1990s）以及後來於1993年設立獨立於政府部門之外，但必須對政府提出報告的高等教育品質保證委員會（Committee for Quality Assurance in Higher Education-CQAHE），可以說是澳洲首度顯示政府對於高等教育品質領域的重視。此一委員會的指導綱領明確傳達一項原則，亦即品質保證應配合獎勵制度，以追求卓越之成就。

高等教育品質保證委員會（CQAHE）於1993年實施第一次的品質評鑑（quality review），要求高等教育機構提出品質保證措施及檔案資料，使來自高等教育領域與業界之評鑑委員能夠予以評

鑑。參與品質評鑑的機構是自願參與性質，但因評鑑等級會影響大學是否獲得額外之財政收入，因此所有大學均選擇參加接受此項評鑑，此評鑑於1994年公布結果。在1993年評鑑完成之後，吸取其他機構之品質保證措施與檔案，變得十分普遍，而且對於獲得評定等級較差的機構產生相當大的壓力，促使它們致力於模仿評鑑名列前予機構之「最佳實務」（best practice）。高等教育機構向其他機構引進品質保證措施，聘請顧問協助準備接續的二次品質評鑑作業，並且設置某種品質保證單位（王如哲，1999）。

（四）完整的教育文憑架構

自1995年1月前，澳洲的高等教育學位頒授必須符合澳洲高等教育登錄（Register of Australian Tertiary Education, RATE）的要求：但自1995年1月後所有高等教育的課程則必須由澳洲教育文憑架構（Australian Qualifications Framework, AQF）制度重新認可，此過程耗時五年完成，其乃界定新的學習結果與強調獲得證書的管道。AQF與RATE的學位命名在大學以上均相同，但在職業教育與訓練方面則AQF專科文憑（AQF Diploma）相當RATE的準專科文憑（Associate Diploma）；而AQF的專科進修文憑（AQF Advanced Diploma）則相當RATE的專科文憑（Diploma）。

（五）完善的教育行政制度

根據澳洲憲法，其教育行政由各州政府負責。聯邦政府直接負責全國性教育事務以及特殊性事務，如由環境、運動及領域部長直接負責離島Norfolk Island、Christmas Island及Cocos Islands的教育事務。對於原住民、Torres Strait島民、移民及弱勢學生的教育則由聯邦教育、訓練與青年事務部（Commonwealth Department of Education, Training and Youth Affairs, DETYA）提供資金。聯邦

表7-3 澳洲教育文憑架構

學校	職業教育與訓練	高等教育
		博士學位
		碩士學位
		碩士文憑
		碩士證書
	專科進修文憑	學士學位
	專科文憑	專科進修文憑
	證書IV	專科文憑
	證書III	
高級中等教育證書	證書 I	

資料來源：引自沈姍姍（2000），**國際比較教育學**。

與各州教育間的協調與經費分配事項，則透過聯邦與各州的教育、就業、訓練與青年事務部長會議（Ministerial Council on Education, Employment, Training and Youth Affairs, MCEETYA）來決定。各州政府內的教育行政則採中央集權制度，由教育部（Department of Education）或學校教育部（Department of School Education）負責；而職業教育與訓練（Vocational Education and Training, VET）則由其他部門負責。北領地與洲首都行政區則將初等、中等教育及職業教育業務合併由單一的教育部門負責。各州教育部負責的事項包括：招募與指派教師、供應學校建築、設備與材料，及提供有限度的經費任學校自行使用。有些州近年來在學校本位管理的改革趨勢下，也逐漸將權力下放學校。所有澳洲大學均有一校務委員會（governing body-council, senate or board of governors）。此一校務委員會是大學學術、財務及財產等重要事務之最高權威核心。但是校務委員會的角色並不容易予以界定，

對於大學應何管理，特別是澳洲大學之間，在校務委員會的組成與規模上有大幅度的差異，亦增加角色界定之困難度。校務委員會通常被大學社群，以及政治與社會視爲是機構的董事成員（trustees）。但另一項觀點是代表委員（delegates），因爲代表某些人員，必須對所代表團體負責。將前述兩種觀點進一步區分則是，一方面校務委員會可被視爲一個機構之支持團體—董事會成員之角色（the trustee role）；另一方面，可被視爲是設定機構規範的委員—代表委員角色（the delegate role）。很清楚地，前述兩種角色是互爲排斥的，但任何前述一項觀點均不足以完全反映目前校務委員會的運作實況（王如哲，1999）。

（六）提供教育獎助款

澳洲聯邦政府（federal/common wealth government）擁有一些教育影響力，最明顯的是：提供公共經費給予所有私立、非政府所屬學校（non-government schools）；發展全國性政策，以及分配特別的獎助款，降低區域性的不利情況。雖然如此，個別的州與區域保留所有履行教育服務之重要職責，並提供最大宗的教育獎助款。

三、高等教育的未來發展

（一）提倡終身教育

提倡終身學習觀念，促使公民具備參與公共事務的知能。科技社會需要高級人才，並且能在工作生涯之中賡續學習。在一參與式的社會（participative society）會有相當不同的需求，必須在經濟生產力、環境保護、國家與世界安全，以及個人與團體間，對於權利與社會正義的複雜訴求，能夠獲得共識。澳洲確認在教

育上必須強調社會責任、個人發展，以及更具有彈性的人力發展，並提昇終身學習的觀念。在最近幾年中，澳洲有一項重要的全國性議題集中於公民及其參與公共事務知能的準備（王如哲，1999）。

（二）重視以能力為基礎的教育與學習

自1990年代初期以來，日趨重視就業與教育之間的關聯。各級政府的政策均注重迎合變遷的就業需求，以及具有生產力的勞動人力要求。這些要求包括學校需要提供給所有人堅實的教育基礎，以及繼續學習的意願與能力。教育與訓練的服務對象尋求的是以工作為基礎（work-based）或與工作有關的學習（work-related learning），為了提高工作效能，必須有介於學校、職業教育與訓練，以及高等教育之間的通路。因為過去將教育、訓練與工作之間加以明顯區分，已經變得不合時宜，職業教育與訓練應將工作、技能發展與學習三者統整，重視以能力為基礎的訓練與學習（competency-based training and learning），並以接受教育與訓練者為中心，實施以能力為基礎的訓練，以及入門及訓練安排的重組，同時，也根據職場結構來提供訓練方案。能力為基礎的訓練類型重視個人在工作情境中所能從事的工作及其成果（王如哲，1999）。

（三）推動全國性政策

聯邦與州政府共同合作，推動增進學校教育角色的全國性政策。各州與區域應與聯邦政府共同合作，針對學校在人文、倫理、文化及國際上的教育層面角色，推展具有啟示之全國性政策，這些政策包括：

1. 受暴力侵犯婦女之國家策略（the National Strategy on Violence Against Women）。
2. 全國原住民拖瑞斯島民教育政策 （the National Aboriginal and Torres Strait Islander Education Policy）。
3. 澳洲社會的國家語言政策（the National Policy on languages in Australian Society）。
4. 全國生態保護發展策略 （the National Ecologically Sustainable Development Society）。
5. 多元文化的國家課題（the National Agenda for Multicultural Australia）。
6. 公共事務與公民教育方案（Civics and Citizenship Education Programme）。
7. 全國學校英語識字調查（National School English Literacy Survey）。
8. 品質學校教育方案（Quality Schooling Programme）。
9. 全國學校公平方案（National Equity Programme for Schools）。
10. 全國專業發展方案（National Professional Development Programmme）。

（四）提昇教學的專業水準

教學專業的強化是必要的，尤其是改進教師的社會地位。政府需要協助學校應用新的資訊科技，以及透過更為明確具體的職業訓練以及在中等教育階段協助學生擁有工作經驗機會，使教育與工作間有較佳的聯結。

（五）發展全國性教育目標

在1998年4月23日舉辦的教育、就業、訓練及青少年事務部與各州教育廳長聯合會議（MCEE TYA）的第九屆會議，會議通過致力於發展澳洲在二十一世紀的全國學校教育目標（National Goals for Schooling in the 21st Century）。為了發展此一新教育目標，特別設置了全國目標任務編組（National Goals Taskforce）來加以推動。此新教育目標的特色為：

1. 使用期望學生達成之學習成果來敘述目標。
2. 目標可以被應用來協助監督學校教育過程中，不同階段達成目標之進展情形。
3. 目標之使用有功於提昇對於大眾的績效責任，並且顯示所有階段的教育成果。
4. 目標必須考慮到澳洲與全球當前社會之動態本質，以及出現於過去十年間明顯的社會、經濟及技術變遷。
5. 目標區分為三項主題：學生、課程及社會正義（social justice），以反映學校教育目標範圍，並提供具有概念一致性的全國架構，尤其可作為全國學校教育成果之收集與報導及比較之依據。

高等教育的願景

澳洲大學教育在塑造共識，迎向未來，面對新世紀的來臨，澳洲人不再悠悠慢慢，卻也不急躁收割。為了下一代的希望，為了和北半球較量，澳洲人認真低下頭去，一耕一鋤種下教育的根苗。不管是政府、民間或企業，不管是新移民、舊移民或原住

民，他們用科技、用媒體、用雙手為塑造高品質公民努力。為了迎向未來，澳洲人一同拉啓了新教育的風帆。

從1993年開始，澳洲教育體系及企業界，對人才培育共同著重的特質是能夠創新、團隊合作，能夠與人溝通、熟悉人際應對，能夠自己尋找知識及運用知識、具備解決問題的能力，以及使用科技的能力、能說至少一種外國語言，瞭解澳洲與世界的關係。這就是澳洲希望培育的二十一世紀高品質公民，澳洲拋棄傳統以老師為中心的教學，而完全以學生為中心，像企業把產品或服務推廣給顧客般，想盡辦法吸引學生的興趣。不是老師教，而是老師提供學習環境與材料給學生。

為了培育符合未來需求的人才，澳洲教育逐漸從過去知識導向的教育走向更均衡融合的能力導向教育。在澳洲的學園裡，最常看到的景象是師生席地而坐，大家一起討論。每個老師都這樣解釋授課活動：老師引導、鼓勵每個學生輪流說出個人的想法，大家分享。老師最後作補充，或糾正過於偏激或悲觀想法，但儘量不下斷語，批評誰說對，誰說錯，以鼓勵大家說出想法，並且獨立思考判斷，從而也建立了社會容許多元價值、新奇想法，以及尊重每個個人意見的文化，為民主法治奠基，而什麼是澳洲的教育目標呢？

一、提供所有年輕人良好教育，發展才能與潛力，以符合國家在社會、文化、經濟方面的需求。

二、務使所有學生獲得高品質教育，發展自信、自尊、樂觀、尊重別人，以及追求個人傑出成就。

三、促使教育機會均等，尤其對於有特別學習需求的族群，提供教育機會。

四、教導技能，以符合當前的經濟與社會需求，並使學生具

備彈性與適應力，以備未來就業與人生。

五、提昇年輕人的基本能力，使能繼續接受教育訓練。基本能力包括有：知識、有技能、尊重學習、並且願意終身學習。

六、發展學生的能力，包括：英語、聽、說、讀、寫；數學能力與數字概念；分析問題及解決問題的能力；處理資訊及使用電腦的能力；瞭解科技在社會的重要性，並具備科技能力；瞭解本國歷史、地理；能夠欣賞藝文，或從事藝文創作；瞭解且關心全球環境均衡發展，兼顧保育與開發；對於有關道德與社會公益的事務，能夠判斷是非輕重。

七、發展年輕人的知識、技能、態度與價值觀，使他們瞭解一方面身為世界一分子，一方面也是能夠在民主澳洲社會裡的公民，積極參與且見多識廣。

八、瞭解且尊重人文古蹟，包括澳洲的文化背景特色，由原住民以及許多少數民族所組成。

九、發展體能、個人健康，能夠從事有創意的休閒活動。

十、提供年輕人職業教育，使他們瞭解工作的重要。

　　當台灣的教育改革還在各種議題的爭辯中，找不到一致的方向時，澳洲已經抓準社會未來動向，試圖在教育中注入新的內容。澳洲教改人士提出能力導向主張，作為迎接未來挑戰的核心能力，對一向偏重智育，一切以「知識導向」的台灣教育，「能力導向」的澳洲教育改革，正提供了深層啓發。

第八章 紐西蘭高等教育的現況與發展趨勢

高等教育發展的歷史

一、1990年代

　　1990年代由於紐西蘭的經濟蕭條，連帶地影響教育的各個層面，而教育改革也就應勢而生。教育改革的主要目標是提供均等的教育機會給全國民眾，特別是毛利人。此外與其他OECD國家相較，紐西蘭在進入高中及大學就學的學生比率較低，且勞動力的教育資歷也較差，這也是紐西蘭教育部努力的目標。根據教育部於1996年出版之*Education in the 21st Century* 所列的教育改革重要標的有：

（一）培育共同的價值觀。
（二）追求卓越的高等教育。
（三）增進學生資歷以適應變遷的技術與經濟環境。
（四）培育工商業所需的高技能勞動力以增進國際競爭力。
（五）提供所有學生均等的教育機會以充分發展潛能並安置於適當的社會位置。
（六）促進特殊需要學生的學習成就。
（七）改進教育資源使用的效率與效能。

二、2000年代

　　進入2000年之後紐西蘭更加重視學生的學業成就，其以提昇教育成就以及減少差異作為教育政策的主要方向。其中教育部設定的重要目標包括：

（一）針對那些最可能學習失敗的學生發展最有效率的教學策

略。

（二）加強家庭與社區在學習歷程中扮演的角色，發展政府、教育供應者與社區的夥伴關係。

（三）提昇成人的基礎技能，並開拓低技能與資歷者就讀高等教育的管道。

提昇教育成就方面的目標則包括：

（一）改進教師的專業知識、教學法與評量能力。

（二）支持與發展學校董事會與校長的領導能力。

（三）擴大高等教育對紐西蘭社會與經濟福利的貢獻。

除了提昇教育成就與減少教育失敗的企圖外，紐西蘭在2002年規劃的教育改革，尚有重大變革的「全國教育證書」（National Certificate of Educational Achievement, NCEA）的新方案。此係新的中等教育證書制度，將取代現制的高級高中文憑、第六級證書與大學公費考試。

三、重要的教育改革

紐西蘭教育改革方案的核心是廢除地方教育委員會（education boards）。目前通過的立法則要求每一所學校必須設立管理委員會（governing body）來負責規劃學校經營與管理事宜，以符合學校設立許可狀的規定。教育部過去對教育事務的詳細控制，則轉變為主要是監督的功能（monitoring function）。紐西蘭學校教育改革的最重要轉變有下列三項（王如哲，1999）：

（一）廢止學校委員會

在1988年由皮卡特（Brian Picot） 主導的全國委員會

（national commission）開始檢討紐西蘭的教育制度。皮卡特於訪視全國各地，與父母、教師、政治與教育領袖、學生及一般納稅人討論後，發表一份稱為「卓越管理」（Administering for Excellence）的報告書，並提出紐西蘭教育制度的激進改革訴求，主張將決策權力儘可能授予執行的單位。皮卡特的調查使政府相信，當時存在的行政結構過於集權化。接續的一份報告書稱為「明日的學校：紐西蘭教育行政的改革」（Tomorrow's Schools: the reform of education administration in New Zealand）則進一步主張廢除學校委員會（school boards），以及其他造成個別學校與中央政府隔閡的地方科層結構。

　　皮卡特報告書的建議幾乎完全付諸實現，是執行最完全與快速的結構性改革方案。其原因是在改革之前已有高度的共識，且因當時的內閣總理南哥（David Lange）親自擔任教育部長職務，正傳達著改革不能發生錯誤的重要訊息。此一改革始於1989年5月，在改革進行之前，紐西蘭已經大幅刪減中央教育部（Ministry of Education）的人事員額，而且全面廢除區域性的行政體系，並將預算分配、教育人員聘任及教育決策的責任轉移至個別的學校。

（二）權力下放學校

　　在紐西蘭分權化計畫下，每一所學校均設有一學校董事會（boards of trustees）負責管理學校。學校董事會的組成包括五位選舉產生的父母、一位校長，以及一位教育人員代表，在中等學校則另增加一位學生代表，以及四位提供專業知能或維持代表性平衡的人員。對於每一所學校的經營而言，最重要的是國家的書面許可狀包括課程的規範或者國家設定的目標。學校經費依然來自國家財政部，根據學生人數為計算基準，而且鼓勵學校選擇「整

筆獎勵」（bulk funding）計畫下包括所有費用及教師薪資在內的撥款方式。在鼓勵改進給予不利群體的教育機會上，包括土著毛利人（Maori）與太平洋島嶼居民（Pacific Islanders），則透過全國性的公款，來支助為此類族群學生特殊需要提供服務的學校。

當然任何大規模的改變都會帶來問題。例如，教師抱怨由於扮演管理的角色所增加的工作負擔，而且也有一些學校董事會成員並未接受足夠的訓練，以肩負起他們的職責。雖然有理由證明前述改革是朝正面的方向發展，但先前預估此項改革會帶來的成本節約並未明顯出現，很多學校選擇投入資源以提昇品質而非財務上的節約。

1988年7月，教育部開始進行一項為期四個月的宣傳活動，有數以萬計的紐西蘭人參加十七個城市與鎮的大型公開會議，以及其他小型的會議活動，來表達他們對「二十一世紀的教育」的意見，許多政治與教育的領導者也審慎致力於為分權化過程的每一階段尋求共識。

（三）發展全國性課程與教學改革

學校分權化的行政改革，在課程方面則納入地方單元的課程目標，在教學改革（pedagogical reforms）上也有廣泛的共識。例如，位於奧克蘭（Auckland）北部沿海的溫哥里鎮（Whangarei）的沃尼瑞伊學校（Onerahi School）採取一項包括獨木舟及海岸環境的研究等戶外活動課程，而這些課程內容的重要事項係由教育人員作成決策，而非政治的領導人物。

高等教育的措施與管理

一、教育法令

　　1989年教育法案（Education Act of 1989）是影響紐西蘭目前教育制度及其發展的最重要法案，透過此項法案不僅使皮卡特報告書（Picot Report）的改革建議獲得法律依據並付諸實現，而且在此法案中亦訂定「全國教育綱領」（National Education Guidelines），指出紐西蘭之全國教育目標與全國行政指導方針，對學校教育與行政運作產生規範與指引的作用。其次，在1990年通過設置紐西蘭文憑局的立法，使得紐西蘭文憑局之成立獲得法定地位（王如哲，1999）。

二、教育行政制度

　　紐西蘭的教育管理制度一向採取中央集權的制度，中央負責教育的經費、擴張與改進教育品質的任務。然自1984年開始採取鬆綁策略與自由市場的政策導向，授權各個教育機構在決定教育目標、財政管理與任用教職員方面有較多的自主權。

　　紐西蘭中央的教育行政機構為教育部（Ministry of Education），其職責在於提供教育大臣教育政策草案、監督教育政策之執行、規劃全國教育指引原則，與確保教育資源的妥善使用。教育大臣為國會議員之一，對國會負責，國會在教育方面則以制訂教育法律、提供經費為主要任務。除教育部外，紐西蘭重要的教育行政單位尚包括紐西蘭文憑認可局（New Zealand Qualifications Authority, NZQA）、教師註冊局（Teachers Registration Board）與教育評鑑局（Education Review Office）等。

三、教育目標

　　紐西蘭教育部強調其對於教育成效的影響是扮演非直接的角色。在其任務宣示中，主張教育是促使人民能夠獲得知識、技能及態度，因而人民得以完全參與社區。紐西蘭教育部的功能是促進者甚於指導的角色，透過教育部的領導，來增進教育基礎建設之管理能力，以發揮問題解決的功能，協助低成就的人獲得改進的能力。紐西蘭教育部強調需要與父母、教師及教育管理者合作，以鼓勵、支持並促使父母、教師及教育管理者能夠運用其能力、動機與技能，並獲致最大的利益。有品質的教育可使個人完全實現其潛能，因此教育制度必須繼續演進，而且必須提昇整體的成就水準，以確保紐西蘭人民能夠接受良好的教育。

　　教育部面對的主要挑戰是：在提昇整體成就時，必須消除社區中不同群體間成就水準有明顯差距的現象。紐西蘭教育部有一位教育部部長（Minister of Education）、一位教育部副部長，以及一位高等教育部長（Minister for Tertiary Education）與一位高等教育副部長。前述兩位部長及兩位副部長聯合扮演領導教育部的角色（王如哲，1999）。

四、全國文憑認可制度

　　紐西蘭依據1989年教育法設立了「紐西蘭文憑認可局」，目的在發展全國性文憑架構，協調與認可全國各項的文憑。此制度係以單位標準（unit standards）及績效累積（credit）作為基礎，係以學習成果來認可知識與技能，此成果模式（outcomes models）基本上也為國際教育資助機構，如世界銀行、亞洲開發銀行所採用。紐西蘭文憑認可局的業務基本上有以下項目：

（一）舉辦全國性考試

1.有關高中文憑、第六級證書、高級高中文憑、大學公費與獎學金考試均係由此單位訂定規則、執行考試並授與資格。

2.商業及職業考試，係針對多元技術學院及其他的教育機構及職場提供之教育內容所進行之考試。

3.資歷鑑定（qualifications evaluation）：係對照海外與紐西蘭的教育資格，以豁免某些技術性學科的重複修讀。

4.品質確認（quality assurance）：經由註冊與認可的過程，確保社會大眾對於授與資歷的教育內容具有信心。

此全國文憑架構有八個專業等級，Level 1～4 授予全國證書（National Certificates）；Level 5以上授予全國文憑（National Diplomas）。其中level 1～3約相當於高級中等教育及基礎商業學習標準；Level 4～6相當於高級（advanced）貿易、技術與商業資格；Level 7～8則相當於大學及研究所的標準（沈姍姍，2000）。

五、大學與技術學院

紐西蘭目前共有七所大學，分別是奧克蘭大學（University of Auckland）、懷卡托大學（University of Waikato）、梅西大學（Massey University）、維多利亞大學（Victoria University of Wellington）、坎特伯理大學（University of Canterbury）、林肯大學（Lincoln University）與奧塔哥大學（University of Otago）。同時，有二十五所多元技術學院，均為公立學校，提供學術、職業與專業等多樣化的課程，修業時間自數週的短期課程至三年不等。

高等教育的特色

一、教育政策與管理

（一）重視學校教育的視導與評鑑

　　紐西蘭極為重視學校教育的視導與評鑑工作，並設有專責的教育評鑑局。除了教育部外，紐西蘭教育評鑑局（The Education Review Office）亦扮演重要的角色。教育評鑑局為政府部門，它公開報導紐西蘭的所有學校的教育成效，包括：私立學校、毛利語為教學語言的學校（Kura Kaupapa Maori）等。教育評鑑局主要負責視導與評鑑學校的各項服務，包括：教學品質、學生學習品質、選舉產生之學校董事會成員，及皇家機構部門之管理角色等。全國教育指導綱領（National Education Guidelines）及其他相關立法設定了學校董事會（boards of trustees）的義務與責任。教育評鑑局根據這些要求來評鑑學校，並且對於每一所機構之教育與照顧的品質作成公開之評價（王如哲，1999）。

（二）教育行政分權化之自主管理學校

　　所有的學校，不論是私立或公立，均必須根據1989年教育法案的條文來營運與管理。國立學校（state and state integrated schools）由包括選舉產生的家長代表及社區人士、校長及一位教職員代表組成之學校董事會（boards of trustees）來負責管理；私立學校則由委員會（committees）、董事會（trustee boards）及管理委員會（management boards）代表其擁有人來經營與管理。

　　學校董事會訂定設校章程，包括學校的目標與宗旨。學校設立之章程應符合全國教育指導綱領中之教育目標宣示及課程與行

政之要求。在董事會發展其設校章程時，必須諮詢地方社區。學校董事會負責執行學校章程所訂之目標，並負責管理學校營運的經費，而且學校董事會必須對其社區與教育部提出年度報告書。校長的角色則是在董事會的政策下，負責管理學校日常活動，及評量教職員之表現（王如哲，1999）。

（三）發展七項必要學習領域之課程架構

繼學校管理改革之後，紐西蘭轉向課程的發展工作，以帶領紐西蘭迎向未來。紐西蘭的課程提供所有紐西蘭學校的學生教育、學習及評量之指南。課程的主要概念是：個別學生係居於教與學之核心。課程揭示教育需要配合所有學生的能力與需求，因此學生可以在生存與工作的世界中扮演完整的角色。紐西蘭課程確認七項必要的學習領域（essential learning areas），包括健康與體育、藝術、社會科學、科技、科學、數學和語文等，構成廣博而均衡的課程，透過此項課程學生可以發展所需的技能（包括：溝通、數字運算、資訊、問題解決、自我管理與競爭、社會與合作、身體、工作與學習等）、態度及價值。針對每一項必要的學習領域，全國性課程揭示並敘明所有學生需達成之方案成就目標（programme achievement objectives）。這些目標構成教師評量計畫及學生進步記錄的基礎。此時每一所學校會運用全國性課程說明書，來發展自己的學校課程，並計畫班級的教學方案。

二、教育目標與原則

全國教育指導綱領包括全國教育目標之宣示，以及課程與行政的要求。此一綱領之原則旨在確保紐西蘭人民教育機會的均等，並尊重不同族群與文化遺產。

教育是居於紐西蘭致力於達成經濟與社會進展之核心地位。

在確認教育的根本重要性之際，紐西蘭政府為其教育制度設定下述幾項目標（王如哲，1999）：

(一) 最高的成就水準：透過教育方案促使所有學生完全實現其個人潛能，以及具備成為紐西蘭健全社會成員所需之價值。

(二) 教育機會均等：藉著指認並拆除成就之障礙，來促成所有紐西蘭人民之均等教育機會。

(三) 能力本位課程：培養人民在現代及持續變遷世界中，能成功競爭所需要的技能、理解及知識之發展。課程，以實施廣博的教育。

(四) 學生為中心的教育方案：透過建立清楚的學習目標，並對照目標來獲悉學生的表現，以及設置滿足個人需求之教育方案，以達成卓越。

(五) 創造成功的學習：確保瞭解其需要，並獲得充分之支助，使擁有特殊需要者能夠成功學習。

(六) 後學校教育：使學生擁有取得國內與國際認可文憑的機會，以鼓勵學生樂於接受「後學校教育」（post-school education）。

(七) 特殊族群教育：透過毛利人教育新政策方案，來提昇毛利人的入學機會與成功的學習。

(八) 多元文化教育：尊重紐西蘭人民之不同族群與文化遺產；肯定毛利人之獨特地位及紐西蘭在太平洋之地位，以積極成為國際社區的成員。

高等教育的願景

自1989年以來，主要的教育改革方向在於教育管理與組織。這些改革旨在促成教育經費之最佳運用，提供更為有效並滿足1990年代以來的快速變遷需求，這些變革對於初等與中等教育的一項重要影響是：促成父母與社區建立起與學校校長和教師之夥伴關係，並獲得參與學校管理的機會。在學校管理改革之後，焦點轉向課程與文憑體系的發展，以迎合學生需要與經濟的需求。對於學校制度的期望將會繼續提高，因為教育是紐西蘭未來學生、社區、經濟與社會發展之重要因素。以下敘述幾項紐西蘭教育發展之明顯趨勢（王如哲，1999）：

一、教育行政改革之落實推動

教育行政的改革始於1987年，當時政府指派一任務小組，負責檢討紐西蘭的教育管理。此一任務小組獲致的結論是：現存的制度需要大幅改革，以便跟上快速變遷的世界潮流。學校行政在教育部與教育委員會的控制下，已有超過一百年時間，幾乎沒有任何的變革。教育結構是複雜而且集權化，以及甚少提供學校及其社區參與學校運作及管理之機會。此一任務小組的建議成為稱之為「明日學校」（tomorrows school）的改革藍圖。此一政策文件形成新結構之基礎，它賦予學校透過學校董事會發展與社區夥伴關係，並兼負學校本身管理的職責。

二、發展全國性文憑架構

紐西蘭教育文憑局設立之目標旨在協調全國各項文憑。目前它肩負的新職責是發展全國性文憑架構，以及核可非大學之學位（non-university degrees）。教育文憑局主要針對文憑的品質與提

昇，它並不撰寫課程、亦不提供教育與訓練經費。紐西蘭教育文
憑局是根據「1989年教育法案」設立的部門，此一部門接受教育
部長之指揮，並且透過部長來對國會負責。教育文憑局的任務在
於透過一項綜合性、可取得且具彈性之全國性文憑架構的發展與
維持，來改進紐西蘭的教育品質。在本質上，全國文憑架構是一
項途徑，透過此項途徑，獲得紐西蘭國內與海外的高度信賴，而
且各項文憑得以相互關聯，以協助人民提昇其文憑資格，而不必
重複非必要的先前學習與評量。

第九章 日本高等教育的現況與發展趨勢

高等教育發展的歷史

　　日本位於亞洲大陸的東部，是太平洋上的一個島國，國土狹窄，物產資源貧乏。但是，二次世界大戰以後，迅速地從一片廢墟上重建成今日世界矚目的技術大國和經濟大國。日本現代化成功的秘訣歸根究底就是大力發展教育，開發人力資源，擁有一大批適應國民經濟發展的各類人才。現在日本的教育無論在數量上，還是質量上都已經達到先進國家的水準。

一、九十年代以前的高等教育

　　目前日本高等教育改革的基本精神始於二十世紀六十年代末、七十年代初。當時，爲了使教育適應技術革新、經濟高速增長及相應的社會變化，同時解決教育本身在量的方面急劇擴充所帶來的問題，開始了「第三次教育改革」。1971年中央教育審議會提出高等教育改革的中心課題是：（一）高等教育大眾化與學術研究優質化；（二）高等教育內容的專業化和綜合化；（三）教育、研究活動的特性及有效管理；（四）確保高等教育機構自主性和排除封閉性；（五）尊重高等教育機構的自發性和國家有計畫的援助與調整。在這樣的課題意識的基礎上，該報告提出了高等教育改革的十三個方面的基本設想，其重點則是高等教育的多樣化。然而，由於種種原因，七十年代的改革僅僅是在大學的課程設置和學校設置方面取得了一些進展：在課程上實行綜合化的改革，把普通教育和專業教育結合起來，把普通教育內容置於專業教育之中，取消二者之間的嚴格界限；以1973年筑波大學的設置爲標幟，陸陸續續設置了一些新型的大學、學部和學科。

　　進入八十年代後，以設立直屬於首相的「臨時教育審議會」爲標幟，加大了教育改革的力量。根據臨時教育審議會的建議，

文部省於1987年9月設立了大學審議會，以便從根本上對高等教育模式進行研究審議，並向大學提供必要的指導與幫助。大學審議會根據文部大臣提出的諮詢事項及大學改革的實際課題，進行多項研究和審議。八十年代的高等教育改革主要有下列重點：（一）開放高等教育機構：高等教育機構間相互開放，各級各類高等教育機構向社會和國際開放；（二）充實與改革研究生教育：大幅擴充，並在培養目標、類型和課程等方面實行多樣化的改革，使研究生的教育制度趨於靈活化；（三）加強學術研究：加強基礎研究，並重視產學合作和國際交流與合作（魏春燕、李林，2001）。

二、九十年代的高等教育

九十年代以後，隨著大學入學率的增加（1996年高中生升入大學、短期大學的入學率是46.2%）及經濟和社會的國際化，大學的問題也引起更廣泛的關注和批判，大學及大學師生的社會價值和地位也急劇下降。過去人們認為大學是「學問之府」，而現在的大學則成了「休閑地」、「考試和就業之間的緩衝地」，現在的大學生不再是社會的精英分子，許多學生經常翹課，打工玩樂多於學習，儘量選修輕鬆的課程以取得學分，學習積極性不高。因此，大學教師教書育人的積極性也大為降低，有的教師對自己的研究還很積極認真，對於教學卻沒什麼熱情，消極對待，很少去改進自己的教學方法和講義內容。

影響九十年代大學改革的主要因素有四個方面：（一）升學率的提高及學生的多樣化——多樣的學生不僅有多樣的學習需要，也帶來各種教育和教學上的問題；（二）學術研究的高優質化、整合化和國際化——隨著世界學術研究的發展，大學教育研究的水平也要不斷提高，尤其對於大學而言，為了能適應產業成

熟化發展的需要，必須致力於進行獨創性的研究和開發，學術研究的跨學科化和國際化也就更顯重要；（三）培養適應新型產業需要的人才——與過去大量生產大量消費時代不同，現在生產高度附加價值產品的中小企業日益佔據重要地位，而這種產業需要的人才不僅要有對企業的服從和忠心，更要在掌握高度的知識和技能的同時，具有廣闊的視野和豐富的創造性；（四）終生學習的人數增加——人們認識到終生學習在充實自己、適應社會和經濟變化方面的重要性，要求大學提供終身學習的機會。

根據大學審議會關於高等教育個性化、教育研究高優質化、經營管理活性化的建議，1991年進行了大學設置基準的修正，之後的大學改革主要包括三方面：（一）強化大學的教育機能，發揮各個大學的特色和個性，重新組織教育內容，開展富有魅力的教學，以培養能適應時代變化且具有豐富創造性的人才。（二）充實強化研究生院，以促進國際水準的學術研究，並培養出優秀的研究者和具有高水準專業能力的技術人員；（三）開放以大學為中心的高等教育機構，提供豐富的終生學習機會。

而配合此項改革的具體措施有下列三項（魏春燕、李林，2001）：

（一）充實本科教育

在教育內容方面，1991年修正前的大學設置基準，不但規定本科課業必須的學分數（124個學分以上），還詳細規定了各個課程各自所需要的學分，修正後的設置基準則只規定了課業所需的一百二十四個學分，不再對科目區分及相應的學分做任何的規定，而把此權限交給大學自己負責。到1996年已經有80%以上的大學按照新的大學設置基準的精神重組了教育課程，不再把課程分為教養教育和專門教育，而是構築四年一貫的課程體系，並依

靠所有院系的力量來充實教養教育。另外,各個學校還根據社會的實際需要加強了實踐教育,同時也根據時代的要求增設一些新的科目,以充實情報處理教育,改善外語教育。爲了提供更多的選修機會,更多的大學與其他的大學締結「學分互換」的協定。

　　爲了提高教學質量,除了課程的改革外,各個大學也都在探索更爲有效的教育方法,以促使教育改革的效果更顯著:大學能編制學習指南(每個學科的教學計畫,系統而詳細地介紹教學目標、預定的教學內容及參考文獻等),且將其做成數據庫;實施少人數教育的大學也有增加,尤其是降低外語教育、實驗、實習、討論等課程教學的人數;許多大學透過問卷調查以學生對教學內容和方法的評價;由教師組成改善教育內容和方法的組織,也設置研發教育方法、幫助教師研修的中心;開始實行按學力編班,並按學力狀況實施補習教學;在學生的成績評定方面,爲了確保學分認定的客觀性,學科的評價標準由多個教師進行協商以達成一致,同時,爲了維持大學的教育成果,對在一定期間沒有達到一定成績基準的予以休學勸告、退學勸告的處理;各個大學都利用通信衛星及光纖系統及其他多媒體系統積極推進遠距離教育。

(二) 充實和加強研究生院教育

　　建構研究生院成爲高水平的教育研究基地,在質、量兩方面充實研究生院的教育內容。九十年代以來,研究生院學生數有相當的增長。1990年研究生院的在校學生數(含碩士生、博士生)是九萬零二百三十八人,到1994年增至十三萬八千七百五十二人,1995年又增至十五萬三千四百二十三人。然而,在發達國家中,日本研究生院學生數佔總人口數的比例還是很低的。關於每千人中的研究生數及研究生與本科生的比例,美國是15.65％和7.7％(1992年),法國是18.8％和3.6％(1993年),日本則爲6.1％和

1.1%（1994年）。因此，必須努力充實研究生院的教育，進行研究生院制度的改革，使其更加靈活，更有利於吸引學生入學及完成學業。推動的主要措施如下：

1. 研究生院的入學資格及修業年限的彈性化：到1994年，沒有達到標準修業年限而畢業的碩士有四十七人，博士一百六十四人。到1995年，本科學習三年後就直接升入研究生院的有一百四十五人，本科畢業後有二年以上研究經歷，不經過碩士課程直接攻讀博士學位的有一百四十六人。
2. 研究生院的型態多樣化：除了在八十年代改革中出現的綜合研究生院大學、聯合研究生院、獨立研究及專業方向等得到大力推行外，另一種型態的研究生院「合作研究生院」（與大學以外的研究所等合作實施教育研究的研究生院）出現，到1996年，已經有十五個大學的三十一個研究科與校外機構進行這種合作。

在質的充實方面，主要的措施有：

1. 對於取得教育研究優良績效的研究生院，重點充實其研究費及尖端大型研究設備費。
2. 加強對研究生院學生的支援，充實學術振興會特別研究院制度（1996年對於博士後期的資助額是每月十九萬七仟日元）及育英會講學事業（1996年度的資助額是每月碩士生八萬一仟日元，博士生十一萬二仟日元）。
3. 大學採用學生助教，讓研究生院的學生在任課教師的指導下指導本科學生或者輔導學生實驗、實習、模擬演練等。
4. 促進國際交流，一方面是在校學生通過一年內的短期留學，加強與國外的交流，另一方面是充實外國留日學生的

教學，既充實對留日學生的日語及日本情況的教育，也有大學用外語進行教學。

（三）開放大學校園

向社會大眾開放大學的設施設備等學習條件，爲社會人士提供更多的終生學習機會。主要措施有：

1. 根據1991年修正的大學設置基準，單科進修（在大學學習特定的科目或課程從而取得學分）制度化，而運用這一制度的大學和利用的學生在近幾年都有增加很多。

2. 短期大學或高等專科學校的畢業生進入大學本科四年級學習，到1995年己達一萬二千三百四十八人。

3. 廣播電視大學規模更大，到1996年已有學生數約六萬四仟人，而且還利用學分互換每年接收約五仟名其他大學的學生。另外，廣播電視大學正在籌備利用人造衛星擴大傳播對象地區。

4. 根據1991年改正的大學設置基準，在大學以外的機構進行的各種學習也可被承認學分，例如，通過實用英語技能測驗或日本識字能力測驗等文部省認定的技能測驗，就可以取得一定的學分，許多大學也承認學生在專科學校的學習。

5. 活絡大學的公開講座，1995年約有六千一百九十個講座，聽講人數約六十二萬人。

6. 創設學位授予機構，使得短期大學、高等專科學校及各省廳所屬大學校（歸日本官房行政官廳管轄，不是學校教育法規定的大學，但教授與大學同等的專業技術及知識，如防衛大學校、水產大學校等）的畢業生也可以取得學位。

在1994年，學位授予機構授予一千五百四十四人「學士」
學位、九十人「碩士」學位、十四人「博士」學位。

7.加強對在職人士的回歸教育。爲了更有利於在職的社會人
士到大學學習，大學積極推行晝夜開講制、夜間研究生
院、社會人士特別選擇制度、研究生院爲社會人士特別開
設的課程等。

　　爲了更有效地推進大學的改革，大學在進行自評的同時，許
多還採用校外的第三方評價，並將評價結果公布。爲了徵求校外
有識之士對大學面臨的課題及將來構想等的意見，許多大學設置
了校外人士參與會、產學官交流懇談會及支援留學生懇談會等，
另外，大學還積極推進與產業界的合作，共同研究，很多國立大
學也設置了捐贈講座或捐贈研究部門。在職員的錄用方面，國立
大學95％、公立大學的77％、私立大學的45％是採取公開招聘，
而在公開招聘的教員當中，有25％（1994年度）是來自大學外
（如民間企業、官公廳、自管業）。爲了讓社會各界更好地瞭解大
學的改革信息，很多大學還將學科介紹、自評報告向社會公布，
並送給相鄰的高中或公立圖書館及教育委員會以供其參考（魏春
燕、李林，2001）。

三、2000年後的教育發展

　　快速的社會變遷在日本也造成了許多教育的困境，如過度強
調個人的教育資歷、激烈的升學競爭、青年的反社會行爲與態
度，及愈加嚴重的學生缺席、輟學及校園暴力等問題，故1984年
成立了「臨時教育審議會」，直屬總理府，此組織花費三年對於教
育問題進行研究並提出改革方案。其建議三項改革原則爲：強調
個別性、建立終身學習制度及適應變遷的社會（包括國際化與資
訊媒體的發展）等。1987年「臨時教育審議會」解散，但已發表

了四份報告書，並提出六項具體改革方案做爲教改的導引。

根據這些方案，文部省乃規劃具體的教改策略，成爲日本1990年代的教育發展趨向。而在高等教育和終身教育領域中的改革，包括大學設置基準的大綱化、廢止教養課程之限制與國立大學的教養學部、擴充研究所、導入社會人士入學制度、透過產官學合作方式充實科學技術研究、導入跳級制、引入教學助理制、鼓勵大學自我評鑑及大學入學考試多樣化等（沈姍姍，2000）。

進入2000年，學生人數減少的問題，已影響到教育部門，特別是高等教育階段，造成很大的衝擊。爲因應此一衝擊，發展多樣化的高等教育以適應個別學生的需求成爲重要的策略。此外，爲了面對社會對於新知的渴求，故提昇高等教育機構的科學研究及終身學習制度化也是大學發展的重點。

1997年文部省提出「教育改革計畫」，做爲迎向二十一世紀的教育策略，其內容大致爲（沈姍姍，2000）：

（一）培養豐裕人性及改革教育制度：包括充實心靈教育、學制多元化及彈性化、檢視大學之管理運作、充實環境保護教育、實施人權教育與提昇兩性平等教育等。

（二）因應社會需求變化：爲因應少子女化與高齡化社會，故需促進學校護理與社會福利等社會服務體驗活動、培養科技人才及振興學術研究、充實資訊教育等。

（三）確立學校外的社會聯繫合作：包括強化學校、家庭及社會合作，促進校外體驗活動、推行社會服務志工活動，及提出有效對應青少年行爲問題策略等。

（四）加強留學生文化等國際化活動：包括促進留學生交流、改善英語等外國語教育、促進國際學術交流等。

（五）擴大推動教改：爲進行教育改革，文部省除與相關部會

聯繫合作外，並與經濟界設置定期協議機會，舉辦教育
界、經濟界及地方團體的研討會等。

　　根據此項教改計畫，1998年已採行大學越級入學制度；1999
年進行了「心靈教育諮詢人員」的生活輔導，及專門學校畢業生
得插班大學等措施。預計2000年後開始施行的有採行面談口試的
高中入學制度、強化校長職權、設置地區住民組成的「學校評議
員制度」、設置第三者評鑑機構客觀評鑑國立大學的研究內容等。

高等教育的經營與管理

一、高等教育學制

　　二次世界大戰以後，在教育機會均等、民主教育等口號下，
將戰前各種類型的高等教育機構均改為四年制的大學，形成高等
教育即四年制大學的單一類型的結構。然而很快地就暴露出這種
改革的弊端，它無法適應科技、經濟發展對人才需求的多樣化，
所以不得不創立高等專門學校的制度，正式承認短期大學的地位
和建立專修學校的制度，將單一型的高等教育結構又改為多種層
次和類型的高等教育機構，而成為現今高等教育的三級結構（沈
姍姍，2000）。

（一）第一級結構

　　包括短期：大學、高等專門學校和專門學校

　　1.短期大學：短期大學學制通常為二年或三年，以講授與研
　　　究深奧的專門學藝，培養職業或實際生活所需的能力為目
　　　標，招收高中畢業生，修業年限為二至三年；學習科目包

括普通教育科目、外國語科目、體育保健科目及專業教育科目，其中與普通教育科目有關的學習科目，按人文、社會和自然三個領域開設。學制二年的畢業條件為在校學習二年以上，修得六十二個學分以上，其中普通教育科目八學分以上，體育保健科目二學分以上，專業教育科目二十八學分以上；學制三年的畢業條件則是在校學習三年以上，修習九十三個學分以上，其中普通教育科目八學分以上，體育保健科目二學分以上，專業教育五十學分以上。

2. 高等專門學校：高等專門學校學制為五年，以講授深奧的專門學藝，培養職業所需的能力為目標，修業年限為五年，招收中學校畢業生；學習科目包括：工業、機械工業、電氣工學、工業化學、土木工程、建築學、電波通訊及其他與工業有關的學科。除工業類外，尚有商船學、航海學與發動機等學科，其畢業條件為在校學習五年以上，選修工業類學科的學生須取得一百七十七個學分以上（其中普通教育科目八十五學分以上，專業教育科目三十二學分以上）；選修商船類學科須取得一百五十七學分（不包括實習）以上，其中普通教育科目八十五學分以上，專業教育科目七十二學分以上。

3. 專門學校：以培養職業或實際生活所需的能力，或者提高教養水準為目標；修業年限一至三年；學習科目是在高中教育的基礎上，開設與專門學校相適應的高深專門教學科目。

（二）第二級結構

四年制大學，包括綜合大學、多科大學和單科大學。

1. 綜合大學：設有法、經、商、文、教、理、工、醫、農等

眾多學部，學科齊全，是日本高等教育的中堅，包括東京大學等七所舊制帝國大學演變而來的國立大學和慶應、早稻田的少數有名的私立大學。

2. 多科大學：指設數個不同學部的大學，其中許多是因地理條件或歷史原因，在教育改革時由幾所舊制高等教育機構合併而成。多科大學雖然學部數量少，但大都具有自己的特長。

3. 單科大學：只設一個學部或幾個相近的學科的大學。單科大學由於專業特長突出，往往成爲相應學科領域專業人才的重要培養基地。包括：外國語大學、工業大學、醫科大學等。

（三）第三級結構

研究所（大學院），包括碩士班與博士班。

日本研究所的教育目標在講授與研究學術理論及其應用，修業年限碩士課程二年，博士課程三年或者博士課程五年（又分博士課程前期二年，後期三年。前期相當於碩士課程）。畢業條件在碩士課程必須在校學習二年以上，修得三十學分以上，並完成學位論文者，方可授與碩士學位。博士課程必須在校學習三年以上，修得二十學分以上，並在創造性研究基礎上提出學位論文，通過最後考試者方可授予博士學位。

二、升學考試制度

（一）高等學校入學制度

日本各都道府縣對於高等學校入學所採取的辦法，大致可分成以下幾種：

1.單獨選拔制：即各校單獨招生，是最傳統的入學方式，但也是歷久彌新的一種入學選拔方式。國立大學的附屬學校及私立學校一直都是採取這種入學的方式。東京都在實施了所謂學校群制度與群組制之後，高等學校校長協會又於1987年建議恢復單獨選拔制。其他各府縣也有不少地區實施這種選拔方式。

2.總合選拔制：在中學區或大學區若採取單獨選拔制，由於學生志願常集中於少數幾所名校，因此極容易造成學校間水準的差異，而形成高等學校的階層化。為了縮小高等學校間的水準差異而構想出來的就是「總合選拔制」。這種方式是先依學區內的高等學校所能容納的名額，錄取足夠的人數，然後再依成績或通學距離等標準，將學生分配給各高等學校。此制度也尊重學生的志願，以志願優先予以分發，這分法稱之為「合同選拔」，就實質而言，合同選拔與單獨選拔並沒有太大的差別。

3.學校群制度：由於總合選拔制係以全學區為聯招，因為區域太大，乃有學校群制度的產生。所謂學校群制度，乃是將一個學區分成數個學校群，學生只能報某一學校群，錄取後再平均分配給群內的學校。

4.群組制：群組制亦稱為群組合同選拔制。東京都自1982年以後實施此制，其辦法如下：（1）將東京都劃分成十個學區（原有七個）；（2）各學區分成兩個群組，每一群組有六至十所高校，而實施同一群組內的合同選拔制；（3）考生得由學區內任何一群所屬的高等學校選擇一校做為第一志願，同時還可以由第一志願所屬的群組中選擇三校，依序排定，亦即每一個考生可填寫四個志願；（4）新生的錄取由各群組分別辦理，根據同一群內考生的成績先錄取群

內高校的總人數，然後再依照考生的第一志願，分發到各個學校（沈姍姍，2000）。

（二）大學招生制度

自1979年起日本大學招生制度分全國共同第一次學力考試和各大學自行實施的兩個階段考試。第一次統一考試主要是考核學生對高中階段所學的基礎知識和基本內容的掌握程度。根據文部省制定的「高中學習指導要領」的要求，在各學科必修課程範圍內，由大學入學考試中心統一命題。

第二次考試由各大學實施，考試內容及方式由其自行決定。最後由各大學根據這兩次考試的成績，參考學生畢業學校校長提供的資料和身體檢查表擇優錄取。原本第一次的統一考試只有國、公立大學參與，私立大學則各自甄試，自1990年起，日本開始實施由國立、公立、私立大學和大學入學考試中心共同合作組織的統一考試。此考試和原來的共同第一次考試在應試科目、時間的方面基本上是一致的，只不過是透過這種改革，爭取更多的私立大學的參加。

（三）大學院

日本的大學院設有碩士和博士課程，其招生方式說明如下：

1.碩士課程

日本的碩士課程學制通常為兩年，申請入學者只限於受過十六年學校教育，已經大學畢業，或被認可具有同等學力的人。學生取得專業科目的必要學分，通常為三十以上的學分，考試合格並通過碩士論文審查即可取得碩士學位。有些學生在學習期間成績優異，或者有突出的科研成果，可提前取得碩士學位，學習年

限可減少到一年。

2.博士課程

日本的博士課程學制通常為三年，但醫學、牙醫學、獸醫學的博士課程學制通常為四年。博士課程申請者只限於具有碩士學位，或被承認具有同等學力者。

日本的博士生分為兩種，一種為課程博士，另一種為論文博士。課程博士生應取得三十以上的學分（包括在碩士課程中取得的學分），考試合格並通過論文審查即可獲得博士學位。論文博士可以不在學，而根據學校的有關規定，通過博士論文審查，具有博士課程修畢者同等以上的學歷，也可獲得博士學位。論文博士學位取得的難度較課程博士要大一些，根據日本大學授予博士學位的慣例，攻讀理、工、農、醫等學科的研究生多數能在學制規定的年限內獲得博士學位，少數人獲得博士課程修畢證書。而攻讀人文、社會科學的研究生多數在學制規定的年限內，只能獲得博士課程修畢證書，極少數的人可獲得博士學位。

此外，有些大學採取五年一貫制的博士課程。本科畢業的學生即有資格申請此類課程，此類博士課程分為博士前期及博士後期兩部分，前期學制為兩年，後期學制為三年。實際上，博士前期就是碩士階段，畢業後頒發碩士學位；博士後期即為博士階段，畢業後可被研究生院授予博士學位。

三、教育行政制度

日本的教育行政制度採中央集權制，中央有文部省，地方則是都道府縣的教育委員會與市町村的教育委員會。中央文部省的長官為文部大臣，其職責為「負責振興與普及學校教育、社會教育、學術與文化的任務，並負有全面完成有關上述事項及國家的

宗教事務的責任」。

　　日本地方的教育行政係以地方政府來運作，由地方政府首長（在都道府縣為知事；在市町村為市町村長）及教育委員會負責。教育委員會負決策、核准及監督之責，實際教育事務之執行則交予其下設置之教育局辦理。教育委員會採合議制，由五名委員組成，任期四年，設教育長統籌會議召開，教育長由委員互選產生。市町村的教育行政機關亦為教育委員會，其組織與運作方式與都道府縣委員會相同（沈姍姍，2000）。

高等教育的特色

一、大學生人數多，研究生人數少

　　日本擁有超過、一千二百所大學和初級學院，在籍學生遠超過三百萬，除美國之外，日本高等教育體系在發達國家中最大。日本青年中約有一半會通過此教育法所陳述的那樣，大學承擔了重任，是提供「在專門學術領域廣泛的傳播知識、教學和進行深度研究，幫助學生開發智力、道德和運用技能的學術中心」。

　　在日本，儘管大學生人數眾多，但是繼續攻讀研究生學位的人數卻相對較少。文部省一項調發現，日本大學生中攻讀研究生者僅7%，相比之下，英國和美國為13%，法國為18%。日本每一千個人中研究生的數量，比上述國家少一半。儘管高等教育中入學人數眾多，但日本知識領袖層人數卻很少，這個猜不透的難題已經越來越吸引教育界人士，包括政府有關部門人士的關注。擴大研究生計畫在過去幾十年來一直是日本教育系統的一個主要政策重點。

　　研究生院得到政府的全力支持，投入充足的經費，並鼓勵本

科生（大學生）積極報考，同時給予學費的減免及助學金的提供等優惠待遇，其最終目的是想在高技術領域中儲備人才，以營建人才優勢。在入學考試上，碩士相對於博士來說，錄取的比例較高，而博士的入學考試則需要花費相當的精力。二者除嚴格的筆試（主要是外語和專業基礎知識）之外，更重要的是面試。一般由專業教授組成的考試委員會（通常是五至七人左右）進行面三十至四十分鐘的面試，除了專業問題的質詢外，也會問及家庭情況及經濟能力等，特別重視個人的表達能力、思維方式和掌握焦點問題的能力。

日本大約有40％的大學生學習社會科學，如法學和經濟學等，較之於美國、英國、德國和法國，日本這方面比例要高出許多。在日本高等教育中，接下來比重最大的是工程學（約占20％），相對於自然科學來說，在發達國家中也屬於較高比例。工程學是碩士計畫最受歡迎的選擇，而醫學和健康護理相關領域則在日本研究生院的博士計畫中獨佔鰲頭。

二、私立大學學術成就不及國立大學

在60年代高等教育快速發展期，私立大學接納的尋求入學者與日俱增，並設法滿足他們的各種具體需要。高等教育學院中約有75％屬於私立，為同樣比例的日本大學生提供服務。在初級學院中，百分比甚至更高，不過在學術方面，日本國立大學的表現卻超過私立大學。雖然私立學院錄取的大學生遠遠多於國立學院，但是博士生情況卻相反，這是學術深度的一項指標。

日本和美國在資助研究領域存在著重要差別，在美國，首二十名接受美國聯邦資助者是私立學院，但在日本，慶應義塾大學是接受文部省科學研究資助首二十名者中唯一的非公立學校。在戰前時期，國立的大學在政府所需要的研究與人力開發方面發揮

著核心作用，長久以來也受國家預算的支持。

三、成年學生受高等教育不方便

　　儘管日本大學生數量很多，但是大多數在十八至二十一歲之間離開學堂去工作。根據文部省的一項調查，高等教育計畫中註冊者在典型的「學院學生年齡組」（日本爲十八至二十一歲，各國有所不同）總人口所佔比例，日本爲39％，美國爲51％，英國、法國和德國超過50％。這表明這些國家中不僅有較高比例的年輕人在學習，而且也說明有較多更加年長的學生。許多學生在二十歲時離開這個系統，只是學習了兩年。目前，日本的大學主要是年輕人的學院，對成年學生並不方便。不過，隨著社會越來越認同終生教育觀念，這種局面也在迅速改變。

四、私立學校發展迅速

　　在封建社會時，日本的教育基本上以私立學校爲主體。可是，明治維新之後家主義的盛行，伴隨著把封建教育改造成資本主義教育及公立大學的興起，私立高等學校經歷了苦亂的歲月。直到1949年之前的八十多年前，對於私立高等學校，日本政府一直嚴格地控制。因此，在第二次世界大戰之前，日本高等教育的傳統是以公立學校爲主，私立高等學校基本上沒有什麼地位，遭受歧視，備受壓制。

　　在二十世紀五十年代時，伴隨著經濟的快速發展，企業對科學技術人才的需要日益迫切，大力發展高等教育的呼聲越來越高漲。可是，中央政府反應遲鈍，因此導致許多地方政府對文部省越來越不滿意，他們不斷地向國會提出發展地方高等教育的要求，並透過首相等高層人士不斷地向文部省施加壓力。

　　社會各界對高等教育越來越不滿意，紛紛發表意見，提出主張。隨後，許多經濟組織、政治組織以及社會知名人士等發表了

大量意見，提出政府必須加速科技人才的培養，以增強國家在國際上的競爭力。在強大的社會壓力下，文部省才提出「擴充科技人員培養計畫」。可是，在這個計畫面世之前，文部省修改了學校設立的標準，大幅度地提高了條件，特別是對私立大學的設立，私立大學增設學部的資產總額和現金儲備的設定標準都大約提高了一倍。

到了二十世紀六十年代初期，開始實施「國民收入倍增計畫」，這需要大量的科技人員。於是高等教育是否該擴大發展、如何發展，再次成為國內政策爭議的焦點。在中央政府部門當中，科技廳首先和文部省發生了衝突。為了滿足「國民收入倍增計畫」對科技人才的需求，必須充分發揮私立大學的作用。這些建議集中在科技廳起草的「關於培養科技人員的建議」之中，以書面的形式遞交給文部省。在這樣的社會輿論壓力下，文部省只好放鬆對私立學校的管制，中央政府不得不賦予私立學校與公立學校一樣的法律地位。同時，國會通過法律規定，政府必須給予私立學校財政補助，以糾正以往偏重公立學校的做法。其標誌為1949年頒布「私立學校法」、「日本私立學校振興財團法」後，私立高等學校迅速壯大，取代了公立大學的主導地位，成為日本高等教育的主要力量。

從1961年至1964年，政府繼續執行擴大培養科技人員計畫，在這個計畫的實施過程中，私立高等學校再度大規模發展，實際招生數超過計畫的15％，招收了一萬二千七百八十名學生；而國立大學只完成了計畫的60％，實際招生七千多人。經過幾十年艱苦卓絕的發展，日本私立高等學校隊伍不斷壯大，終於取得了高等教育的主導地位。1998年，在六百多所大學當中，四百四十四所是私立大學，占大學總數的74％；二百六十多萬名在校本科大學生中，73％就讀於私立大學。五百八十八所短期大學當中，也

有86％是私立學校；三千五百六十四所專修學校當中，90％都是私立學校。

　　日本有名的私立大學首推慶應大學和早稻田大學，早稻田大學更被譽爲政治家的搖籃，名氣響亮的私立大學還有立教大學、中央大學、法政大學、明治大學等。一般來說，這些私立大學歷史較長，歷經幾代人的努力，創出了品牌，在高等教育體系中占有舉足輕重的地位。許多家庭經濟條件較好的學生，專門選擇知名的私立大學就讀，日本媒體專門調查過早稻田和慶應大學畢業生的就職去向，發現在上市公司的經理中，早稻田大學的畢業生佔第一位，慶應大學校友佔第二位。

五、高等教育機構的合併

　　日本現代高等教育的突出特點之一是私立院校比例大，國立大學比例小。與私立大學相比，在過去的五十年間，國立大學無論在數量發展或辦學指導方針方面，基本上都沒有顯著的變化。但是，正如近年來各大企業、金融機關等紛紛合併以求生存、加強競爭力一樣，國立大學也出現了類似的改革動向。如山梨大學和山梨醫科大學兩所國立大學已在1999年聯合成立了由數十人組成的專門委員會，討論兩校合併的可能性及具體的操作程序。目前，兩校的具體設想爲，首先由兩校聯合創辦與本科教育沒有直接關係的獨立研究生院，然後在進行充分討論和論證的基礎上，兩校變成一校，進行實質性的合併。如果兩校最終合併，將是自1949年發展「新制大學」以來，國立大學在體制方面進行大改革的首例，而且極有可能促使其他國立大學進行類似的合併。兩所國立大學之間產生合併的改革動向並非偶然，而是有著深刻的社會背景和自生的客觀原因（黃福濤，2001）。

六、國立大學信譽高

一般來說，每個縣最少設置一所國立大學。例如，千葉縣有千葉大學，櫪木縣有宇都宮大學，茨城縣設有茨城大學等。國立大學的信譽高，其經費來自於國家所撥的教育經費。國立大學的入學競爭十分激烈，特別是名校大學更甚。重點的國立大學有：東京大學、京都大學、九州大學、東北大學、筑波大學、北海道大學等。國立大學入學考分高，學費比私立大學要便宜三分之一以上，因此國立大學是考生心目中的首選目標。其次是公立大學（含都、道、府、縣立、市立）。該類學校的經費由地方財政統籌調撥，學費介於國立大學與私立大學之間。

七、層次分明的高等教育體系

高等教育體系完善，層次分明，包括高等專門學校、專門學校、短期大學、大學、研究生院等，根據經費來源，分為國立、公立和私立3種。

高等專門學校以初中畢業生為對象，進行五年的教育，是培養能夠適應科學技術發展的技術人員的學校。其中大部分是設有與工業有關的各種學科的工業高等專門學校。對於高等專門學校畢業生可授予准學士學位。專門學校內可設置學科及專攻課程。全部課程必須修滿一百六十七個以上的學分（其中一般課程至少七十五學分上，專業課程至少八十二個學分以上）。

設有專門課程的專修學校稱為專門學校（註：日本的專修學校分為高等課程、專門課程和一般課程3種。專門課程的入學條件為高中畢業或具高中同等以上學歷者），被承認為高等教育機構。專門學校是進行職業教育和學習實際生活中必要的知識、技能、技術的學校。學習年限從一年到三年不等，一般以二年為主。

短期大學的學習期限通常為兩年，醫學、護理專業一般為三

年。短期大學中，大約60％是女子短期大學，且家政科、人文、教育及社會等學科占半數以上。短期大學的畢業生可授予「準學士」學位。

大學學部的修業年限為四年，但醫科、牙科及獸醫學的大學為六年。學部畢業生由所在大學授予學士學位，畢業條件為：必須在學四年以上（醫學、牙科、獸醫學專業必須在學六年以上），修滿一百二十四個以上的學分，醫學、牙科專業須修滿一百八十八個以上的學分，獸醫學專業須修滿一百八十二個以上的學分，每個學年包括期中、期末考試，原則上為三十五週。各門課程以十週或十五週的學習時間。畢業論文、畢業研究、畢業製作等若對修學具有一定的效果，也可以算入學分。

在大學的學部裡還有兩種學生：旁聽生和科目履修生。旁聽生是指旁聽特定的科目，但所修科目的學分不被認定。履修生與旁聽生不同的是，所修科目的學分可以被認定。

大學的研究生院設有碩士課程與博士課程，碩士課程學制為兩年，博士課程學制為三年。有的學校將博士課程分為前期兩年和後期三年，前期的兩年為碩士課程。同樣，也有單獨設置後期三年博士課程的。大學的醫學、牙科及獸醫學課程的學制為六年，因此大學畢業後可直接報考博士課程，此博士課程的學制為四年，所以報考這一類的研究生院，必須具備十八年以上的教育歷程。

設有研究生院的大學，對該院完成碩士課程的畢業生可授予碩士學位，畢業條件為：在研究生院修學兩年以上，修滿三十個以上學分，並且在接受研究指導的基礎上，通過該研究生院的碩士論文審查及畢業考試。在學期間取得優異成績或研究成果，學習期限允許減為一年。

設有研究生院的大學，對該院完成博士課程的畢業生可授予

博士學位，博士生即使實際並不在學，根據大學的有關規定，通過博士論文審查，具有博士課程修學者同等以上的學歷，亦可授予博士學位。通常稱前者課程博士，稱後者為論文博士。課程博士的課程修學條件是：須在研究生院三年以上，修滿三十個以上的學分，並且在接受研究指導的基礎上，通過博士論文審查及考試。

高等教育的願景

一、高等教育的理念

日本的高等教育按照大學審議會「高等教育個性化、教育研究優質化、經營管理活性化」的方針，在各個方面都進行了改革，也取得了相當的成效。其中非常重要的一點是：這些年來的改革措施以及相關的討論促使社會各界人士日益認識到高等教育改革的必要性，從而讓高等教育界人士自覺地參與到具體的高等教育改革實踐中，切切實實地推動著高等教育改革的進行。

改革是一個過程，在改革實踐中又會不斷發現高等教育新的問題，不僅僅是高教界，學生、社會以及產業界都紛紛指出高等教育在教育研究、經營管理方面的各種問題。例如，本科教育的定位問題；課程改革不適應多樣化學生的需求；輕視教養教育及專業細分化的傾向；學生成績的評定及畢業生質量的保證問題；教學科研設施設備及教育支援的問題；在培養高級專業人才的研究生教育所開課程及其內容與社會需求和實踐脫節；大學教師「同質化」，即使在同一學校也很少有不同研究室之間的對話和交流；與社會和國際的交流合作不夠，大學經營管理的責任主體不明確，往往對變化的應對遲緩；大學評價往往流於形式，未能與

教育研究活動和大學經營管理的改革相結合等。

　　為了使高等教育適應二十一世紀和社會的發展變化，政府和各個大學都在努力探索二十一世紀高等教育應如何改革。1998年10月。大學審議會提交了題為「二十一世紀的大學形象和今後的改革方案——在競爭環境中充滿個性的大學」的諮詢報告，全面展望了二十一世紀初高等教育的發展狀況及改革方針政策。緊接著，一年之後的1999年11月，日本文部大臣又就「全球化時代高等教育的應有對應」，向大學審議會提出諮詢，要求站在「全球化時代」的角度探討高等教育的改革，尤其是如何建設面向世界開放的大學、適應信息技術的發展等。

　　大學審議會認為，當今世界由於資訊技術的發展和自由貿易體制的擴大，社會、經濟、文化等全球交流的普遍化，國際間的流動性和相互依存關係也不斷提高，同時，國際間的競爭也更趨激烈，因此這是一個更趨複雜化、更不透明的時代。而「在這種流動和變化的時代，生存的保障就是教育和終身學習」（1999年6月西方七國領袖會議公報觀點）。在這樣的背景下，日本為了達到「智慧創造立國」及「在國際社會發揮主要作用」的目的，其高等教育機構就必須及時提供能適應國民終生各個時期需要的適當教育，這種教育要能使學生學到與急劇變化的時代相適應的創造性知識和技術，以培養出能活躍於世界舞台的人才。為了達到這些目的，適應日本經濟、社會及社會各界對高等教育的多種多樣的要求。高等教育機構必須多樣化、個性化（每一所學校都要有自己特色的定位和目標），而升入高等教育機構的入學率也將大幅度上升，大學的教學內容和方法及相應的支撐體系、大學的經營管理等各個方面也都應該有相應的改革。

二、高等教育的未來發展

　　二十一世紀初日本高等教育改革的基本精神就是建設在國際競爭中「充滿個性的大學」（魏春燕、李林，2001）。在中央教育審議會時期所揭示的高等教育五大中心議題為：高等教育的大眾化與學術研究的高度化、高等教育內容的專門化與統整化、教育及研究活動的獨特性與效率管理的必要性、確保高等教育的自主性並排除封閉性、國家補助的檢討等。其後的臨時教育審議會除了延續此一基本方向外，並以「個性化」為基本理念，在兼顧教育本質上應有的「恆常」與「變遷」因素下，提出三大建議方案：高等教育的個性化與高度化，具體建議包括大學教育的充實與個性化、高等教育機構的多樣化與相互交流、研究所的快速充實與改革及大學評鑑與大學資訊的公開；積極振興學術研究，具體建議包括推動大學的基礎研究、加強大學與社會的交流與合作，及促進學術的國際交流；創設大學審議會，確立了大學自主化、自由化的改革方向，實際促成了大學設置基準、研究設置基準等相關法令的修訂。而為了建成「充滿個性的大學」，大學必須進行以下四個方面的改革（魏春燕、李林，2001）：

(一) 培養學生的探索能力，提高教育研究的質量

　　本科教育階段要在培養學生的課題探索能力的同時，也培養學生將來作為專業人才的基礎能力。所謂「課題探索能力」主要是指一種「能主動應對變化，能獨立探索將來的課題，並能立足於廣泛的視野以對課題進行靈活而綜合判斷的能力」，而為了培養這種能力，就必須重視教養教育，拓寬學生的學術視野，使學生具有能從不同角度看問題的能力、自主且綜合的思考而後進行準確判斷的能力，培養學生豐富的人性，使學生能從與社會的關係來定位自己的知識和人生。專業教育中也應該貫徹教養教育的基

本精神，重視「基礎和基本」，教給學生各關聯學科的關係、學術和個人的人生及社會之間的關係，培養學生能主動探索、解決課題的基礎能力。另外，為了培養學生能活躍於國際舞台的能力，要在充實外語教育、促進海外留學的同時，加深學生對本國歷史和文化的理解、對國際社會重要課題的認識，並透過各種訓練培養他們表達自己主張的能力。在教育方法方面，則要求實施認真負責的教學管理和嚴格的成績評價，保證畢業生的質量，同時經由教師和學生對整個教育活動和各個教師的教育活動進行評價來改進教育質量。

　　研究生階段的教育主要是在本科教育的基礎上培養學生的專業素養和能力。培養研究者的研究生院要努力建成卓越的教育研究成果，有關的經費也應該實行有重點的效率分配，而培養高級專業人才的研究生院應該在課程、教員資格以及修學條件等方面有所不同，要重視與社會實踐緊密結合。

（二）教育研究系統柔性化，確保大學的自律性

　　為了能適應學生多樣化的學習需要，促進學生主動學習，本科教育階段可以採取不滿四年就可以畢業的例外措施，擴大秋季入學和學分互換，創設學分累積加算制度，而研究生教育階段則可以按照社會人學生的實際情況，在制度上確認「一年制學碩士課程」和「長期在學碩士課程」。為了使大學組織可以有更多主動性和機動性，政府方面應該在大學的行政、財政管理方面有更多寬鬆的政策。另外，大學應該加強與社區、產業界的合作和交流，進行共同研究，共同開發教育計畫。

（三）在學校的組織管理方面，建立負責任的決策和實施體制

　　當今大學的教育研究日趨邊緣化、綜合化，大學與社會的關

係也比以往更爲密切化，這些變化都促使大學建立一種新的更爲開放和積極的自主自律的組織管理體制。在這體制下，一方面要明確學校內審議機構和執行機構的工作應如何分工和合作，另一方面要積極聽取社會上的意見，明確大學對社會的責任。另外，爲了方便有關人員瞭解大學情況，大學有責任向社會公佈有關信息（例如，關於學習機會、學生的知識能力水平、畢業生出路、大學研究課題、大學的財務狀況等）。

（四）建立多元化評價系統，促進大學的個性化

在充實大學的自檢、自評的同時，要致力於建立站在客觀立場上進行評價的組織，即所謂「第三方評價系統」。這種評價組織應該在對大學進行透明度比較高的評價的同時，收集、提供大學的評價情報，並對評價的有效性進行調查研究，及時向各個大學回饋評價的結果，促進大學教育研究活動的個性化和質量的提高。在客觀細致的評價的基礎上，各資源分配機關還可以進行更爲客觀、公開、適當的資源分配。

探討大學教育之使命、定位實與經濟成長之脈動及社會人文變遷有著密切之關係，但近年來強調短期績效、數量方法、資訊科技與競爭績效等技藝性教育之「既定思維」（prevailing paradigm），卻隨著全球經濟整合、國家競爭力衰退與道德淪喪使得教育工作者對傳統大學教育，所培育出專才之能力，甚至大學培育方式及機制產生質疑。如何在變遷的環境中尋找時代性之「重定位」，實有賴教育工作者以環境前瞻視野爲依舊，依社會需求導向爲主軸，建構大學教育之「脈動思維」（adaptive paradigm）。

依《天下雜誌》八十五年五月號中以「教育在滋養思考的心靈」一文中，對日本教育的啓示，揭示向來做事謹愼心細的日本

人，焦急地望著二十一世紀：一個創造競爭，靠應變求勝的年代。模仿、死背、複製的能力再強，也無法面對需要思考與創造力的新世紀。日本已展開一連串教育改革，從義務教育著手，讓下一代更活潑、自主、更有獨立思考與創造的能力。未來的教育將以重視思考心靈為機軸，培育均衡成長，主動積極因應社會變化的下一代。學校教育的設計安排將環繞四大方針：1.涵養心靈素養；2.灌輸基礎知識，發揮個性專長；3.訓練主動學習的能力；4.尊重文化傳統，培育國際觀。

　　傳統的大學教育以專業人才之培育為主要目標，因此，無論大學組織結構之設計、教育科目之規劃、教材內容之撰擬與學術研究之重心，均以專業培育為其基礎假設；過去大學教育內涵主要依賴知識的累積與傳承；然而，隨著環境變遷之迅速與思維典範之移轉，大學教育更需要培育更具前瞻眼光、心靈關懷的人才，而如何能將宏觀思維的課程包含於大學教育之內涵中，實質深究。

　　由於專才培育可能陷入「隧道視線」（tunnel vision）的迷思，易產生以管窺天，以蠡測海之偏狹，加以人際互動的綿密，社會價值的多元化，因此，大學教育除應傳授專業之垂直學識，更應包含開闊的視野與胸襟的水平知識，如此，才能培育具有「策略視野」（strategic vision）的社會中堅。「全人教育」理念乃是強調瞭解人人各承不同之秉賦，其性格、能力與環境各異，故充分發揮個人潛力就是成功；我們認為教育不僅是探索知識與技能的途徑，也是塑造人格、追尋自我生命意義的過程之教育理念。

第十章 大陸高等教育的現況與發展趨勢

高等教育發展的歷史

中國大陸高等教育的發展，大體上可因幾個事件的發生，而分出不同的階段，從1949年後之向蘇聯學習、1966～1976年間的文化大革命、1985年公布的「關於教育體制改革的決定」、1989年的天安門學運等，這些事件對高等教育有非常重大的影響。

一、蘇化時期（1949～1957）

中國大陸高等教育在1949年至1957年間的體制改革，包括下列三方面的措施：

（一）將學生納入政權財產的一部分，實施大學學生助學金制度，並成立畢業生工作分配委員會。

（二）控制大學的課程及教學，摒棄「爲學術而學術」主義、廢除「政治上的反動課程」，並開設「新民主主義革命的政治課程」。

（三）實施中央集權，掌控大學及各院系的行政管理，此項工程包括接收私立院校及三次大規模的校、院、系調整。

二、大躍進時期（1958～1960）

1958年至1960年，中國大陸高等教育展開一場「先專後紅」、「邊紅邊專」、「先紅後專」的大辯論，在毛澤東的教育觀及「又紅又專」的論調影響下，高等教育體系在「大躍進」時期有三項重大的改革措施：

（一）黨委領導制

此制度是中國大陸教育「政治掛帥」的標記，更是實現「教

育爲無產階級的政治服務，教育與生產勞動相結合」的方針。

（二）勤工儉學、校辦工廠

爲實現「教育與生產勞動相結合」的方針，各高校成立實習工廠或農場，並把生產勞動列爲正式課程。

（三）正規與業餘大學教育並進

自毛澤東提出「多快好省」、「普及教育」的口號後，中國大陸的高等教育遂分爲兩類：一是全日制學校，一是半工半讀和業餘教育，這就是通稱的「兩條腿走路」的教育制度。

三、調整時期（1960～1965）

大躍進造成中國大陸經濟的崩潰和饑荒，高等教育也隨著政治情勢的轉移，進入了「裁併」、「壓縮」政策爲主導的調整時期，「少而精」成爲教育發展的口號。

四、文化大革命期間（1966～1977）

文革期間大陸高等教育受到極大的摧殘，包括在心理上的破壞、制度上的破壞，都需要時間才能慢慢恢復文革前的水準。因此，文革結束後，中國大陸的高等教育的政策進入「撥亂反正」的時期。

五、撥亂反正時期（1978～1981）

此時期的教育政策，旨在撥亂反正、清理左傾錯誤的鬥爭工作，並探索一條中國式社會主義道路，以通往「四個現代化」的構想。在高等教育上，採取了「調整、改革、整頓、提高」的八字方針，具體的政策如下：

（一）高等教育必須堅持四項基本原則，在改革中加強高校學生思想政治教育。

（二）高等教育採多種經濟形式辦學，「多層次、多規格、多形式」加速開創高等教育的新局面。

（三）建立高等學校成為「教育與科研」中心，因為要「四個現代化」，關鍵便在於科技人才，故重新招收研究生，並主張各大學應根據自己的教學實際與科研方向，和附近工廠結合，以發展高等學校「教學、科研、生產」的多重途徑。

（四）高等教育採開放措施，包括派遣留學生、與西方國家從事科技交流合作，向海外招攬師資與研究人才，設置實驗學校等措施。

六、發展時期（1982～1985）

大陸的農村經濟改革慢慢獲得了進展，在此期間，高等教育政策的具體內容如下：

（一）大量增收高校生、加速發展高等教育。

（二）三個面向的教育政策：教育要面向現代化、面向世界、面向未來。

（三）首次明定每年九月十日為教師節。

七、改革期（1985～1989）

1985年5月27日通過的「中共中央關於教育體制改革的決定」，在高等教育上有下列的具體政策：

（一）改革大學招生計畫和畢業生分配制度：此係要改變高等學校全部按國家計畫，統一招生，畢業生全部由國家分

配工作的辦法。

1.國家計畫招生：根據人才需求預測計畫招生，學生畢業後，在國家計畫指導下，由本人選報志願，學校推薦、用人單位擇優加以錄用的制度。
2.用人單位委託招生：委託單位要按議定的合同向學校納一定的培養費，畢業生應按合同規定到委託單位工作。
3.招收自費生：高校可以在國家計畫外招收少數「自費生」。

（二）改革助學金制度。
（三）擴大高等學校的辦學自主權，實施校長負責制。

1.鼓勵各級政府辦理高等教育的積極性，實行三級辦學體制。
2.高等教育的結構，要根據經濟建設、社會發展和科技進步的需要進行調整和改革。
3.使重點學科集中的高等學校，自然成為既是「教育中心」，也是「科學研究中心」。
4.成立國家教育委員會，負責掌握教育的大政方針。
5.規定教育投資經費的增加。
6.招生計畫突破傳統完全由國家統一規定的作法，除了接受外單位「繳費」委託培養外，亦接受「自費生」。
7.提倡校長負責制。

八、整頓期（1989～1993）

「天安門事件」發生後，高等教育受到了嚴格的控制，包括學校數量及思想教育方面，主要有下列幾項措施：

(一) 整頓黨組織

加強和調整領導班子，從1989年開始實行黨委領導下的校長負責制，以求確保學校的社會主義方向，全面實現培養目標。

(二) 對教師進行清查

對於少數教師有嚴重的自由化思想，在言行上較深地涉及動亂者，他們的思想觀點和立場在短期內難以改變，對經過教育堅持不改的人，要堅決解除其教育和教學職務，另行安置。

(三) 加強思想政治教育

在新學年（1989）開學時，對學生進行集中的政治教育和法治教育。

(四) 緊縮招生規模

在1988年，大陸高等學校招生規模為六十七萬人，但發生「天安門事件」後，當年夏天的招生人數便減少到五十九萬多人。

(五) 畢業生分配政策

1989年天安門事件後，中央宣布了兩項關於畢業生分配的政策。其一是，中央和國家機關不再從高等學校應屆畢業生中吸收幹部，高等學校畢業生應先到基層工作一段時間。其二是，凡是1984年以後已從應屆畢業生中吸收的幹部，要下基層鍛鍊一段時間。

九、新發展期（1993～1997）

中國大陸於1993年2月13日正式揭示「中國教育改革和發展綱要」，其中有關高等教育的政策有下列數項：

（一）高等學校目標：辦好一批重點大學和重點學科。

（二）發展專科教育：大力加強和發展地區性的專科教育，特別注重發展面向廣大農村、中小企業、鄉鎮企業和第三產業的專科教育。

（三）發展「二一一工程」：辦好一百所左右重點大學和重點學科、專業，力爭在下世紀初，有一批高等學校和學科、專業，在教育質量、科學研究和管理方面，達到世界較高水準。

（四）改革辦學體制：高等教育要逐漸形成以中央、省（自治區、直轄市）兩級政府辦學為主、社會各界參與辦學的新格局。

（五）擴大高等學校辦學自主權。

（六）改革高等學校的招生制度，改變全部按國家統一計畫招生的體制，實行國家任務計畫和調節性計畫相結合。

（七）實行收費政策：改革學生上大學由國家包下來的做法，逐步實行收費制度。

（八）改革高等學校畢業生就業制度：改革過去對高等學校畢業生「統包統分」，「包當幹部」的就業制度，實行少數畢業生由國家安排就業，多數由學生「自主擇業」的就業制度。

（九）改善研究生培養和學位制度：藉由試點來改進碩士學位授權點如博士生導師的審核辦法，同時加強質量監督和評估制度。在培養教學、科研單位所需人才的同時，大

力培養經濟建設和社會發展所需要的應用性人才。鼓勵
有實踐經驗的優秀在職人員採用多等輔助工作的制度，
其待遇視學校內部管理體制改革的進展，所兼工作的實
績，參照在職人員的標準，由學校決定。

（十）改革高等學校職稱制度：改革高等學校職稱評定和職務
聘任制度。評定職稱既要重視學行水平，又要重視有實
用價值的研究成果和教學工作、技術推廣應用的績效；
高等學校教師實行聘任制。

高等教育的特色

一、高等教育體制

1985年中國大陸中央頒布「關於教育體制改革的決定」，其中
第四項的重要內容為：改革高等學校的招生計畫和畢業生分配制
度，擴大高等學校辦學自主權。此項規定已打破過去高等教育完
全由國家辦理，學生畢業負責分配，學校當局並無辦學之自主
權。換言之：「高等教育體制改革的關鍵，就是改變政府對高等
學校統籌統包的管理體制，在國家統一的教育方針和計畫的指導
下，擴大高等學校的辦學自主權，使高等學校具有主動適應經濟
和社會發展需要的積極性和能力」。

（一）改革招生方式及分配辦法

以往中國大陸在招生方面均由國家計畫統一招生，至於畢業
生經過學校考核獲得合格准予畢業後的就業，亦由國家統一辦理
分配的工作。在教育體制改革的決定中則完全改變過去的高等教

育招生及畢業生分配制度，而改為下列三種方式：

1.國家計畫招生

又稱定招生。最主要的目的在於為偏遠地區培養人才、分配人才，因此此部分的學生畢業分配，在國家計畫指導下，實行由本人選志願，學校推薦，用人擇優錄用的制度。

2.用人單位委託招生

又稱委培生，此項規定最大的特色是由需用人員的單位委託學校招生與培養，委託單位需按議定的合同向學校繳納一定數量的培養費，接受培養的學生必須遵照合同規定，於畢業後到委託單位工作。

3.招收自費生

在國家計畫外招收少數自費生，也就是自費生制度，此部分的學生在求學階段需繳納一定數量的培養費，畢業後可以由學校推薦就業，也可以自謀職業。

（二）轉變政府職能，建立三級辦學體制

中國大陸於1993年7月頒布「中國教育改革和發展綱要」，規定政府主要職能在於：制訂教育方針、政策和法規；制訂各類高等學校設置標準和學位標準；制訂教育事業發展規劃和審批年度招生計畫；提出教育經費預算並統籌安排和管理以及通過建立基金制等方式，發揮撥款機制的宏觀調控作用。

至於三級辦學制即改變過去由中央政府統籌統包的辦學體制，而改為由中央、省（自治區、直轄市）、中心城市三級的辦學體制。三級制的辦學體制同時也牽動學校管理體制的變革，中央

過去一把抓的辦學體制和管理體制，在中共所頒的「關於教育體制改革的決定」、「高等教育管理職責暫行規定」、「中國教育改革和發展綱要」、及關於「中國教育改革和發展綱要」的實施意見，均有明確之規定。也就是逐步建立以政府辦學為主體，社會各界共同辦學的體制。對社會團體和公民個人依法辦學，不但未採取禁止，反而採取積極鼓勵、大力支持、正確引導、加強管理的方針。

（三）高等學校辦學自主權

所謂高等學校辦學自主權，乃是在中國大陸中央、國家教委監督及指導下，除執行國家的政策、法令、計畫的前提下，尚可以自行決定是否辦理下列工作項目的權利：

1.接受或不接受委培生及是否招收自費生。
2.調整專業的服務方向。
3.制訂教學計畫和教學大綱，編寫和選用教材。
4.接受委託或與外單位合作，進行科學研究和技術開發，建立教學、科研或與生產聯合體。
5.提名任免副校長和任免其他各級幹部。
6.有權具體安排國家撥發的基礎建設投資和經費。

二、行政組織架構

自1980年代以來，隨著大陸市場改革開放以來，教育體制的調整遠遠不及經濟體制改革的步伐。由於，中國大陸從計畫經濟轉向社會主義市場經濟的過程中，涉及到整個社會型態、經濟體制、管理體制與方法及人民觀念、思想、生活方式的重大改變，因此對高等教育產生很大的衝擊。例如，過去高等教育一切都納入國家計畫之內，辦學體制為國有化、領導體制（條塊分割）、管

理體制高度集權化、培養目標單一。而政府對高等教育更是統、包、管，高等教育對政府是等、靠、要，各個學校自成體系，資源無法流通，且在教學研究上與外界隔絕。到了改革開放的九十年代，市場經濟下的政府職能發生重大變化，其中最重大的變化就是，有關於大陸中央級的管理單位之間，對於高校管理角色劃分不正確，造成學校內外辦學成效不彰，大學品質無法改善；再加上各地方資源分配不均，區域性差異擴大，過去高校劃一的人才培育與分配方式無法配合市場需求，以致造成了一方面人才嚴重不足；另一方面又人才浪費等情形。

三、重點院校與學科

重點建設的高等學校，按不同學校類型，在具備一定前提條件的基礎上擇優遴選。前提條件是：辦學思想端正，領導班子團結，改革取得一定成效；教學、生活等基本設施較好，本科教育水平較高，學校所在地區、部門有統籌合理的教育發展規劃。遴選條件是：有一支質量較高的師資隊伍；教學科研水平較高、條件較好；具備一定數量的碩士點、博士點和重點學科點，高層次專門人才培養的數量較多、質量較高；科研經費較多，成果顯著，對國家建設貢獻較多，能多方管道籌經費，辦學效益較高；在國內外有一定的學術影響；學校建設和綜合改革的目標明確，建設經費比較落實。

至於重點學校重點學科的選擇原則是：學科發展方向意義重大、具有特色和優勢；在國際上有一定影響的學術人士及高水平的學術隊伍；教學與科研水平處於國內領先地位，人才培養和科學研究成績突出；有良好的教學與科研條件和國內外學術交流基礎。

四、教育評鑑準則與標準

從1985年開始，中共的高等教育評估已進入了一個新的發展
階段。

（一）以整體性的評估爲主，把一個學校的教學工作全局作爲
　　　評估對象，評估過程和評估結論也側重於對學校教學工
　　　作整體的綜合分析，便於學校當局作整體的改進工作。

（二）評估方案力求符合教育規律，體現出高等教育改革和建
　　　設的方向，對高等學校的教學工作有明確的指引方向。

（三）重視學校在評估工作中選擇主體作用，評估工作的基礎
　　　是學校的自我評估。評估工作主要考量三方面：學校自
　　　我確立的目標對國家和社會需求的符合程度；學校的教
　　　學過程對自己所定的目標要求符合的程度；所培養學生
　　　的質量對學校自己所定的目標的符合程度。

（四）強調評鑑與建設結合，以評促建，重在建設，引導學校
　　　把主要精力放到加強學校內部建設、改革和管理上；評
　　　估的鑑定性功能和診斷性功能中，更重視診斷性功能作
　　　用，不對各學校的評估結果進行排名，而是分別指出各
　　　學校的優缺點，以利其今後的改革和建設。

（五）重視發揮教學管理專家的骨幹作用。它們長期累積的教
　　　學管理經驗，在制定評估方案中起了很大的作用，在實
　　　際評估工作中，它們能夠敏銳地診斷出被評學校教學工
　　　作存在的問題、比較切合實際的提出一些改善建議，受
　　　到被評學校的歡迎和尊重。

（六）以政府評估爲主力。由教育主管部門領導、組織、實施
　　　及最終批准結論，如此，有利當前評估工作的順利進行
　　　與威權性。

五、重視科技整合

中共中央於1985年頒行「中共中央關於教育體制改革的決定」,旨在「提高民族素質、多出人才、出好人才」。高教為其改革標的之一,教學內容與方法則為重點,希望能「培養學生獨立生活和思考的能力」。此外,更致力於高教院校中新興學科的發展,以科際整合(interdiscipline)的作法,結合自然和社會科學,創造「交義學科」,乃有「自然的社會科學」和「社會的自然科學」產生。其基本精神,即將某一學門的理論和研究方法,「作用於」另一學門上,俟新信息產生後,再反饋於原學門。凡此創舉所蘊含的創造性明顯可見,足徵其重視並運用研究方法的觀念(王玉民,2001)。

六、鉅款補助重點學校

中國大陸當局開始推動「二一一程」後,對九所重點大學,分三個級給予鉅額經費補助,發展高等教育和學術研究,北大和北京清大是補助最多的全大陸前兩名學校,上海交大等五所是二級;還有兩所是第三級。

北京清大之所以進步快速,關鍵在經費來源變得非常充足。北京清大在「二一一工程」獲中央三年內補助十八億人民幣,興建校舍改善設備,未來仍會繼續衍生出其他鉅額補助。每學系每年有三千萬元人民幣學術研究經費,每位系主任每年有五百萬人民幣可自由彈性運用,決定師資人事、設備等各種支出。全校有卅位學者教授每年薪資高達十萬美金;工學院或管理學院中,有三到四成的教授,每人月薪達到一千美金以上(羅際鴻,2001)。

高等教育的經營與管理

一、政策取向

　　中國大陸高等教育政策的取向是在為二十一世紀的中國大陸培養足夠的建設者。以迎合大陸社會發展的所需。然而，自歷史的角度觀察，中國大陸高等教育政策的特性是：多變、迂迴及反覆。政策多變所造成的後果是教育得不到一個穩定的發展環境。政策的迂迴也造成時間的荒廢，例如，文革後又重新肯定並再度實施文革前的教育政策與法規。中國大陸政策的反覆表現在其高等教育部的設置與撤銷，四十多年來計達十次之多，實嚴重的干擾了大陸高等教育的發展。

　　1995年3月完成立法程序的「中華人民共和國教育法」也反映高等教育政策的一般取向，因為該項法律在條款內容方面是依據「立足現在、眺望未來」的原則所制定，以設定未來大陸高等教育的發展目標。

二、政策發展

　　中國大陸高等教育的發展與改革的原則是「以穩固政治結構為前提，配合國家建設與經濟發展需要，逐步地進行高等教育的改革」。所謂「穩固政治結構」指的是中共的四個堅持，意即「堅持馬列毛思想及鄧小平理論、黨的領導、社會主義道路、及共產主義理想」；換言之，中共對高等教育政策的取向，仍然不脫「為政治服務」的基本價值，這可以從中共高等教育政策「強化思想政治教育」的一貫主張中得到印證。在思想一元化得以確保的前提下，大陸的高教政策走向還受到大陸經濟發展的影響，由於中共早期採取的是相當集中的計畫經濟制度，因此高教政策亦呈

現高度集中的「計畫教育制度」，亦即由國家統包高校的辦學、管理、經費，以及畢業生「統包統分」、「包當幹部」的就業分配等。

　　然而隨著大陸經濟改革的腳步，高校政策亦隨之改革；自鄧小平提出社會主義的經濟改革路線後，大陸的經濟制度逐漸轉型，在國家建設計畫的需求牽引下，高校政策獲得改革的契機，大學要求自主開放的聲音不絕於耳，促成了高校政策的「大躍進」；此時的大陸高教政策可說是「計畫」教育，走向「市場」教育制度，亦即根據國家建設與經濟、社會發展需求來提供必要的技術與人才。

　　但是，隨著高校數量與學生的激增，中共體認到教育資源的有限性，若想要在國際競爭之中佔有一席之地，必須選擇重點發展，因此形成了發展「重點高校與重點學科」的高教政策；而大陸當局感到，要實現人才成長和科學研究力量迅速增強的目標，還需要實行所謂「重中之重」的政策，即建立若干所具有世界先進水平的一流大學，因此又提出「二一一工程」，預計至2010年之前，要重點建設一百所左右的高等學校以及一批重點學科。可見在大陸經濟改革的影響下，高等教育的角色逐漸從為政治服務，轉變成同時為經濟服務，此意味著大陸高教政策已逐漸和市場供需接軌，兼顧到社會因素與人性因素等。

三、重點高校的發展

　　面對二十一世紀，重點建設一批高等學校和重點學科是中國大陸跨世紀教育基礎工程的目標，其將成為大陸當局解決國民經濟建設重大科技問題，發展科學、技術、文化，促進社會進步和培養高質量高級人才的主要方式。

　　中國大陸創立重點高等學校的政策目的在貫徹中共中央的政

策規定，學習蘇聯經驗，進行教學改革，這些重點高等學校在加強行政管理等各方面都必須比走在其他高等學校之前，在其取得經驗後由中共高等教育部總結彙整推廣，以帶動其他學校的進步。此外，還要求上述各院校培養素質較高的各種高級建設人才，並為其他院校培養師資和協助教學工作。

大陸地區受教育的人口佔世界受教育人口的八分之一，而80％以上的教育經費用於基礎教育，且大陸地區高等教育發展的時間又不長，因此其高等教育的發展受到了如經費、師資、設備和學校數量的限制，因此只能選擇一部分的學校優先發展。中國大陸向來以農為本，70％的人口集中在農村，其現代化的程度並不高，因此其社會上並不需要，也無法容納大批的大學畢業生，因此大陸當局僅需滿足少量高薪技術部門和大型企業的人才需求。此外，如果優秀人才沒有特別設置的優良條件，就可能因此而埋沒於群眾中，而表現不出他們的才華。

為提昇教育品質，大陸在高等教育方面，曾提出「重點高校」及「二一一工程」等政策。

中國大陸中央認為，把這些學校辦好可以把整個高等學校帶動起來。因此，「二一一工程」的實施，必將推動中國大陸高等教育的發展，提高大陸地區高等教育水準、科學研究水準、管理水準、辦學效益及高層次人才培養水準。同時也將促進高等教育與經濟、社會發展相適應，對於進一步加快大陸地區經濟建設、促進科學技術和文化發展、增強綜合國力和國際競爭力，以及保證實施大陸地區現代化建設的戰略目標，都具有極為重要的意義。

1999年月4日，中共國家主席江澤民先生在慶祝北京大學建校一百週年的大會上提出：「為了要實現現代化，我國要有若干所具有世界先進水平的一流大學」，因此，確定了把北京大學和清華

大學確定為超級重點學校，至2001年底的兩年多時間，各增撥經費人民幣十八億元；此外，確定中國科技大學、南京大學、復旦大學、交通大學以及浙江大學為「重中之重」，各增撥經費人民幣十二億元，總計人民幣九十六億元，與「二一一工程」資助一百所學校五年的經費相近，且相當於1997年全國預算內教育經費總和一千四百四十一億二千七百萬人民幣的6.7%，相當於當年高等教育經費三百零二億人民幣的31.8%（http://140.135.88.184/focus-2.htm）。

四、高等教育體制之變遷

總結中國大陸高等院校體制之變遷，有以下幾項特點（http://140.135.88.184/policy-2.htm）：

（一）教育發展部是孤立的，是為一定社會的經濟、政治、文化發展服務並受其制約的。一定時期的領導管理體制要與一定時期的生產關係相關聯，受到一定時期生產力的制約，同時它又反作用於生產力，束縛生產力的發展。高等教育體制也是這樣。

（二）在中央統一領導下由中央部門和地方政府分別舉辦和直接管理高等教育的體制，是與當時高度集中的計畫經濟體制相呼應的。

（三）在高度集中的計畫經濟體制的束縛下，高等教育的體制也經過了一些變革，但這些變革侷限在領導管理權限的劃分上，主要是集權與分權的矛盾，經歷了集權——分權——集權與分權相結合的過程，而沒有把變革的重點放在擴大高等學校的辦學自主權上。

（四）實行在中央統一領導下，由中央部門和地方政府分別舉辦和直接管理高等教育體制的直接結果，是逐步造成了

高等學校「小而全」的現象，不僅不利於提高辦學水平和教育質量，而且造成部分高等學校重複設置，教育資源配置和學校結構佈局不夠合理，辦學效益不高的結果。

五、高等教育學校數與人口數

中國大陸的高等教育的發展，始終受軍事、政治與經濟的影響，而這些干擾因子之發生，皆與其領導人的理念有關。1957年以前，由於剛取得政權，戰後百廢待興，故而其教育以培訓高級建設人才為目標，高校總數呈穩定成長，教育重學術性質，政治思想為次。1958年高校總數暴增至一千二百八十九所，然而教育性質和學生素質丕變，因為「大躍進」登場：培養「又紅又專」的「革命性」人才為其目標，政治性質高於學術，教育純粹為政治服務。1960進入調整期，高校總數迄1965年裁撤至餘四百三十四所，乃因考量提昇學生素質的作法：六○至六五年間的高教，亦恢復以學術為其性質。1966年的「文化大革命」，到1969年這段期間，大陸高教處於全面停頓狀況。七○年到七六年雖有復校，卻又回歸政治性質的教育，學生素質下降，由工農兵背景的初高中生組成，二至三年即可大學畢業。1977年文革結束，又恢復學術性質的教育，以每年增加一百所的速度成長。目前更推動「二一一工程」，希望在二十一世紀初，辦好至少「一百」所重點大學（王玉民，2001）。

1999年，全國高等學校共一千九百四十二所，其中普通高等學校一千零七十一所，成人高等學校八百七十一所。1999年高等學校「擴招」，標誌大陸高等教育進入新的發展時期。其中普通高等學校本專科招生人數從1998年的一百零八萬四千人擴大到1999年的一百五十九萬七人，增加近五十二萬人，增幅高達47.3%。

普通高等學校和成人高等學校的本專科在校生分別為四百一十三萬四千人和三百零五萬五千人,合計達到七百一十八萬九千人,比1998年的六百二十三萬一千人增長15.37%。1999年研究生和本專科在校生總數達到七百四十二萬三千人,比上年增長15.44%,比1995年增長32%(http://www.yes-asia.com.tw)。中國大陸目前大學在學率約10%或11%,目前正積極拉高比例,要在短時間內提高到15%。以人口而言,成長是相當驚人的(羅際鴻,2001)。

大陸高等教育,大學生素質是一流的,大學錄取率只有萬分之一。大學的經費有限,校舍有待更新,靠企業捐助,合作培訓企業人才。目前北京就有民辦大學,北京教育當局,熱烈歡迎台資投入民辦大學,市區土地取得不易,但校區已規劃完成的大學城可資利用。

大陸一胎化政策,提高人民對教育的重視,望子成龍、望女成鳳是大家共同目標、大家都期盼,有好的教育環境,教育品質,更高的學費在所不惜,而政府也在大力改革教育,提昇教育水平,希望有朝一日能普及教育、達到國際水平(http://www.gjsh.tpc.edu.tw)。

高等教育的願景

一、高等教育的理念

九十年代,高科技的快速發展導致許多國家的就業市場呈現兩極化的走向,傳統產業的人力需求萎縮,而高科技人才卻炙手可熱。發展人力資源,提昇代表技術和能力的人力資本投資(human capital)效益,發展知識經濟、知識社會,提昇國家競爭力,成為各國政府努力的標的。

1992年教改再度推動之後,中國大陸提出「二一一工程」,致力提昇教學和學術研究品質,以「培育高層次人才」、「培育世紀一流大師」為高等教育最重要的目標。1994年,中國大陸加入瑞士洛桑國家競爭力評比,普及高教,推展學術研究,提昇國家競爭力,更成為二十一世紀中國大陸高等教育發展的方針(王瑞琦,2000)。

(一)人力資源政策與高教政策合一

九十年代中期,大陸區域經濟發展差距明顯拉大後,在1996年至2010年的人力資源政策藍圖中,將大陸東部地區的任務定位在「重點培養高科技人才」,中西部地區則是提昇原來的人力素質。此後,大力宣揚發展高科技,提昇國家競爭力,各地方政府也紛紛將「培育高層次人才」作為新舊世紀之交高等教育發展任務。1996年4月,「國家教育委員會」公布「九五」(1996年~2000年)期間的教育業計畫,詳述2010年各類教育發展的目標,強調質量並重的發展方針。將「實施科教興國戰略、加快經濟建設和社會發展」列為基本指導思想方針之首,以「提高全民教育水平和人口素質,有效開發人力資源,培養大量專門人才」為其成敗的關鍵。

(二)高等教育層次結構的調整

大陸的高等教育分為二年專科教育、四年本科教育和研究生教育三個層次,這三個層次的優先次序隨著大陸人力資源的發展而有所起伏。

1.專科教育

九十年代本專科教育發展有入學考試制度的改革和學費併軌

制兩大重點。

　　（1）入學考試制度的改革：1998年12月底，「教育部」宣布
　　　　　將在三年內全面推動3＋X科目設置方案，簡稱3＋X方
　　　　　案。X是指物、化、生、政、史、地，或綜合科目中的
　　　　　一門或多門。綜合科目又可分三大類：文科綜合（包
　　　　　括：政治、歷史、地理），理科綜合（包括：物理、化
　　　　　學、生物），和前二類科目均含在內的文理綜合。施行辦
　　　　　法是，除了三科必考科目，各高校可依據本身的特色，
　　　　　自行決定加試其他科目，而考生可選擇適合自己的學校
　　　　　報考，可兼報兼考。1999年，廣東省率先試行。

　　（2）學費併軌制：1999年，大陸高校本專科招生從1998年的
　　　　　一百零八萬躍增至一百五十六萬。按「振興行動計畫」，
　　　　　公元2000年，大陸高等教育的入學率已達11％左右，而
　　　　　專科的在校生總數也超過六百六十萬人，提前完成「九
　　　　　五」計畫中2010年預定的目標。2000年3月，招生人數將
　　　　　增長12.5％，達到一百八十萬人，錄取率為49％。

2.研究生教育

　　碩士班的培育重心逐漸從學術人才轉至應用型人才，以提昇
政府職工素質，向社會、企業輸送高層次人才為第一要務。1996
年，研究生教育的角色日顯突出後，碩、博士生的教育目標開始
有所區隔：碩士班的功能在於培育應用型人才，向政府經濟建
設、高新技術企業輸送高層次專業人才為主，這類人才在「九五
計畫」期間占碩士總人數的60％至70％；博士生教育則以培育科
研人才為主。

（三）優秀師資隊伍的建立

師資隊伍建設是九十年代大陸高教改革中重要的一環，建設的方針是提昇學術水平，主要重點是聘任制度與學術梯隊的建立。

1.聘任制度

1988年4月，「國家教委」發布「關於高等學校深化職稱改革工作，完善教師職務聘任制的意見」，肯定科技學術研究的地位，推行聘任制。隨後，北京、清華、南京等名校試行「破格晉升」，突破傳統的論資排輩，晉升研究有成的青年教師。1991年3月，宣布三十五歲以下和四十歲以下獲破格晉升爲教授和副教授者，由新設立的專項指標吸收，不占用原有的名額。其後兩年，在不斷的「人才危機」呼聲中，「國家教委」推出一連串有關高教內部管理體制改革的政策。北大、清華等名校據之分別制訂條例，規範教師的編制、崗位、職稱、薪資結構等有關教師聘任制度實施細節。1993年「二一一工程」政策確立之後，爲擠入百所名校之列，搶食經費大餅，各高校競相改革，致力提昇學術研究，實施教師聘任制成爲改革的焦點。

2.學術梯隊

除了教授、副教授、講師三級，大陸各高校教師隊伍中還有一個最高階層。這個階層包括：博士生導師、國家級院士、國家和省（部）級重點實驗室負責人、基礎科學科教學人才培養基地負責人，總稱爲「學術帶頭人」。自九十年代初，「培育學術帶頭接班人」、「培育一流學術大師」成爲大陸學界中最熱門的話題。

教師聘任制的實施對於師資水平的提昇發揮了極大的成效，1990年至1996年之間，具有研究生學歷的教師人數增長了37.8

％，具有教授和副教授職稱人數也分別增長了121.1％和31.5％，大陸專任教師三級制的結構已然確立。同樣的，教師年齡結構亦大有改善，1999年四十五歲以下的青年教師占高校教師隊伍總量的75％。

（四）教學與課程的改革

教學改革主要包括課程與教材改革、教學管理改革兩方面。

1.課程與教材改革

課程改革最主要的工作便是專業目錄的調整，大陸高校的研究所和大學是以專業而非科系為主，而專業的設置受到舊時蘇聯專業設置的影響，相當的狹窄，缺乏彈性。經濟改革開放政策實施以後，大學教育逐漸走向通才教育，培育文理兼併的複合型人才。

1989年「國教委」著手修訂本、專科的專業目錄，次年研究所專業目錄的修訂也開始進行。九十年代中期以後，更以市場經濟發展需要的不僅是「複合型」，同時應具備「經營管理」、「法律人才」等專業素養的人才，而改變研究生和本、專科的專業目錄，即按「拓寬」、「規範」的原則來進行調整。

教材改革是教學改革中最弱的一環。1994年市場經濟推展後，「國家科委」曾制訂「高等教育面向二十一世紀教學內容和課程體系改革計畫」，1998年3月本科專業新目錄出爐後，宣稱將按照新頒布目錄編寫出版一千本左右「面向二十一世紀課程教材」。

2.教學管理

1993年，大陸高教即有教學評價的預備作業，並於兩年後由

西安交通大學等四所高校進行試點，1999年，專業大調整結束後，正式宣布全面開展。該年，北京市教委率先對北京地區的高校展開教學評鑑。評鑑者指出了高校教學的一般情形：一是重研究輕教學，重研究生教育輕本科生教育；二是理科教學常因青年教師熱衷於出國、研究，流動性大，主要由資深教師主導；三是文科教學中年青教師比較多，但其關注的焦點不是研究就是兼職。

（五）學術研究的提昇

九十年代，「科技興國」是大陸高教、科技政策的主軸。在這世紀之交的期間，爲了提昇國家競爭力，中共推出各項措施致力提昇學術研究水平。

1.建立一流大學

「二一一工程」帶動了教師聘任制的改革，強化八十年代後期引入學術界的競爭意識，確立了大學的三級分類：第一級包括北大和清華等重點名校，第二級屬於一般院校，第三級專科院校。名校之間的相互競爭使得大陸學術論文發表刊物的層次不斷地提昇。曾經受到批判的美國三項最具影響力的論檢索系統，「SCI」（科學引文索引）、「EI」（工程索引）和「ISTP」（科學技術會議錄索引）已成爲大陸學界中的「學術榜」。1997年，更以西方學術評鑑的標準，爲1995年大陸高校學術研究和發展排列名次，受到各方的矚目，亦將大陸高校評鑑工作帶入了量化的階段。

2.建立學術基金體制

1980年代，大陸的學術基金種類既少，獎金也少，激勵的效果甚低。1994年「跨世紀人才工程」政策的宣布開啓了大陸學術

基金的發展。自此，中央、地方政府，以及各院校成立各種學術基金鼓勵學術研究。基金中大多數以四十五歲以下中青年教師和研究人員為主要對象，九十年代中期後，三十五歲以下為主的基金亦蓬勃發展。1998年初，共有一百三十位高校教師獲得青年傑出科學基金；三百四十二名中青年教師入選首批「百千萬人才工程」。1989年至1998年，獎勵學術研究的「國家自然科學基金」從一億三千八百萬人民幣增加到十億四千萬元。1998年，該基金通過的各種研究計畫達三千五百五十三項，總額四萬三千六百六十八萬元；該基金的申請大戶，高等院校，取得二千六百一十八項，獲資三萬一千四百五十二元占73.7%。

1999年5月，「國務院」通過「國家科學技術獎勵條例」，八月「科技部」設立國家最高科學技術獎，獎額五百萬元，其中五十萬元屬於獲獎者個人所得。

3.發展博士後流動站

在大陸，博士流動站兼具三個功能：（1）確保學術的人力資源；（2）培育年輕學術帶頭人；（3）提供返國的海外學者就業的緩衝期。博士後研究人員本身是一個正式職稱，在住房、配偶和子女就業、就學上均享有優惠待遇，其薪資自1993年後亦大幅提高。為了避免學術的「近親繁殖」，各站的博士後研究人員必須聘自其他院校，一期兩年，可延長一期，但須轉換其他研究單位。

博士後流動站不僅為學術研究提供生力軍，1994年底，藉著企業與大學合作，開始進入企業界。近年，發展企業博士後研究人員成為提昇企業人力資源的主要策略。1999年5月，共有四百五十個流動站在二百二十七個院校、科研單位和企業成立，總共聘用了九千名博士後研究人員。

4.大力推動國際合作交流

　　九十年代，大陸的學術交流是多方面的：諸如藉世界銀行的貸款更新名校的儀器設備；與國際知名高校聯合培養博士生、進行研究合作；舉辦國際會議並鼓勵學者參加海外學術會議，促進學術交流。此外也推動「引進國外智力」，聘請美日等著名院校和研究機構學者，以長期合作和短期講學的方式，協助成立工商管理、交通運輸系統工程等新學科、新課程，成立並加強重點實驗室的建設。九十年代中期以後，在「國際化」的浪潮下，智力引進工作的重心移轉至培育高層次人才、骨幹教師和跨世紀學術帶頭人。合作交流的範圍從講學延伸至科研、開發、培訓，乃至合作、合資。交流的對象亦從國外大學擴展至研究機構、跨國企業集團，此一策略幫助清華大學建立了近三十個研究中心。

二、高等教育的未來發展

　　北京大學校長許智宏於2000年10月23日在東京召開的首屆「中」日大學校長會議表示，改革開放以來，中國大陸高等教育系統發生極為廣泛的歷史性變革。許智宏在會上發表題為「中國高等教育的現狀和面臨的挑戰」的演講指出，近二十年來大陸高教系統經歷以高等教育結構為特徵的八十年代改革，以重組高等教育系統、建立新的高等教育制度為特徵的九十年代改革等兩個變革階段，至少發生八項根本性轉變：

（一）政府與高校關係：由「政府直接辦學」轉向「政府引導
　　　　和監督」辦學；高校由政府的附屬機構變成立法保障的
　　　　面向社會、自主辦學的法人實體。
（二）高教行政體制：由中央政府管理為主轉向由省級政府統
　　　　籌和管理為主；中央和省級以政府各業務部門辦學為主

的體制，轉變為由政府教育主管部門進行統籌和協調的體制。

（三）高校辦學主體：由政府獨家辦學轉向由公民國人、社會團體、企業單位等社會廣泛參與辦學。

（四）辦學內容：由過去以專門院校為主體、封閉辦學，轉向理工結合、文理相互滲透，日益綜合化和多樣化。

（五）高校財政體制：由單一政府撥款轉變為政府財政撥款和宏觀調控為主、多渠道集資、注重效率、兼顧公平的新體制。

（六）招生：由過去政府指令性計畫轉變為指導性計畫與調節性計畫相結合；高校本科生的培養由過去高度專門化，普遍轉向「注重基礎、淡化專業、因材施教、分流培養」的新模式。

（七）學費：高校學生由免費上大學轉為交費上大學，同時建立相應的大學生資助制度。

（八）畢業生就業：由過去「統包統分」、「包當幹部」，轉向少數畢業生由政府安排就業、多數學生實行「自主擇業」的就業制度（http://news.kimo.com.tw）。

因此，在高等教育的未來發展仍循下列方向進行：

（一）在政策方面：大陸教育一直以為無產階級服務與生產勞動結合為兩大方針，高等教育政策常會受到當權派的起伏而改變。

（二）在學制與機構方面：大陸地區高等教育學制分為全日制普通高等教育與成人高等教育兩大類；高等教育機構依層級而分，普通高校可以分成本科、專科，及本科以上

的研究生院。

（三）在行政組織與管理方面：大陸高教行政組織基本上分成中央人民政府和省、自治區、直轄市人民政府兩級。高等教育行政單位不僅有受上級行政單位的領導，亦要受同級黨務機構的監督或領導。

（四）在師資方面：高等學校的師資，主要來自高校畢業生、研究生和國外培養的研究生。1976年以後，強調加強教師在職進修，以提昇教師素質。

（五）在學生管理方面：大陸高等學生管理制度可以分爲三部分：招收、培養與畢業生分配，而招生與分配實爲一體。

（六）在課程與教學方面：有關大陸高教的修業年限、課程架構、科目數、授課時數、接規定於各專業的「教學計畫」或教學方案中；而教學目標與重點內容，規定於「教學大綱」中。

（七）在研究生教育方面：碩士招生皆由國家教委統一負責，博士招生由各單位自行安排。研究生課程包括馬克思主義理論課、業務課和外國語，研究生畢業後出路皆由國家統一分配工作。

（八）在成人教育方面：在原有成人高等教育形式之外，自1985年起全面實施自學考試制度，其目的在提昇廣大職工、幹部、農民的學習熱潮。

（http://www.cer.ntnu.edu.tw）

第十一章 台灣高等教育的現況與發展趨勢

高等教育發展的歷史

　　政府遷台迄今半世紀間，政治經濟方面均有重大的變革，大學教育的發展，也因社會開放、經濟繁榮、資訊快速累積等因素，得以快速擴增。民國三十八年，台灣只有一所大學（即國立台灣大學），三所獨立學院（分別是一所工學院，一所農學院和一所師範學院），學生數總僅五千餘人。半世紀後的今天，大學校院已達一百五十一所（含軍警校院及空中大學），學生數逾七十餘萬。在此期間，國民所得也從一百三十七美元增加到一萬四千美元，可以說，高等教育的發展和整個社會經濟的發展息息相關（教育部，2001）。

一、高等教育學校數量

　　台灣高等教育的發展隨著經濟建設的發展而變化。由於經濟建設的發展，各類專門人才之需求量不斷增加，政府乃極力增設大專院校，並開放私立大專院校之設立，許多專科學校與技術學院紛紛成立。

二、高等教育人口數

　　隨著教育的開放，高等教育人口數不斷的快速增加。三十九學年度時僅有六千六百六十五位大專及研究所學生，至八十八學年度時則有大專及研究所學生九十九萬四千二百八十三人，其中研究所學生有六萬七千二百三十三人。

三、高等教育的學制

　　台灣高等教育的學制包括：專科、大學校院、研究所及在職進修專班等。茲分述如下：

表11-1 我國大學校院校數及學生人數成長分析表

學年度	大學校院數		在學學生人數			
	公立	私立	博士生	碩士生	大學部	合計
六十五	13	12	363	4,138	140,857	145,358
七十	14	13	800	6,555	158,181	165,536
七十五	15	13	2,143	11,294	184,729	198,166
八十	28	22	5,481	21,306	253,462	280,249
八十五	37	30	9,365	35,508	337,837	382,710
八十八	46	59	12,253	54,980	470,030	537,263
八十九	50	77	13,822	70,039	564,059	647,920

資料來源：教育部（2000），中華民國教育統計指標。教育部（2001），中華民國大專院校概況統計。

（一）專科學校

專科學校依入學資格分為三類：五年制專科學校招收國中畢業生入學，修業五年，其中藥學、獸醫、輪機、航海等科則為六年；三年制專科學校招收高中（職）畢業生入學，修業三年，獸醫科則為四年，目前因三專之專科學校陸續改制為學院，自八十五學年度起停止招收新生；二年制專科學校招收相關類科之職業學校畢業生或具有該類科工作經驗之高中（職）畢業生入學，修業二年，建築工程科則為三年。

（二）大學校院

大學校院依入學資格分為三類：大學一般學系招收高中（職）畢業生入學，修業四年，部分學校法律系及建築系為五年，牙醫

系六年,醫學系七年;二年制科技大學及技術學院招收專科學校相關科組畢業生入學,修業二年,七十七學年度起恢復招收高職畢業生,修業四年;學士後醫學系(中醫學系)招收大學院校畢業並修畢大學普通生物學、有機化學、普通物理學(均含實驗)及數學四科各四學分以上者,修業五年。

(三)研究所

研究所包括碩士班與博士班:碩士班招收大學院校畢業生入學(並試辦招收具有工作經驗二年之三專畢業生或具有工作經驗三年之二專或五專畢業生),修業二年至四年;博士班招收有碩士學位者或具醫學士學位及有關醫學專業訓練二年以上者入學,修業年限二至六年,另自民國八十三年起,碩士生成績優異者可直攻博士學位。

(四)在職進修及在職專班

為能達到終身教育目標,於大學校院及研究所開辦多種在職進修課程及在職專班,提供進修機會。

四、高等教育發展的阻礙

台灣光復初期,為了有效地執行國家政策,高等教育必須配合經建或政治及軍事需要,發展策略性學門(例如,應用科技、國防科技、外貿學門等),且為了確保國家意志的落實,規定大學共同必修科目乃成為必要的措施。因此,過去台灣高等教育主要是作為促進經濟發展或整軍經武的工具,如教育資源的分配、教育機會的分配、教育內容的擬定等,常常受到教育部門以外力量(例如,國防部或經建或等)的干擾或調整。(黃俊傑,1995)使大學成為實踐國家意志的工具。就高等教育而言,台灣的大學

和研究所教育發展快速，但距「研究高深學術，養成專門人才」的目標尚遠，尚難達到世界水準的品質。目前除了物質條件的限制外，現行的招生方式、師資素質、研究風氣及政策上的「齊頭主義」，而不鼓勵突出或爭取學術獨立等，都是阻礙高等教育不能發展的原因。

高等教育的特色

一、學生受教的普及化

民國四十至六十年代，高等教育機構的數量是緩步成長，民國六十至七十年間，政策上並未開放私人興辦大學，公立大學增設亦少；民國七十年以後，公立大學則為平衡城鄉差距及特殊學術領域之發展（例如，體育、藝術等學府）而大量增設，私人資源也快速投入興學行列，加上許多私立專科學校升格為技術學院，以致私立大學數量快速成長，至民國八十八年私立大學校院首度超越公立大學校院之數量。

八十九學年度大學在學學生人數計約六十四萬七千人。以公私立大學及學院分，公立大學約十九萬人，私立大學約三十一萬一千人，公立學院約四萬九千人，私立學院約九萬六千人；以在學階段分，計大學部約五十六萬四千人，研究生碩士班約七萬人，研究生博士班約一萬三千人。

二、辦學特色的多元化

台灣高等教育的發展，依大學法規定，由各校依國家需要及特色自行規劃，報經教育部核備後實施，並由教育部評鑑之。大學的發展依其特色及規模性質可有不同的類型，依其規模性質可

分為綜合大學、單科大學或學院；依其特色，可有研究型、教學型、社區型。其中研究型大學特別注重研究所的發展，偏重學術研究。教學型大學則以大學本科為主，強調教學，並兼重推廣及服務功能。社區型大學主要在提供民眾選修學分或實用技能課程，除具有銜接大學功能外，亦有利於整體國民素質之提昇。台灣的大學校院在功能區分上有幾個重要的發展里程（教育部，2001b）：

（一）民國六十三年第一所技術學院的成立，開始了技職和一般高等教育雙軌並行的時代。

（二）民國七十六年將師範專科學校全面升格為師範學院後，師資培育的管道全面納入大學教育的範疇。

（三）民國七十五年起，南北陸續成立兩所空中大學，則開展了高等教育的遠距學習及社會教育功能。

（四）近年來更因各大學普遍設置推廣及進修課程，而使社會教育與正規高等教育有更多的融合。

三、學術與行政的自主化

民國八十三年大學法修訂實施以前，我國大學校院運作之典章規則系由教育部訂定，大學本身並無太多自主治校之空間。民國八十三年大學法修訂後，強調學術自由和大學自治的精神，關鍵性地改變了國內大學教育的運作型態。政府對大學發展的管制逐步鬆綁的結果，舉凡大學組織、人事、課程、招生、師資聘任等事項，均回歸各大學自主運作；公立大學校長亦不再由教育部直接聘任，而是經由學校遴選程序產生，校務會議則為大學之最高決策組織。同年，國立大學亦開始試辦校務基金制度，課以學校財務規劃與自籌部分經費之責。大學自主之落實應包括：學術自主、行政自主及師生權益保障等三方面（教育部，2001b）：

（一）學術自主

　　大學得自行規劃學校之特色發展及系所之設立、變更或停辦；大學之教務、課務事項及課程由校內教務會議及課程委員會審議決定；大學教師之聘任、升等、停聘、解聘、不續聘、資遣原因之認定，由校內教師評審委員會審議，學生學籍之相關規範亦由各大學訂定於學則。

（二）行政自主

　　大學的組織由各校依大學法等相關規定自訂章程，報教育部核備；除法定之單位外，並得因教學、研究、推廣之需要，增設相關單位。國立或公立大學校長須經校內遴選程序遴選，報請教育部組織遴選委員會經第二階段遴定擇聘；私立大學則由董事會組織遴選委員會遴選，經董事會圈選，報請教育部核准聘任之。部分已達教育部所訂標準之大學，得自行審查所聘教師之初任及升等資格。

　　教育部於民國八十八年二月訂頒校務基金條例，作為監督、輔導之準則。各大學由過去依賴政府補助預算的情況，逐步改變為自籌部分經費，對教育部依賴減少，自主性相對提高。私立學校則於民國八十七年，依私立學校法施行細則第四十二條私校基金之管理使用原則，得將基金轉投資孳息以資運用，此為私校財務自主之一大突破。

　　自八十八學年度起，大學校院一律依據各校學雜費收入與支出（使用於行政管理、教學、訓輔、研究及學生獎助學金等直接相關於學生受教品質之支出），彈性調整其學雜費收取額度，打破以往學費齊頭主義之成規。

（三）師生權益保障

　　大學教師研究與講學之自由，及教師參與校、院、系決策之權利，均受到大學法及學校組織規程的保障。有關教師聘任、考核、待遇、退休等事項及相關利益受損之申訴，也依大學法第二十條及教師法第三十條，由教師評審委員會及教師申訴評議委員會受理其評議與申訴。

　　大學法第十七條第二項，明定大學應建立學生申訴制度，以保障學生權益。大法官第三八二號解釋，進一步對學生之申訴範圍加以闡明：認為學生之「受教權」如受侵害，得循校內申訴途徑，如仍未得解決時，得依法提起訴願及行政訴訟。

四、教學與研究的卓越化

　　大學的品質表現在教學與研究兩方面。針對教學品質之提昇，教育部曾於民國八十三年進行專案研究，針對個別學校做個案深入探討，提供各校辦學之參考，民國八十七年又彙整各校教務主管之意見，提出「維持及提高教育水準的配套措施方案」，供各校參酌改進。

　　針對學術研究的卓越，教育部與國科會合作，在八十八學年度推動「大學學術卓越發展方案」，以四年為期，提撥一百三十億額度之經費，供各校提出競爭性發展計畫。此一方案對大學研究水準之維持與提昇，可發揮相當大的作用（教育部，2001a）。

五、學習與進修的終身化

　　大學校院所提供之進修管道已成為高等教育回流的教育體系。這些回流管道包括：空中大學、大學進修學士班、二年制技術系在職班及二年制在職專班、大學轉學生、大學研究所招收在職生以及大學所辦推廣教育班等各種成人進修的機會。

八十年代不僅南北二所空中大學接續開辦，以最能符合在職人士進修之方式，提供高等教育各層次之學習機會；同一時期各大學亦逐漸轉變其僅為培養菁英學術人才之觀念，開始設立各類授予學分或不授予學分的推廣教育課程，嘉惠社區民眾。

六、社區教育的深耕化

社區大學雖然是一種成人教育，以一般社會人士為招生對象，但就其性質與目標而言，它是屬於高等教育的一種，以知識的探索傳播與文化的傳承為主要內容，只是社區大學認為知識不應成為個人晉身牟利的工具，而是認識世界、改造社會的媒介，也就是「解放知識以改造社會」理念的落實。社區大學這種對知識全新的看法，吸引了許多有理念的青年的投入，這是社區大學能夠在極短的時間內迅速成長的基礎。

目前全國有十七所社區大學，社區大學的課程設計分為「學術」、「生活藝能」與「社區社團」等三大類。未來修畢社區大學規定的學分，將被授予等同專科程度的副學士學位（林孝信，2001a）。

高等教育的政策與管理

一、憲法中的高等教育政策

我國憲法上直接或間接有關大學的規定，最重要的有憲法第十一條的「講學自由」及由其所導出的「私人興學自由」與「學術自由」，第一百六十二條國家對公私立教育文化機關之依法律監督，以及第一百六十七條獎勵補助私立教育事業之規定。此外，第二十一條之人民有受教育之權利與義務，第一百五十八條之教

育文化目標，及第一百六十六條對科學發明創造之注重等規定，也都與大學有間接之關係。以下從學術自由、私人興學自由、國家對大學的監督及國家對大學的獎助等四方面加以分析（周志宏，2001a）。

（一）學術自由

學術自由包括：研究自由、教學自由與學習自由等三部分。此憲法上之基本權力，乃是用以對抗國家權力之防禦權，同時也及於私人（司法人）之行為，也就是說，公、私立大學之學術自由、學校自治應受到保障，使其免於受學術以外其他勢力之干預。

（二）私人興學自由

私人興學自由包括設校自由與辦學自由兩方面，也就是在學校組織、學制選擇、課程規劃與設計、學校風格與文化、教師的選聘、學生的甄選等均享有憲法保障之充分自由。

（三）國家對大學的監督

國家對公、私立文化機關之監督應依法律為之，並且無論公、私立文化教育機關，均享有同等的權力與地位。各級政府主管教育行政機關從事監督之方式應限於「法律監督」，而不及於「專業監督」，也就是基於尊重學術專業與教師教學、研究自由，應由教育專業團體、學校、教師，結合具有直接利害關係之受教者或其父母來作監督，方能真正達到監督私立大學正常發展的目的。

（四）國家對大學的獎助

國家對於私人經營教育事業而成績優良者、於學術或技術有發明者、從事教育工作而成績優良者，應予以獎勵或補助。也就是說，國家對於私立大學應給予普遍性的補助與擇優給予獎勵，且對於其教學、研究者也應給予獎勵與補助。

二、高等教育的管理與問題

近十年來，我國大學教育的發展，無論是量的擴增或質的提昇，均有相當顯著的成果。但由於社會急遽變遷，大學教育也面臨了巨大的挑戰與衝擊，分析目前大學教育所面臨的主要問題如下（楊朝祥，2001）：

（一）高等教育發展質量失衡

近十年來，國內大學校院由於政策上引導數量擴充，學校數及學生人數都有快速增長的現象。顯然，國內大學教育數量的大幅擴增，是從民國七十年代中期開始，六十五年到七十五年，十年期間，大學校院僅增加三所，學生人數也僅增加了36％。但從七十五年開始，大學校院數量快速增加，到八十九年已達一百二十七所（不含軍警校院及空中大學），學校數成長了3.5倍，學生人數也增加了2.27倍。這種數量的擴增，促使高等教育機會普及，更多人得以接受大學教育。在量的擴增中，呈現一個明顯的趨勢：1.私立學校在大學校院中所占的比重快速增加。2.研究所教育成長的比率大於大學部教育成長比率；3.技職校院在大學校院中所占比重亦快速增加（教育部，2001）。

由於大學校院數量的快速擴增，學生素質也就相對降低。這可以從表下幾項數據資料反映出來：1.大學聯招錄取率逐年攀升，大學聯招的最低錄取標準則是逐年降低；2.大學校院學生數

與專任教師人數的比值逐年提高。從七十五學年度起，無論是公立或私立大學校院，學生數與專任教師數的比值都明顯增加，尤其是八十五學年度起，改變的趨勢更加明顯，代表教師的負擔加重。相對的，對於學生所能提供的指導協助也必然減少。

　　過去大學教育，無論是質或量的發展，都由政府加以管控。到民國八十三年，大學法修訂後，基於尊重大學學術自由及大學自主的原則，政府對大學的管制乃逐漸鬆綁。當政府不再直接介入大學的運作，同時在教育自由化及大學教育的市場快速開放的趨勢下，國內明顯欠缺替代政府管制的競爭機制。大學評鑑制度並未落實，大學內部的運作也不夠透明化，社會大眾無從瞭解或參與大學的運作，校園民主又欠缺權責相符的制衡單位，可以說整體大學教育的環境欠缺品質管控的機制（教育部，2001b）。

表11-2　大學校院學生數與專任教師人數之比值

學年度	公立學校		私立學校	
	大學	獨立學院	大學	獨立學院
六十五	9.85	10.49	18.56	18.49
七十	9.61	10.04	19.81	13.91
七十五	9.71	9.56	20.91	13.53
八十	10.44	8.85	23.43	13.73
八十五	11.17	11.31	21.29	17.43
八十八	13.18	14.07	24.82	19.26
八十九	13.92	15.12	24.86	20.80

資料來源：教育部（2001），中華民國大專院校概況統計。

（二）高等教育資源的排擠

　　國內大學教育資源的分配，過去都是由政府扮演主導的角色。公立學校在公務預算體系下，預算完全由政府編列，私立學校主要依賴學生的學雜費，但學雜費的收費標準亦由政府統一訂定。公私立學校之間，學生負擔的學費及學生所能獲得的教育資源，差距頗大，而公私立學校在統一的招生制度下，學校辦學的目標與方向又無明顯的區隔，使得資源分配不均的問題更加明顯。政府為縮小公私立學校之間的資源差距，過去幾年來大幅增加對私立學校的獎補助，並以達到獎補助經費佔私立學校經常收入的20％為目標，確實對平衡公私立學校資源分配有明顯成效。為配合資源調整的需要，公立學校亦開始採行校務基金制度，讓學校負擔部分籌措財源的責任。

　　近年來，政府在教育資源的分配上，對於過去較被忽略的中小學教育、幼兒教育、原住民教育、特殊教育等開始投入較多的資源，大學教育的資源相對受到擠壓。而隨著大學數量的擴充，大學已無法像過去一樣，完全依賴政府的幫助。至於欲借民間資源的投入以補所需，則又因國內民間捐資學校的風氣未盛，學校運作的彈性也明顯不足，以致效果不彰，這些都是現階段大學教育發展的問題。

（三）高等教育運作機制的調整

　　我國大學之運作，自政府主管單位到校長、教授、職技人員與學生，原有一套傳統之倫理觀念，其運作機制雖有瑕疵，但大致平順。近年來，校園民主呼聲高漲，許多校內外人士認為原先之管理體制頗不合理，應予以改善。其中較明顯亟待調整和釐清的問題有以下幾項：

1.教育部與大學之關係有待明確規範

教育部作爲全國大學之主管機關，掌管預算分配和審核各系所之設置及教師之聘用資格。教育部既然掌握了人事與財政權，因此大學內部的運作，理論上事無大小，教育部都可以管。但是近年來，大學自治的潮流推向另一極端，以致事無大小，教育部似乎都不可以管，一管就成爲干涉學術自由，不尊重教學專業。因此，教育部必須就哪些事該管，哪些事不必管，與各大學討論，訂立規範，建立共識。

2.大學組織、人事、經費的自主性尚待強化

大學校務繁雜，若事事需要呈報教育部，自然會造成效率大減。所以在運作上，使大學走向自主，是各大學與教育部的共識。

3.學術主管與校內會議之權責應予釐清

我國過去的大學校長與各級學術主管有很大之行政權，甚至曾有過當使用之情事。事實上，一個單位的學術主管，根據學校通過的各項規章執行其法定權責，大體上就能順利而有效的推展工作。目前尤以校長與校務會議之間的權責不清最爲明顯，亟待調整與改進。

4.大學校長及學術主管遴選方式有待改進

我國原先大學校長之遴選，如爲公立大學，則由教育部遴聘；如爲私立大學，則由董事會遴聘，在法理上，並無明顯錯誤。只是校長爲學術之領導者，理應在遴選過程中，多徵詢校內外學術專業者之意見。是以，我國原先之運作，往往缺少充分徵詢的愼重態度和民主風範；但是，至今在許多公立大學，則演變

成校內教授以學校公民自居，校長須向他們負責，所以校長必須經由他們一人一票選出，才是合法。許多有識之士和主管當局，在「民主」的激情下，雖然明知不妥，也少見公然反對之聲。但是實行下來，不但扭曲民主法制，而且教師之間常生糾紛，甚至將各種政府和民意代表選舉的惡劣作風帶入校園。

5.大學追求卓越發展之機制有待建立

大學追求卓越發展之機制與加強大學自主化是配套的。如果教育主管當局和外界減少了對大學的管理約束，而大學又不能自我反省、求新求變以提昇教育品質，則其自主將喪失意義，甚而浪費社會資源。

（四）高等教育國際化程度不足

多年來，我國的大學仍維持一定程度的國際交流，雖有國外學人來訪，但以華裔居多。近年來，更有相當數量的外籍博士後研究人員，參與我國的研究工作，但卻以印度籍居多。許多大學亦與國外大學簽約合作，但形式多於實質，教育部及國科會亦提供經費，協助大學辦理國際研討會，吸引外籍人士參加。每年也有許多教授、研究生出國參加學術會議發表論文，並選送相當數量的教學研究人員出國研究，但無可諱言的，我國國際化程度尚十分淺薄，目前還停留在學術輸入的階段。這一切的根源，恐怕是我國在諸多學術領域的表現還只能望別人項背，無法領先全球，以吸引外國學者來華進行交流。我國各大學與世界其他大學的國際交流合作因限於財力，以致有實質、有內涵的合作太少，至於促成相互認識最基本的人員互訪或舉辦研討會，也仰賴教育部或國科會的補助，大學本身尚無法自主發展。

（五）高等教育與社會的互動有待增進

　　教學、研究、服務是大學的主要使命與功能。而大學的發展，也隨著社會的變遷，產生許多變化。由於知識乃是經濟與社會成長最重要的因素，大學教育從早期的「傳授知識」，到十九世紀末的「發展知識」，以至於二十世紀中葉強調「應用知識」。過去大學的功能強調教學與研究，但隨著「學習社會」的來臨，學習機會更加開放，提供成人學生回到大學繼續接受教育，已成為現代社會大眾普遍的期望，遂使大學社區服務的功能益顯重要。

（六）高等教育評鑑機制亟待建立

　　追求大學的卓越與多元，乃是國際上高等教育界共同的呼聲，而大學評鑑乃是達成此一目標的重要途徑。由於社會大眾的期許、投資成果的保證、績效責任的概念或是大學對自主性的維護，大學評鑑便在此時空背景下，為提昇與保證大學教育品質應運而生。

　　目前國內大學的評鑑工作方興未艾，現實的需求亦甚殷切，但實際作業仍有許多待改善之處（教育部，2001b）：

1.缺乏專業評鑑機構以定期辦理各類評鑑

　　過去的評鑑工作，均由教育部主導而非由專業評鑑機構負責，遭受各界挑戰與質疑，至今，仍未成立專責評鑑機構，從事客觀超然的評鑑，以致評鑑結果尚無法取得社會大眾一致的認可與尊重。

2.評鑑未能充分引導大學之發展

　　目前，國內各大學的教育目標仍不明確，且彼此間的共識不足，各校對於自身功能與定位亦很模糊，一味追求成為綜合型大

學的風潮，也致使大學的同質性過高。因此，評鑑指標如何就學校不同的特色做彈性的調整，引導大學發展其獨特性，促進大學社群的多元性，便成爲重要的工作。就現況而言，目前國內大學在目標的設定上，不是缺少特殊性就是過於籠統，有賴評鑑工作善加引導。

3.評鑑人才資料庫之不足

我國大學評鑑工作，由於評鑑專業人才不足，使得進行評鑑時，每每倉促成軍，且部分教授往往累得人仰馬翻，苦不堪言；也有專精某一學門的教授，卻又未能列席評鑑工作，成爲滄海遺珠。因此，建立完整的評鑑人才資料庫，以備評鑑所需，期使評鑑工作更加公正、客觀、超然，是刻不容緩的事。

4.自我評鑑有待倡導與推動

自我評鑑乃是自我檢視、自我改善、自我突破的重要契機。但國內各大學均缺乏評鑑相關經驗、信心不足、平日未養成留存資料的習慣，加上評鑑相關資料取得不易，主辦單位的防衛心態，都使得評鑑工作窒礙難行。目前我國大學評鑑中，自我評鑑仍屬較弱的部分，是個亟待改善的課題。

三、高等教育的經營措施

大學教育在國家現代化過程中扮演相當重要的角色，不僅要培養各類專門人才，從事各項國家建設，領導科技的發展與學術研究，還要擔負轉移社會風氣、建立社會良好的規範，以及推動各項社會建設與心理建設的責任。今後我國大學教育宜因應新的情勢，針對問題，把握目標，從事通盤的規劃以求改進（教育部，2001b）。

（一）研訂大學教育中長期發展計畫

近年來，我國社會經濟結構已有顯著的改變，爲因應知識經濟發展需要，亟需調整大學教育產出的結構，改進大學系所的組合，推動整合性學程，結合政府、學校、民間企業、研究機構及職訓中心等資源，使各類高級專業人才獲得適時的供應，裨益經濟發展和國家建設。雖然大學教育的目標是多元的，但是高級人力的培育與運用，仍必須要從國家建設整體發展來考量，始能人盡其才。因此亟需訂定大學教育中長期發展計畫，以因應未來知識產業的人才需求。

（二）推動大學自行定位給予合理發展彈性

學校基於自我管制的精神，衡量學校之資源及其他條件，訂定辦學目標與擬發揮之功能，因此大學分類區隔指標應自行定位所屬類型，教育部也應尊重各校的辦學理念與特色，使大學教育展現多元的風貌。教育部除依定位給予學校合理之補助外，宜儘量給予學校合理發展之彈性。

（三）兼顧大學教育量的擴增與質的提昇

過去台灣的高等教育是屬於菁英教育，每年僅有很低的錄取率，只有少數菁英學生可以上大學接受教育。但在教育部推動高等教育普及化的政策主導下，大學的量急速擴充，其擴充方式又以最簡便的方法來因應——把專科升格爲學院，學院升格爲大學。以至於在量的擴充上滿足了許多人進入大學的期望，但在質的方面卻未見相對提昇，影響大學應有的發展與品質。

目前國內大學校院的數量已趨飽和，未來的大學教育可能供過於求，宜讓市場完全開放，政府也不應爲私立學校辦學的品質負全責，社會大眾可以有充分自主的選擇權利，透過自由競爭建

立淘汰的機制。私立學校無法經營時，可以選擇將學校停辦後資產移轉作為其他運用，不致成為社會的負擔。現有的公立大學不宜再做量的過度擴充，而應致力於內部資源的整合，尋求質的提昇另外，公立大學過於依賴政府的經費，自己培養市場競爭的能力很弱，而國家對私立學校的經費補助極少，加上辦學者未必把補助經費用於學生身上獲改善教學品質上，以致公私立學校未必有很好發展模式。

(四) 大學教育資源籌措與分配合理化

我國大學教育資源籌措與分配，應以公平、效率、自由為基本原則，建立客觀的經費分配機制。同時，訂定大學教育經費基本需求標準，未來宜走向客觀公正的委員會制。尤其要合理調整公私立學校資源的分配，應該朝下列方向調整：

1. 將政府用於公私立大學的撥款與補助經費比例，做一個政策性的決定使政府能兼顧私立大學校院的經費補助，和支持公立大學的發展。
2. 政府對私立大學的補助政策，應該將辦學績優獎助的比重逐漸調整為按學生人數的補助。
3. 為使現有公立大學充分使用資源，提昇教學品質，應該積極誘導規模過小的大學校院進行整併，以達到經濟規模。

此外，為加強校務基金的功能，建立完善的校務基金制度，將來應該朝下列方向改進（教育部，2001b）：

將國立大學轉型為公法人，使其發展更具彈性，資源使用更有自主空間同時必須負起較大之籌款責任。

1.各大學院校應該設置具有企業化經營理念的專責人員，負責規劃學校財務運作，以達到開源與節流並重。

2.政府與學校提供多方誘因，開啓社會捐贈風氣，以吸引民間資金投入教育事業，更應及早取消對私立大學捐助免稅額的限制，以鼓勵民間企業樂於對公私立大學進行捐助。

（五）對於不同類型的大學院校應該訂定不同的自籌經費比率

公立大學過於依賴政府的經費，自己培養市場競爭的能力很弱，而國家對私立學校的經費補助極少，加上辦學者未必把補助經費用於學生身上或改善教學品質上，以致公私立學校未必有很好發展模式。

（六）大學運作機制法制化

我國大學的運作，爲符合知識分享及創造的管理機制，未來應朝下列二個方向努力推動：

1.公立大學法人化

我國公立大學自行承擔包括財務在內之校務責任日趨明顯，而私立大學接受政府補助之比例也不斷升高，公私立大學之運作差異正在減少中。因此，我國公立大學應考慮仿照美、德、法等國大學之模式，走向法人化。即使近期內尚有困難，也宜先成立董事會或諮詢委員會，使全校師生明瞭本身爲一事業體之工作同仁，校長乃接受董事會之遴聘，來領導全體教職員推動校務。

2.政府角色之合理調整

教育部宜將自身定位爲大學之最重要輔助單位，而將高等教育之業務，著重於全國高等教育之規劃，以作爲經費分配優先次

序之依據，並於經費分配使用後評審其績效。因此，教育部未來應設立大學撥款委員會和大學教育審議委員會，進行全國高等教育之規劃檢討，向各大學宣示政策方向，包括：接受各大學之申請補助並作審查、分配，以及定期、非定期之績效評估和經費稽核。

政府在高等教育中應扮演積極提供經費支援之角色，但不直接作為資源的分配者，而由客觀中立的中間組織來作合理的資源整合與分配，以避免國家對大學的控制與規範（教育部，2001b）。

高等教育的發展應更具有彈性，包括：制度、法令、經費及用人等方面均應享有更大的彈性，如大學增加系所或系所的調整，只要不增加政府的財政支出，應該由學校自己作決定，不必送教育部審核；另外，學校的合併也能在追求卓越的考量下，由各校自行洽談合併方式與進程，避免由教育部主導；大學也可考慮公辦民營，整個大學或學院，或大學的部分業務或建築採BOT方式營運，以減少政府財政負擔（教育部，2001b）。

（七）強化大學教育的國際競爭力

為強化國際化的基礎，首先應厚植國內學術實力。而厚植學術實力，當然要有資源的投入及有效的運用資源。目前國內大學的國際化仍有許多成長空間，如何協助國內高等學府與國外學術機構建立實質的合作關係，融入國際學術主流，進而提昇我國學術研究水準與教育品質，增進我國國際學術地位與能見度，已成為政府與大學共同關切的課題。

（八）加強大學與社會的互動

面對終身教育新思潮的衝擊，以及未來「學習社會」新時代

的來臨，大學所採取因應與調適的措施，將影響其未來在社會中的生存和發展。因此，大學宜做通盤規劃，加強與社會互動的方案，透過擴增在職進修管道、建立認證機制、辦理回流教育、強化社區服務等策略，以謀大學的永續發展。

透過社區大學的普遍設立，社區大學存在的正當性與必要性已經受到社會的肯定。然而，社會大學的理念仍未廣泛為社會大眾所理解，目前各社區大學一年的預算約三、四百萬，不僅與一般大學的十億以上經費不成比例，甚至比不上國民小學的經費。顯然，各地方政府並未把社區大學當作是大學──一種新型高等教育管道，而是將社區大學等同於才藝班、長春學苑之類休閒式的成人教育。這與各社區大學工作者心目中的定位有極大的落差。

（九）推動客觀公正的大學評鑑

為了維護大學的自主性，明瞭自身定位與特色，往多元化的目標發展，評鑑應成為大學追求卓越的指標，以破除齊頭式的平等，取得優勢領域的領導地位，做好自我管制的工作，提昇學術水準與研究深度，進一步引導大學追求多元化的發展和學術卓越。具體的策略為：1.推動設立專業評鑑機構，定期辦理各項評鑑。2.透過評鑑引導大學發展特色。3.建立評鑑人才資料庫。4.加強大學的自我評鑑機制。5.確實公布評鑑結果，並與獎勵機制結合。

高等教育的願景

根據大學法，大學的任務為：研究學術、培育人才、提昇文化、服務社會、促進國家發展。在上述多重目標引領下，大學教

育成為政治、經濟、社會和文化等交織互動的機構。

　　高等教育近十年來在數量上快速擴增，已從傳統的菁英教育轉變為大眾化的教育。未來的發展仍以漸進的方式逐步推動各項改革，以達成下列可期盼的願景（教育部，2001b）。

（一）建立開放競爭機會

　　我國大學教育數量的發展已漸趨飽和，大學教育數量不宜過度擴充，但政府也不宜強制管控人力的培育，原則上，仍應尊重市場自由競爭的機制。但可透過適度的引導，以避免大學過度擴充及惡性競爭，造成教育資源的浪費及人力供需的失衡，對社會產生負面的衝擊。

（二）強化自主運作機能

　　大學的運作應賦予更大的自主空間，讓各校能夠逐漸建立自己的發展特色，以因應大學功能分化的需求，並承擔辦學成敗的責任。

（三）建立彈性培育管道

　　因應知識經濟時代的來臨，大學對人才之培育及課程之規劃，必須掌握更大的彈性機能，才能適應產業快速變遷的需求，滿足產業發展所需的人力資源，進而掌握發展的先機，提昇國家的競爭力。

（四）加強科技人才培育

　　在全球化知識經濟時代中，知識的創新、運用及推廣已成為未來大學教育發展的重要方向。「創新」、「再學習」、「網上學習」以及「科技知識素養」將是我國提昇競爭力的關鍵性指標。

（五）擴增成人回流教育

　　為因應知識經濟時代的來臨，強化人力素質，提昇國家競爭力，每一個人都必須是終身學習者。尤其成人重回大學學習已成為廣大民眾的高度期望。因此，大學有責任擴增成人再學習的機會，促使成人更加成長，全面提昇生活品質。

（六）調整教育資源分配

　　我國大學教育經費過度依賴政府預算及學雜費收入，大學教育漸趨普及化，將對教育資源產生排擠的效應。未來將擴大教育經費的來源，提昇教育經費運用的效率，對於教育資源的分配與運用，將兼顧教育市場公平競爭、保障教育機會的公平性，同時能謀求大學教育品質的提昇。

（七）追求學術卓越發展

　　國內大學教育，在傳統上過於強調平頭式的發展，在單一的制度規範下，無法彰顯各校的特色。此外，過於封閉的教育環境，也缺乏競爭的壓力。隨教育自由化及國際化的趨勢，大學教育的發展應以追求卓越為目標，培養與國外大學相互競爭的能力。

第十二章 高等教育的發展趨勢與願景

前言

　　大學的起源可溯及中國的先秦，西方的希臘與羅馬，但現代大學之直接源頭則是歐洲中古世紀的大學。中世紀的大學受教會統治，教育目標是為宗教而學習，為神而研究，文藝復興時代反對以神學為主，以廣義哲學為中心的大學乃應運而生；不過古代大學教育目標都強調學術及研究導向，培育具有博雅基礎的文化人，不重視實用的趨向。隨著工業革命、啓蒙運動及科學之發達，大學也開始重視職業人才及專門人才之培養，許多有關大學教育目標的爭議便不斷發生。

　　十九世紀牛津學者紐曼（John H. Cardinal Newman）承襲傳統的理想，認為大學是一個提供博雅教育（liberal education），培育紳士的地方，大學之目的在「傳授」學問，而不在「發展」知識。大學所應培育之紳士乃指通達而有修養與識見之文化人，大學理想注重在對古典文化傳統之保持，此一教育理想影響英國牛津、劍橋之教育方向甚鉅。（金耀基，1983）

　　自從第二次世界大戰結束以來，全球的高等教育歷經了史無前例的快速擴充。根據聯合國科教文組織（UNESCO）的估計，1960年代全世界高等教育學生的人數是一千三百萬，到了1991年已經增加到六千五百萬，預計公元2020年全球可能有一億五千萬學生接受高等教育。其次，就高等教育學生占同年齡層的比例來看，在已開發國家就1969年的15％提高到1991年的40.2％；在開發中國家，則由7.3％增加到14.1％；（UNESCO, 1995）。以我國而言，八十八學年度的大學生人數為五十三萬七千人，約占同年齡層的24％，若再加上專科學校部分，其比例已高達45％（教育部，2000）。

高等教育在人數方面的擴充，使得高等教育的特質在下列五個方面有了根本的改變：

一、高等教育在許多國家已經由就學率15％以下的精英型，走向就學率15％至50％的大眾型，甚至就學率50％以上的普及型教育（Trow, 1974）。

二、高等教育的功能已經不止於社會領導階層的培育，而涵蓋職業的準備。

三、傳統精英式大學已無法完全符合社會多元化的需求，高等教育必須採取多樣性的發展，在學生類別、學習年限、課程內容、教學方法、經費來源、研究取向及機構規模等方面必須重新定位因應不同的需求。

四、高等教育的擴充造成沉重的財務負擔，政府資助高等教育的能力普遍降低，高等教育機構自籌財源的比例逐年上升。

五、為了提昇教育資源的分配及使用效率，高等教育的內部效率（例如，學生單位成本，及外部效率；例如，研究成果及畢業學生之類別及品質，能否配合社會及經濟的需求），逐漸成為社會關注的焦點。

為了減輕政府的財政負擔，並維持高等教育品質以追求社會的持續發展，各國高等教育的發展方向有了顯著的轉變。首先，各國逐漸調整以往由政府主導高等教育的方式，解除對公私立大學的各項管制，賦予高等教育機構更大的自主空間。換言之，政府和高等教育之間的互動已經由國家控制模式，轉向國家監督模式。其次，政府將市場邏輯引入高等教育，讓競爭與價格機制引導高等教育機構回應市場的需求，以增加彈性，提昇效率。最後，政府積極建立有關高等教育機構教學與研究的評鑑制度，一

方面提供高等教育消費者更充分的資訊，另一方面也形成高等教育必須注意品質及績效責任的壓力。

　　政府角色的轉換、經費的緊縮及市場的壓力，帶給各國高等教育機構空前的挑戰。大學經營的企業化及知識、課程與學位的商品化，固定提昇了經濟效益，卻也使高等教育的目標與功能成為必須重新界定的議題。隨著高等教育的大眾化及環境的劇烈變遷，顯然高等教育已經走上迥異於過去的發展路徑。

　　可以預見的，在充滿競爭性的全球局面下，各個國家都必然會對教育增加投資，而大學的經費也必然會在整個教育經費中佔一相對高的比重（據1995 UNESCO 年報所示，英國佔19%，日本佔22.2%，加拿大佔28.6%，美國則高佔40%）。在一定意義上，大學之發展是國力的一個指標，因為大學不止是高質素「勞動力」的來源，也是產生知識最主要的地方。據統計，諾貝爾獎成果中有70% 是在一流大學做出的，世界上對國計民生產生重大影響的科技成果，也有70% 是在一流大學做出的。

　　在全球化的趨勢中，大學是任何社會中最前沿的組織體之一，因為大學是先天上最具世界性格的，誠如胡笙（T. Husen）所說：「學術的社會思潮（ethos）意含著普世主義」。（楊瑩，1997：124）現在大學的領域中，我們發現第三世界及亞太新興的工業國家中有超過一百萬學生在歐美先進國家的大學攻讀。這一現象顯示了非西方國家的「西化」的傾向性，當然，這些留學歐美的學生也往往是日後成為本國現代化的動力。蔡元培先生就是這方面一個傑出的例子，他留學德國，但他辦北京大學是促進中國學術上、教育上的現代化，他還說過：「我們一方面注意西方文明的轉入，一方面也應注意我國文明的輸出。」這樣的想法應該是二十一世紀我國大學所追求的方向。（金耀基，1983）

高等教育的變遷

回顧過去五十年國內大學教育發展的歷程，大體上呈現幾個主要的轉變趨勢：（教育部，2001b）

一、自菁英教育轉化成普及教育

民國三十九年國內四所大學校院在學學生人數僅五千三百七十九人，佔當時人口總數的千分之0.71。到民國六十年大學校院總數已增為二十三所，在學學生人數達一萬零三千三百五十九人，佔當年度人口總數的千分之6.85。到民國七〇年代，台灣地區的經濟快速成長，一般家庭生活獲得明顯的改善，生育率的降低使家庭對於子女教育日益重視。又由於知識的快速累積，個人對於教育的需求也隨之提高，大學教育數量擴增的壓力隨之快速增加，大學教育的普及化乃為必然的趨勢。政府從民國七十四年重新開放私立學校申請籌設，同時輔導部分專科學校升格改制，大學校院數量快速擴增，到民國八十七年國內大學校院的數量已遽增為八十四所，在學學生人數超過四十二萬人，佔人口總數的千分之21.13。大學教育已不再是社會上少數菁英所獨享，大學聯招的錄取率已超過60％，大學新生招生額也已超過高中應屆畢業學生人數，幾乎絕大多數的高中畢業生都有進入大學的機會，因應普及化的趨勢，大學教育的本質已經有所轉變。（教育部，2001b：27-30）

二、自經建主導轉化成建立特色的型態

台灣地區由於缺乏天然資源，政府遷台初期，除了必須將大部分的資源投入國防建設，以確保台海的安全外，更必須將有限的資源用於積極發展經濟。教育的發展也完全配合經濟建設的人

力需求，作計畫性的培育。教育本身只是經濟發展的工具，而非以教育本身為目的。固然這種規劃可以將有限的資源做最有效的運用，避免教育投資的浪費，但相對的也限縮了大學教育的功能，大學教育的功利性色彩變得相當濃厚。政府在教育資源的配置上，也形成重科技而輕人文的現象。其後隨著大學自主意識的提昇，政府逐漸放鬆管制，包括各大學的系所增設、調整，乃至招生名額之規劃，均給予各大學更大的彈性調整空間。大學不再只是配合經濟發展的工具，大學教育也能兼顧本身的自主性，以教育的理念規劃各項教育的措施。

三、自就業導向轉化成消費需求的導向

教育機會的公平是促成社會階層流動最重要的機制。國內大學教育一向具有很強的功利性色彩，一般人接受大學教育的目的即在於獲取更好的就業機會。政府在規劃大學系所增設及招生名額時，一向也以就業市場的人力供需作為依據。因此當大學教育快速擴增時，社會上也不時有高學歷高失業率之質疑。很顯然的是，民間經濟日趨富裕，今日大學教育的功能已經不純然是，也不應只是，為了就業的目的。教育應與個人的生活更緊密結合，期藉由教育提昇生活的品質，充實個人的內涵。

四、自政府規範轉化成學校自主的模式

早期國內大學教育幾乎完全由政府主導，系所之設置、招生名額固然由政府決定，即使課程、學生學籍、學位之授與、教師資格之認定，乃至學校的組織、員額編制及行政運作，也完全由政府規範。而政府所主導之各項規範，除適用於公立大學外，私立大學亦同樣受到限制。由政府主導一體之規範可利於管理及基本教育品質的維繫，但也阻礙各校發展各自的特色，同時造成教

育無法配合社會快速變遷之需求。民國七十六年政府宣布解除戒嚴，政府對民間的管制大幅放寬，民間的活力逐漸獲得釋放。在教育的部分，大學教育首當其衝。大學教育改革促進會在大學法修正過程中高度關切，也相當程度主導修法的方向。民國八十三年修正之大學法公布實施，強調學術自由、大學自主及教授治校的精神，國內大學教育逐漸轉化強調自由市場的競爭。

五、自一元性質轉化成多元性質的內涵

　　由於早期國內大學教育以菁英教育為主，同時由政府主導規劃，因而重視形式的公平性及單一的價值標準。入學考試以智育成績作為取捨、教師的聘任及升等均以學位及學術研究成果做為唯一衡量的依據、課程規劃也強調全國一制性的標準。教育附和主流社會的價值，缺乏足夠之包容性，將無法成為凝聚多元社會的主要動力。隨著社會的開放，對於多元價值的尊重，也影響到大學教育。更由於大學教育機會的擴增，也使得各大學必須在開放競爭的市場中，尋求各自不同的發展定位，兼顧多元的需求。

六、自一次學習轉化成終身學習的歷程

　　早期的社會，環境的變遷相當緩慢，一技在身終身受用。個人只要學得一技之長，即可成為終身的職業。教育的規劃也只重視一次性的教育，人生的規劃把教育視為職前的準備階段，當完成學校教育投入社會，即不再有接受教育的需要。隨著社會的快速變遷、資訊的暴增，個人對於教育的需求已經不僅限於人生的某一階段，而是終其一生都必須不斷接受新的資訊、學習新的技能，以適應快速變遷的社會。在教育的體系上也必須配合終身學習的需要加以調整。大學必須提供回流教育的機會，讓人生中每一階段需要學習的個人，都有機會進入大學學習所需的知識。教育制度的設計也將變得更為彈性，除了學校的學習外，非屬正規

學校之校外學習型組織與學校教育，也將形成更緊密的結合，建構成一個終身學習的社會。

高等教育發展的策略

　　為了因應高等教育環境的變動，以提昇公共資源的有效利用，歐美及日本等國逐漸調整以往由政府主導高等教育的方式，解除對公私立大學的各項管制，賦予高等教育機構更大的自主空間。政府在高等教育所扮演的角色逐漸由控制轉向監督，同時政府也將市場機制引入高等教育，讓競爭引導高等教育機構積極回應市場的需求，以增強彈性、提昇效率。這股高等教育市場化的浪潮使得政府、高等教育機構和消費者之間的關係起了巨大的改變。

　　有關高等教育與政府及市場之間的關係，Burton Clark曾經提出一個廣為應用的高等教育協調之三角的模式來說明在每一個高等教育體系內，政府權力、學術寡頭及消費市場三股影響各國高等教育形貌及發展方向的主要力量。（黃崑巖，1997）政府權力所代表的是社會的集體意志；學術寡頭係由資深教授組成，其影響力來自知識和專業的權威；消費市場則是個別消費者的意願。不同國家的高等教育體系在這三角關係中各有所偏，比較極端的包括：解體之前的蘇聯（偏向政府權力）、義大利（偏向學術寡頭）及美國（偏向消費市場）。其他國家則在這三股勢力的消長之間各有其位，例如，歐陸各國的高等教育傳統上是由國家主導，由政府訂定入學標準、教師資格、課程標準等。但是國家的權威也因為學術界對研究經費、教師聘用及課程核可的非正式影響力而受到相當的節制，因此其高等教育可說是介於政府權力和學術寡頭之間。在高等教育供應者及消費者之間，政府可以隨人力的需求

及政策導向扮演三種不同的角色：第一，政府可以扮演仲裁者的角色，以保障高等教育供應和消費之間的公平性。第二政府可以扮演促進者的角色，以強化高等教育的供應。政府甚至可以直接扮演供應者的角色，以確保人力的充分供應或社會結構的穩定。第三政府可以扮演支持消費者的角色，甚至政府也可能以獨買者的身份，扮演消費者或消費者之代理的角色。舉例來說，傳統上英國政府在高等教育所扮演的角色屬於模式二，高等教育機構對於學生、課程、研究、評量及教師徵聘等事項享有自主權，政府的主要責任在於提供經費。然而在最近幾年，各國政府在高等教育上所扮演的角色有了顯著的轉變，由以往對高等教育機構的支持轉變爲對消費者的支持。例如，原本直接撥付給高等教育機構的經費，有一部分轉化爲獎學金、學生貸款、教育券等方式直接補助學生，以強化其購買力，增加選擇的機會。此外，政府提供的高等教育經費預算也逐漸強調產出或表現，經費的貨的端視其滿足消費者的程度。（黃俊傑，1997）

　　政府、市場和高等教育之間的界線並不是那麼明確和固定。政府既可以是高等教育的提供者、也可以是高等教育的消費者。雖然高等教育的重要性在當代社會普遍受到重視，但是政府才是有權有錢、最關鍵性的一角。大學自主和市場力量發揮的程度，基本上還是由政府來界定。

　　政府、市場和高等教育機關係之轉變主要是立基在「經濟理性主義」的觀點，相信和政府的干預比較起來，市場力量能迫使高等教育機構更有成本概念、更注重管理、更積極地回應消費者的需求。不過和一般商品不同的是，政府從來沒有把高等教育完全交由市場力量來運作。畢竟高等教育和國家發展的關係太密切，即使經濟學家也認爲高等教育若走上完全市場化或私有化之路，並不能使社會整體獲得最大利益。換言之，在高等教育領域

中，高等教育機構、政府、消費者一直是三者並存的，只是它們之間的關係是動態的，是隨著高等教育的發展、社會的需求及時代思潮而與時推移的。市場化的趨勢基本上是政府將其發揮的功能作了某些調整，由以往仲裁者、高等教育機構的支持者、甚至是高等教育供應者的角色，轉而支持高等教育的消費者、甚至以獨買者的身分充當消費者的代理。因此，就高等教育而言，純粹的市場是不存在的，真正運作的是一種類於市場或準市場的機制。

面對高等教育大眾化所帶來的挑戰，根據前述章節所引世界主要先進國家高等教育的發展策略，政府的對應措施包括：解除對高等教育體系的管制，賦予大學院校更大的自主權，刺激競爭、獎勵效率，同時發展保證教學與研究品質的新機制。

一、減少管制

顯然，在1980年代中期之前，西歐各國政府對於高等教育都採取理性計畫與控制策略。到了1980年代中期以降，才改為自我管制策略。政府不再作細部的掌控，以增加大學的自主。例如，荷蘭的高等教育向來都是由政府作詳細規劃與嚴密控制，但是在教育與科學部於1985年發表的「高等教育：自主與品質」（Higher Education：Autonomy and Quality）報告書中，就表明政府希望大幅提昇高等教育機構的自主及自我負責的態度以強化其彈性及調適的能力，從而改善高等教育的品質。就高等教育而言，解除管制一方面是減少政府對公立大學的財務、人事、課程等方面的控制，將決策權下放給學校，由其自行訂定收費標準、發展人事分類系統、規劃課程、協商各類合作契約等。另一方面則在放鬆或取消那些禁止私立大學院校和公立大學競爭的規定，例如，收費標準、招生人數等。以促使公立和私立大學校院能在一個更平等

的基礎上，競爭政府的研究經費和政府補助的學生費用。簡言之，解除管制就是以市場力量取代政府干預，賦予高等機構更大的管理彈性，讓它們在面對變遷及競爭時能夠更積極地即時回應。例如，日本在1991年所頒布的「解除大學管制法」的主要目標，就在以市場邏輯引導大學的發展，以自由、彈性、個別化及績效責任等取代干預及管制。（教育部，2001b：137-141）除了打破公立大學的壟斷，消除管制也增加了高等教育私有化的可行性，允許原爲國家掌握的學術機構獨立運作。

二、強化競爭

自1980年代以降的發展來觀察，各國政府在刺激高等教育的競爭方面，首先，就強化新進者的競爭力。除瞭解除管制，鼓勵私人興學之外，政府也可藉由消費高等教育之二元化體系，提昇學院之地位，使其能在一個更平等的基礎上和大學競爭。新成立或改制的大學雖然通常因爲缺乏設備和經費，較難和舊有大學在研究方面競爭。但是在非研究取向的課程方面，新大學未必居於弱勢。舉例來說，美國有幾所新設立的私立大學，在短時間之內，已經發展出相當具有競爭力的非研究導向的專業課程，特別是在MBA以及法律等方面的課程有傑出表現。這些非傳統大學機構所提供的課程，因爲既不必像傳統必須顧及教師的研究興趣、負擔教師的研究經費，又可提供學生實際的職場經驗，因此常獲得物廉價美的評價。這些新型的高等教育供應者雖然目前在數量上偏低，但它們若持續發展下去，很可能對傳統大學在某些專業課程的費用和品質方面，形成巨大壓力。除了面對國內新進大學的競爭，在各國政府追求國際化之際，許多高等教育機構也必須面對外國大學跨海招生的威脅。

另外，就強化消費者的談判力來看。在一個競爭市場，消費

者和供應者都能影響市場。消費者影響市場競爭結構的方法包括：迫使價格下降、要求不同的服務品質、數量及特性、挑動競爭者之間的對壘等。供應者也可藉由改變產品的價格或品質以影響市場。但是，就高等教育市場的競爭結構而言，影響競爭結構最大的是消費者：包括學生和政府。和一般商品不同的是，就高等教育而言，影響最大、最重要的顧客是政府，這主要是因為許多政府多是大學校院之教學與研究的主要購買者。不過在高等教育的個人利益已趨明顯，使用者付費的觀念日漸普遍之後，政府對教學方面之市場結構的影響將隨之衰退，而學生及家長的影響力將增加。不過，就研究而言，各國政府還是最主要的購買者，因此政府有關研究經費的政策還是深深影響高等教育研究方面的市場結構。例如，在英國，政府已將教學經費和研究經費分開。各系所的研究結束必須接受評鑑，政府提供給各大學的研究經費將根據評鑑結果調整。因此有些系所的研究會經費太少，有的則根本沒有。此一研究經費方面的轉變加重大學教師在研究方面的績效責任，也使大學難以忽視個別系所在研究生產力方面的差異。政府不僅影響大學在研究方面競爭的程度，藉由主要購買者的身分，政府還能影響研究的特質，使其配合經濟發展、強化國家競爭力。許多已開發國家除了逐漸將基礎研究經費轉向特定的應用研究領域，也鼓勵大學和業界合作設立研究中心，以刺激地區的經濟發展。

最後，就替代產品或服務的競爭來看。雖然大學所提供的學位和研究在目前看起來還不至於受到其他行業嚴重的挑戰，但是一些傳統上和大學並無直接競爭的機構，逐漸有提供品質更好或價格更低之替代性產品的可能性。這些替代性產品在形成初期難以指認及預防，因為它們的崛起往往來自於看起來不直接相關的科技發展或政府政策。近年以來，法國、英國及荷蘭等國政府在

大學評鑑的標準中增加一些前所未見，又足以改變傳統學術排名的價值和標準。舉例來說，英國空中大學所開設的MBA課程因為容納學生最多，費用最低，因而超越劍橋大學，獲得最高排名。由此可見，政府所界定的學術品質不但可能使一些新興的教育科技及作法獲得合法地位，同時以動搖了傳統上以研究為導向的同儕評鑑之權威性。因此，政府對評鑑的介入不但會刺激競爭，也可能改變高等教育的理念與價值，並導致學術管理革新的風潮。（行政院教改會，1996）另一個替代性產品的競爭來自資訊工業的快速發展，網際網路所提供的即時又廉價的資訊，讓那些因為擁有龐大的圖書收藏，而在學術研究及教學方面享有比較優勢的傳統大學，受到巨大衝擊。資源較不足的小型或新興大學，只要擁有適當的資訊科技，還是有機會和歷史悠久的大學在某些領域上競爭。此外，資訊科技的發展也加速了遠距教學的可行性，其不受時空限制及個別化的優點，是傳統課堂講授所不及的。

三、提昇效率

　　各國高等教育機構因為競爭市場對生產效率的強調，使得其運作方式和傳統上以教授為主體的學院模式已有了顯著不同。例如，英國在1998年發表的Jarrant報告書就建議大學的管理要更企業化，大學校長應同時肩負行政及學術領導之責，最好能接受企管方面的訓練；大學委員會最好以董事會的形式在大學的經營上扮演更重要的角色；大學應建立表現指標並引進評鑑及績效責任作法。而為了推動大學改革，德國的「大學校長會議」在1994年與「伯特斯曼基金會」（Bertelsmann-Stiftung）合作設立「高等教育發展中心」。該中心的宗旨在改進大學效能、提高德國高等教育的競爭力。其主要任務包括：評鑑的設計與執行、強化大學與工業界的合作、促進國內外校際合作及其他改革計畫（夏道源，

1999：186-192）。

　　爲期提昇學術生產力及刺激學術人力市場競爭，高等教育機構的人事政策也有了重大變革。舉例來說，爲了追求更高的人事效率，英國大學內部的學術人力配置受到嚴格的考核。在1980／81年和1985／86年之間，由「大學撥款委員會」（UGC）支付的大學教師人事費用下降8.4％。1988年的「教育改革法案」更規定所有新聘及升等的教師都不能獲得長聘，以強化高等教育機構「聘用與解聘」的彈性。

　　提昇效率的目標也促使許多政府改變高等教育的經費政策。有的政府大幅刪改高等教育經費，不足的部分需要以募款、推廣教育、建教合作等方式提供。舉例來說，越來越多日本大學，包括以往財源充裕的國立大學必須尋求和私人企業合作的管道。英國政府自1989年開始運用價格機制，以加速高等教育機構降低學生的單位成本。根據估計，在價格機制的運作之下，學生的單位成本在五年內已經下降28％，高等教育機構的經費則因學生人數的增加而彌平甚至增加。在1994／5學年學生人數凍結之後，英國政府還是將1996／7學年的教學及研究相關經費，再刪除七個百分點以提昇效率。另外，西班牙由大學校長、地方政府及教育部代表組成的大學委員會，在1995年的報告書中建議、將高等教育的公共經費分爲補助性經費和獎勵性經費兩部分。前者依據固定公式分配，主要考慮輸入變項、產出變項及機構對社會需求回應的程度等因素。後者依據表現、品質、改進程度等指標，開放各大學競爭大學。委員會認爲經費分配方式的改變除了可以刺激競爭及多樣化之外，還可將提昇效率訊息傳遞給大學所有的成員。

四、增進品質

　　高等教育品質的提昇成爲許多國家在面臨新世紀挑戰時，高

等教育政策的重點之一。英國教育部長Sir Keith Joseph 在1984年就宣稱高等教育的主要目標在於「品質和物超所值」。法國也在同年設立「全國評鑑委員會」。荷蘭政府則在1985年的報告書「高等教育：自主與品質」中強調高等教育品質的重要性。此外，丹麥、瑞典、西班牙等國亦紛紛發展高等教育品質控制的機制。德國大學也採取評鑑與品質保證措施，加強大學教師的教學能力，「教育人員工會」甚至設計了一百六十餘種教學法訓練課程，提供大學教授選修，以提高教學品質。（教育部，2001b）

綜觀先進國家高等教育以市場化最早、最深的美國來說，州及聯邦政府也在1980及1990年代先後參與高等教育品質保證的相關措施。在1980年代後期，全美國已有超過三分之二的州鼓勵公立高等教育機構實施各種學生評量，要求機構更重視學生的學習改進情形。1992年「高等教育法案」修正案通過之後，聯邦政府更是直接介入高等教育的品質保證活動。聯邦政府要求各州設置「後中等教育評鑑部門」（State Postsecondary Revierw Entities），以確定這些機構的學生是否具備聯邦經費補助的資格。此外，聯邦教育部也要求籌組「全國學術認證政策委員會」（National Policy Board on Academic Accreditation）。1994年美國國會大選之後，在國會及公私立高等教育機構的強力反對之下，「後中等教育評鑑部門」的獎助款全部被刪除，「全國學術認證政策委員會」的提議也不了了之。儘管美國政府建立全國性學術品質保證制度的企圖，終究不敵根深柢固的市場力量及對自由競爭的信念。但是州及聯邦政府的努力也顯示，政府不可能袖手旁觀，將高等教育的品質完全交由大學來決定。

先進國家強調高等教育品質保證的主要原因有三：（一）高等教育體系的擴張導致學生人數的暴增、系所及新大學的快速設立，引發有關公共支出用於高等教育的額度及其經濟效益的相關

問題：（二）許多國家公共支出的擴張已達上限，經費的緊縮自然引發有關高等教育品質的探討；（三）經濟的發展日益以科技為基礎，更加重高等教育的發展方向及品質的重要性。（陳德華，1998）由此可見，近年來驅使政府注意高等教育品質控制的主要是經費、經濟發展等外部壓力。這種強調高等教育的績效責任，亦即高等教育應該對包括政府、學生、家長、研究的購買者負責的發展趨勢，也就是社會大眾不再認為大學校院的所有活動是自我完足的，而社會對高等教育的期望越高，這種「檢視」的需求也就越大。

五、產學合作

　　檢視高等教育的發展歷程，十九世紀的工業發展就已經奠定日後產官學攜手的契機。1862年之後美國各州根據「莫瑞爾法案」所設立的學院就被認為提供了工業界、政府和高等教育機構之間在農業和機械工業發展的合作架構。兩次世界大戰擴大了大學和工業界合作的空間，特別是在第二次世界大戰期間，英國、美國、德國的學術界對航空學、核子物理、雷達科技等方面的進步有顯著的貢獻。學術研究的實質利益使政府相信學術界和工業界的結合將有助於國家經濟的長期發展。第二次世界大戰之後，各工業先進國為了確保國家競爭力不僅民間積極投資高科技產業，政府也全力推動科技研發，並進一步促進工業界和學術界的合作。

　　高等教育機構之所以積極尋求和工業界合作的主要原因和各國政府在1980年代刪減高等教育經費有關。第二次世界大戰之後的嬰兒潮所帶來的高等教育擴張壓力，到了1970年代已經得到了相當的紓解。各國政府預估高等教育學生數到了1980年代將顯著減少，因此紛紛採取縮減高等教育經費的政策。為了彌補公共經

費的不足，高等教育機構必須認眞思考增加經費的各種管道。除了募款之外，高等教育最常考慮的就是將其研發的知識商品化，可採取的方式包括：提供短期的專業課程、各種類型的繼續教育、技術諮詢、契約研究、設立新公司、發展科學園區等。除了高等教育機構主動尋求和工業界合作之外，工業界本身也因爲必須依賴先進科技，才能在競爭激烈的國際市場獲得立足之地，因此也樂於與高等教育機構合作，以獲得新的專業知識和技術，並降低耗時費力的前瞻性研究所帶來的風險。在互蒙其利的吸引之下，產學合作在1980年代之後蓬勃發展。以美國爲例所作的調查發現約有50%的研究型大學從事和工業界合作的研究計畫案，此一比例在1990進行的另一項研究中已經上升到82%。在歐洲也有類似的發展，越來越多政府視大學爲技術發展、創新及轉移的重鎮，鼓勵大學從事應用性高的研究，一方面配合經濟發展，另一方面也可擴展非政府經費的來源。

各國產學合作的模式不盡相同，不過大致可分爲下列五種方式進行：（沈姍姍，2000）

(一) 技術諮詢：學術界對理論的深入瞭解，可以協助產業界解決特定的研發和管理問題，是產業界和學術界之間最常見的互動方式。

(二) 契約研究：大學接受企業委託，對特定問題進行研究。

(三) 合作研究：企業提供資金讓高等教育機構進行前瞻性的研究。藉此獲取先導性的專業知識，並吸收參與研究的優秀畢業生。

(四) 設立育成中心，輔導新創之中小企業。

(五) 辦理在職訓練：高等教育機購可依照企業的需要開設在職專班課程，以提昇人力素質。

學術界與產業界的合作除了有助於企業提昇研發能力及能力素質之外，對於高等教育機構也有益處，包括由技術諮詢及研究計畫獲得額外經費、使用最新設備的機會、增進教授及學生對企業界生產及管理系統之瞭解、提高畢業學生就業的機會、強化高等教育對經濟的貢獻、改善高等教育機構的形象等。為了促進產學合作，許多國家由政府扮演推手的角色，積極發展產官學合作方案。美國聯邦和州政府以提供產學合作的種子基金、產學合作計畫的長期經費、專案計畫經費等方式，正式和非正式地促進產學合作。英國的「訓練局」在1987年推出「高等教育內的企業」計畫案鼓勵高等教育和雇主合作，增強畢業生的企業精神，特別是下列四種能力的培育：（一）溝通、團隊合作、決策、解決問題、工作管理、風險評估等的技巧；（二）進取精神；（三）對經濟和企業發展的警覺性（四）對繼續學習的正面態度。和英美等國比較起來，日本大學和企業界正式的合作關係在最近十年才有顯著的發展。雖然日本的經濟在第二次世界大戰之後有奇蹟式的表現，但是讓人驚訝的是，日本企業界和大學到1991年代才有較為密切的合作關係。

　　我國的產學合作的情形和日本類似，發展時間較晚。為了加速產學雙方的合作關係，政府近年來也扮演了積極的角色以加速建立密切的合作關係。舉例來說，在行政院國家科學委員會所發表的「科技白皮書」中，未來科技發展規劃了十二項策略，和產學合作密切相關。舉例來說，「研訂結合學術界與產業界之政策工具及運作機制，包括：人才需求預估、系所調整、人員延聘與交流、就業促進、技術研發等」的規劃。整合大學與產業間資源，包括：善用大學、國家實驗室及中央研究院資源，擴大現行產學合作研究，鼓勵大學成立「產學與大學合作研究中心」。提供產業和大學直接合作的機制；「善用大學、國家實驗室及中央研

究院之研究資源，鼓勵產學合作研究，以加速開發尖端技術，縮短技術轉移時程」。「鼓勵學術界與產業界結合，人才得以交流，並鼓勵產業界資助學術界，共同研發及培育人才」。

六、迎向國際

隨著全球化趨勢的發展，各國高等教育機構逐漸面臨新一波國際化的壓力。此一國際化包括兩個面向：其一是課程的國際化；其二是學生的國際流動。

（一）課程的國際化

未來的高等教育機構將不能只專注於專業知識的傳授，而必須培養學生對其他國家的興趣與瞭解，並體認世界各國其實是禍福與共的夥伴，是牽一髮動全身的全球村成員。除了共創世界未來的理想之外，促使高等教育機構提昇學生國際視野及能力的另一個主要動力是經濟的全球化趨勢，例如，跨國公司的大量設立、全球經濟分工、資金的全球性操作等。在這種情況之下，學生所需要的除了專業知識與能力之外，還需要所謂的「全球性能力」，包括：使用外國語言的能力、外國文化的知識、國際關係及事務的認識、專業領域的國際性議題，例如，國際經濟／貿易、國際法、國際組織等。為了促進課程的國際化以提昇學生的「全球性能力」，日本文部省在1991年放寬對大學課程的控制，在大學畢業的一百二十四個學分中，三十個學分可以在國外修習。此一鬆綁的措施，提供了日本高等教育機構和外國大學合作，促進課程國際化的空間。舉例來說，早稻田大學和美國波特蘭市的Lewis & Clark大學合作，在每年的七、八月間舉辦為期五週的合作課程。課程由日本和美國雙方教師共同規劃，部分課程也由雙方教師共同教授，九十名學生上課及生活都在一起。課程的主題以兩

國的社會與文化為主，以語言學習及「環境與自然」等專題為輔，學生可修習五到十個學分。此一課程的主要目地是希望學生能跨越國家與機構間的障礙，加強跨文化的經驗。美國的奧勒岡州立大學（Oregon State Univeersity）的課程設計是課程國際化的另一個例子。為了培養學生的「全球性能力」，奧大鼓勵學生在專業的文學士理學士等專業學位之外，修習學校所規劃的國際性課程。學生可由種類繁多的國際相關課程中選讀三十二學分，同時必須具備相當於四年大學程度的外國語言能力、十週的國外研習、一篇能夠展現學生的國際能力的論文或計畫。完成這些課程要求之後，學生將可在其專業學位之 外，再獲得「國際研究」學位。

（二）學生的跨國流動

隨著全球化腳步和交通的便捷學生的國際流動顯著的增加，二次大戰以來至今全球的留學生已經超過一百萬人（教育部，1999b）。造成這種現象的主要原因有四：

1. 全球知識的生產集中在工業先進國家，為了加速現代化過程，邊陲國家必須繼續派遣留學生以獲取先進知識。
2. 第二次世界大戰之後，各國對高等教育的需求日殷。但是某些國家高等教育擴張的速度遠落後於社會需求，因此允許學生至外國求學不失為可行之道，例如，馬來西亞的高等教育學生有一半負笈國外。
3. 學術交流被認為具有擴大國家在國際間之影響力的功能，因此有些國家制定優惠辦法以吸引外國學生，例如，日本政府就鼓勵外國學生的措施，希望到西元2000年，前往日本的留學生能達到十萬人。

4.留學生帶來的實質利益，包括：學費收入、提供廉價助
　教、研究助理等使高等教育成為一項重要工業，不但促使
　大學積極招收外國學生，也改變美、英、澳洲等主要留學
　地主國家的外國學生政策，解除外國學生市場的管制，允
　許各校直接招收外國學生。

　　相較於英語系國家熱衷於招收外國學生，歐盟各國之間的學
生流動也是值得觀察的現象。面對來自日本及美國的國際競爭，
歐洲各國深切體認到歐洲未來的發展絕對不能侷限在歐洲內部。
因此歐洲各國除了組成歐盟以強化各國之間的合作與整合之外，
更透過各種跨國性及國際性的教育與訓練方案，加強歐洲各國學
生的流動性及獲得國際經驗的機會。另外，日本也體認到留學政
策不能再像以往單方向的派遣學生至歐美國家學習先進的知識與
技術，而必須是全面的和雙向的。因此日本政府在1983年就表
示，將致力於增加外國學生至日本留學的機會日本「教育特別委
員會」也在1986年指出「國際化」將是日本未來教育最主要的挑
戰。為了國際化的順利進行，日本的高等教育必須推動下列四項
革新：（一）大學課程及教學方法的國際化；（二）學年起始日
期、學期期程、招生考試等方面的配合；（三）本國和外國高等
教育機構學分的轉換；（四）鼓勵學生至外國就讀，同時也吸引
外國學生至日本就讀。

七、創新運作

　　在面臨社會情境的急速變化，大學無法一層不變，體制外的
創新可以近年興起的營利大學和虛擬大學為代表。顧名思義，營
利大學是將大學當成營利事業來經營，課程和學位是其主要產
品，目的在創新企業利潤。可視為高等教育商品化最極端的例
子。美國近年興起的菲倪克斯大學即標榜以營利為目的、以效率

為宗旨。菲大只開設大學部課程，以兼任教師爲主要師資，以成年人爲主要招生對象，以低學費爲誘因。雖然菲大被視爲「文憑工廠」，其所提供的服務被視爲「麥當勞式教育」。但是不可否認的，就其創立目標而言，菲大已獲得相當成功，在十幾個州和波多黎各設有六十餘個分校。菲大所標榜的低成本高效率，除了完成機構營利的目標之外，也給其他正統大學的經營帶來壓力。（戴曉霞，1998a）

由美國「西部州長協會」的十七位州長在1996年發起設立「西部州長大學」，是高等教育體制外革新的另一個例子。這所新型態的大學原稱爲虛擬大學，本身並不開設課程，也沒有專任教師，主要在整合其他高等教育機構所提供的課程，協助學生透過網際網路學習。西部州長設立這所虛擬大學主要是因爲高等教育對各州的經濟發展十分重要，州民對高等教育的需求也不斷上升，但是傳統高等教育成本太高，且在學分數、開課的時間及地點、評量方法等方面較無彈性，不能滿足成年學生，特別是在職學生的需求。爲了克服資源不足及傳統大學缺乏彈性的困難，「西部州長協會」決定利用先進的科技，特別是電腦網路進行教與學，一方面降低成本，另一方面也提供學生不受時地限制的學習機會。因此「西部州長大學」的特色有二：第一，承認學生利用非正式教育管道包括在家及工作場所，藉由高科技學習獲得的知識和技能；第二，以學生實際的知識與能力，而非學分數和上課時數，作爲評量及頒授學位的基礎。

在全球化對大學產生新的挑戰與影響，事實上，資訊科技已經迅速地滲透到我們的日常生活中來了，在商業、娛樂、文化各領域中正在產生跡近革命性的變化，那麼，它對大學的影響會如何呢？徵諸過去大學發展的歷史，大學是不容易改變的，科學革命，工業革命幾乎都是在大學門外發生的。近八十年前，愛迪生

認爲電影將「注定將我們的教育制度革命化」，1957年福特基金會報告預見地說，電視是「自活版印刷術出現後爲教育發展提供了最大的機會。」這些預言後來証明都是絕對誇大了。今天，也有人認爲資訊科技將使我們熟悉的大學制度壽終正寢。這樣的預言也必然被證明是誇大的，不過，資訊科技對於大學制度肯定會產生深遠的影響；它會影響到傳統教與學的性質，諸如時空的改變，教者與學者角色的改變等，在根本層次上，它甚至會影響到知識的性格，諸如甚麼才算是知識？知識是如何產生的？人在知識產生的過程中是如何參與的？知識又當如何評估？資訊科學對於大學之「功用」提供了極大的機會，也即它對大學之教學、研究與服務三方面的功能都有增加擴大其效率與效能的機會，因此沒有一個大學可以不正視這些新科技。可是近年新設立的大學，如1990年在美國維珍尼亞州設立的Mirus University，1995 年在阿里桑那成立的 Magellan University，或美國西部設立的Western Governors University，全面走上虛擬教學 （virtual education）的數位大學之路，則與我們現有的大學大爲不同，它們是沒有校園的大學，是沒有「學人社會」的大學。無論是否喜歡這樣的大學，但它們會有生存發展的巨大空間。它們會是「另類」的大學，不會是二十一世紀大學的主流。無論如何，二十一世紀的大學系統將比二十世紀更爲多元化，大學的功能將更爲區分化，大學的素質將更爲層級化，而大學之理念與角色也將會在新的社會條件上有新的思考。（戴曉霞，1990）

高等教育的願景

現代的大學，源自歐洲中古世紀，有其深厚傳統與獨特精神。惟自工業革命以來，社會變遷加速，尤其近十年來，科技進

步神速，經濟成長繁榮，政治自由民主，社會價值多元，因而衍生許多問題，形成一股洶湧澎湃的浪潮，衝擊著大學的門牆，迫使大學走出學術的「象牙塔」，面對社會的挑戰；於是大學教育的功能擴張，必須重建大學的體制，才能適應時代的脈動和社會的需要。（陳伯璋，1994）

我國倣效歐美學制而設大學，應首推1898年設立的京師大學堂。根據民國十八年國民政府公布大學組織法，確定大學的任務為「研究高深學術，養成專門人才」，可見研究與教學雙重功能在我國大學中同樣受到重視。而根據新大學法，大學的任務為：研究學術、培育人才、提昇文化、服務社會、促進國家發展。在上述多重目標引領下，大學教育成為政治、經濟、社會和文化等交織互動的機構。因此，當外在的政治、經濟、社會和文化價值有所變化時，大學教育即受到相當程度的衝擊。儘管如此，大學教育的若干基本理念仍有其一脈相承的不變性。（金耀基，1983）

大學教育之主要功能在於培育高級人才，其內涵隨著時代變遷而有所不同。歐洲中古世紀的大學可說是現代大學之濫觴，其中以法國之巴黎大學和義大利之勃隆納（Bologna）大學為最早，其後英國的牛津、劍橋、德國海德堡大學等相繼成立。這些大學基本上與宗教、教會有密切關係。十九世紀中期的牛津大學學者紐曼認為大學是提供博雅教育（liberal education）的地方，也可以訓練職業人才，其主要功能是在傳授知識。

十九世紀末期，德國學者提出新的理念，認為大學是「研究中心」，所著重的是發展知識。當然教學仍是大學的重要功能之一。德國這種大學理念逐漸影響到歐洲各國。1930年代，美國現代大學的先驅者佛蘭斯納（A. Flexner）肯定「研究」對大學的重要性，但他也認為「教學」有同樣的重要性，亦即大學的目的不祇在創造知識，也在傳遞知識，培育人才。德國學者耶士波（K.

Jaspers）以為大學必須具三個組成：學術性之教學，科學與學術性研究，以及創造性之文化生活。他也認為大學不可遺世而獨立，極力主張把「技術」（technology）引進大學，並認為技術在大學中應佔一重要地位。這看法和古典的大學認為技術不登大雅之堂有很大的區別。（黃俊傑，1993）

二次大戰以後，大學教育在世界各地蓬勃發展，尤其是美國大學更以驚人的快速成長，顯現其對高等教育之重視以及國力之發展。美國先進大學一方面有德國大學重視研究之精神，另方面也承接了英國大學注重教學之傳統。近年來各國大學均積極地求新，適應社會之變遷。由於知識爆炸，社會各行業之發展均依賴專業知識之進步，大學也變成了「知識工業」之重地。今日大學功能不祇是「傳道、授業、解惑」而已，它更肩負「發展知識」、「創造新技術」的功能，甚而把新創的知識傳播、運用到社會及企業。（陳德華，1998）

早在1965年管理大師彼得杜拉克就已經提出，知識將取代機器、土地、資金、原料或勞力，成為最重要的生產要素。而社會學家貝爾（D. Bell）在1973年發表《後工業社會來臨》乙書中，亦提及知識將成為後工業社會發展的軸心。這些前瞻的見解，協助人們明瞭世界經濟主流已朝「知識經濟」的方向而走。美國麻省理工學院經濟學家梭羅（Trow）在其新作《新國富論》中預示了「知識經濟」時代的來臨。人力資源將是經濟發展與國家競爭力的重要條件。英國政府在1998年12月出版的「十年國家競爭力白皮書」，就是以「建構一個知識為原動力的經濟社會」為標的。在未來數年中英國政府將增加預算以提昇大學、研究機構學生及研究人員的創業精神，並提供創業幫助。英國教育就業部亦撥款協助學校加強與企業往來，讓學生充實企業知識。可預見的，在知識經濟世紀中，大學與社會的關係將更形緊密。面對社會的日

益競爭，大學在建構發展願景時，需秉持著變與不變的原則，強調大學肩負了培育人才、創新知識、傳遞知識的功能。大學應重視學術領導，崇尚自由及創新。學生與教師為大學之主體，透過研究，教師可使其教學更有內容，具創新性；同時透過教學可使其研究更有生命……等原則外，並努力朝向：（教育部，2001b：78-92）

（一）鑽研學術，探求真理

　　大學是研究學問、追求真理的場所。大學必須崇尚學術，方便學者長年累月的運用心智，才能致力於真理的探索，也才能在辯難析理的過程中，將錯誤與獨斷的假知識減至最低。因此，在探索真理的過程中強調不盲從、不附和、袪除成見、尊重事實、相信證據、系統的推理和客觀的論斷。是故，西方大學以「學術真誠」作為學者人格的標準。尤其是大學應從事高深的學術研究，藉以發明新學說，創造新文化，實現新理想。

（二）強調素質，重視績效

　　學術研究必須有尊重專業的態度，才能持續發展，產生高品質且有創意的成果。學術自由的理想，包括「教的自由」與「學的自由」，亦即大學在教學與研究上，有權自作決定，免於外力干預，這是現代大學的努力目標。大學自主主要表現在大學與國家的互動關係上。大學既是社會公器，自然不能違背國家法制，而政策對大學原則上只盡監督的責任，其餘由大學自行發揮，不受限制。為了使大學朝向民主與效率，必須提昇大學自主。在尊重學術自由與大學自主之餘，尤應加強學術工作的責任，嚴守學術道德規範，增加研究與教學工作的自我評量，才能提高大學的績效。此外，品質的維護乃是大學的重要工作，除教學、研究與推

廣服務外，尚包括學生素質的提昇與學術環境的維護與改善。

（三）提昇品質，邁向卓越

因為今日的大學生，是明日社會的骨幹，大學教育中要有崇高理想的色彩，不但在知識上追求「創造性的學問」，也要培育完美的人格，亦即培養一種擁有人文素養、有品德、有品味、有品質的人，能享受生命，過有意義的生活。尤其是，二十一世紀乃是知識經濟與數位化的時代，追求高等教育的卓越化，更是知識經濟時代必須掌握的先機。在面對國際競爭壓力下，大學能依本身所具備的條件，選擇重點發展方向，營造各校特色，不斷追求進步。

（四）終身教育，學習社會

為迎接知識經濟時代的來臨，強化人力素質與提昇國家競爭力乃是現代社會的對應之道。面對這樣的經濟時代，每一個人都必須是終身學習者，才能擷取新知識，充實新能力，以配合新社會的脈動，不致於被快速的社會變遷所淘汰。因此大學教育應提供成人再學習的機會，以獲得大量新知識，並激勵民眾不斷成長，進而全面提昇人民的生活、社會的生存和國家的發展。

大學教育乃促使社會變遷的要素，誘發社會進步的動力，地位至為重要。近年來，大學教育在民主化、全球化的衝擊下，過去傳統式的菁英教育已無法滿足社會多元的需求，因此須推展終身教育觀念與規劃全人教育體系。大學教育的結構與型態，在回應社會變遷與成人終身學習的需求方面，逐漸朝向普及、開放、回流與多元轉變的趨勢發展。

（五）學術交流，邁向國際

大學的進步，除了自發性的努力外，還要靠外來的刺激，才會更加精進。國際間的交流與合作是大學進步不可缺少的動力之一。國際化非但延長了大學的命脈，也有助於大學的永續發展。科技的進步與昌盛，縮短了國家與地區的有形距離，甚而使國界消弭於無形。大家都體認，這是一個既競爭又合作的時代，大學競爭力經常被拿來衡量一個國家的實力，而國際化也被認為是一個國家競爭力的重要指標之一。大學的國際化無疑的是一個國家國際化中重要的一環。

在大學邁向國際化，與外國大學交流的過程中，則必須要有堅強的學術實力做後盾，才會吸引他人前來觀摩留學。因此，推動國際化必須長期投入，並搭配具體的計畫才會見效。

儘管高等教育功能及特質的轉變，被許多批評者認為將導致知識、學位、研究的商品化和工具化，和教育促進人的自覺、主體性及自我實現等目標可能產生嚴重衝突。展望新世紀可以預見的是，和政府關係的轉變、回應經濟需求的責任及國際化的壓力等因素都將促使高等教育更積極、更入世、更勇於創新。高等教育不但必須和全國及地區性的發展緊密相接，更將是全球性瞭解與合作的基礎。

結語

十九世紀末，大學的性格開始了巨大的改變，德國的柏林大學在洪保德等人的革新下，擺脫中古學術傳統，標舉大學新理念，以大學「研究中心」，教師的首要任務是自由地從事於「創造性的學問」，大學注重在「發展知識」，而不在傳授知識，賦予大

學「研究」的任務，奠定大學在探索眞理、創造學問的社會使命。此種理念獲得美國大學的先驅者佛蘭斯納（A. Flexner）的闡揚，他特別強調「現代大學」，以別於早期紐曼之「大學」。他肯定研究對大學之重要，肯定發展知識是大學重大功能之一，但他也給「教學」以同樣重要的地位，大學不止在創發知識，也在培育人才。但培育人才並非是在訓練實務人才，他反對大學開設職業訓練之課程，成爲社會的「服務社」，強調大學應嚴肅地批判並把持一些長永的價值意識（金耀基，1983）。

然而隨著社會的發展，大學逐漸走向民主化、世俗化，二次大戰後，大學教育在世界各地蓬勃發展，在美國尤其快速地成長。克爾（Clark Kerr）認爲今日的美國大學不再是佛蘭斯納所說的「有機體」，不再有統一性，而是一多元體，並有高度的多樣性。換言之，今日的大學已成爲一個多重目的多元性社會（張建邦，1987）。不過，在人類歷史正邁向二十一世紀原有的「工業社會」（industrial society），隨著新科技的進一步發展也即將成爲過去，新的時代、新形態的社會即將來臨，在所謂的「後工業社會」裏，大學、研究機構及「知識階級」在新社會的「生產與管理機器」中佔有重要的位置，此亦即是Drucker（1971）所強調的「知識社會」，在知識社會裏，大學將成爲生產知識的工廠，其重要性有如今日的工廠或企業。在這種社會，研究與發展工作將愈形重要，同時龐大的國家資源將會投資到知識的開發、生產及傳播等方面，知識已取代資金而爲經濟發展的動力，改變了人們的生活方式與價值觀，知識的精英將成爲新社會的領導核心，同時高等教育將變得愈重要。（楊朝祥，2001）

大學教育理念的更迭，不但反映出歐美社會變遷過程中大學教育目標的轉變，而且也凸顯大學教育功能多元化的事實。大學自古就是一個學術的社會（academic community），以創造知識與

傳遞文化為其最重要的使命，並享有充分的學術研究自由，大學的使命與性質隨著時代的腳步而有所更變，其功能也逐漸擴大。將教學與研究結合起來的大學出現在十九世紀初，這是第一場革命性的變革，使大學從原來進行教學的機構，變成具有教學和研究兩種社會功能。這種變化也可說是知識基礎結構的變化，工業研究實驗室的出現和工業生產的科學化，為培養學者、構建理論和實驗操作提供的特定環境，使受過實驗訓練的學者得以在勞動市場中佔有一席之地。二十世紀下半葉國際競爭加劇，冷戰結束，以知識為基礎的經濟發展模式的出現，更對大學作為傳統象牙塔角色產生了懷疑。如今研究、教學、推廣與服務已成為大學的使命，學術界、產業界及政府形成三重螺旋關係，正發展出一種新的生產模式，大學在這關係中，無疑地扮演重要的角色（夏道源，1999：1-11）。

我們正在跨進二十一世紀的門檻，而二十一世紀必然會加劇全球化的趨勢。羅馬俱樂部（The Club of Rome）在1992年發表了《第一次全球革命》（*The First Global Revolution*），指出人類現在正處於一個新型態的全球社會的初期階段。（黃俊傑，1997）不能諱言，二十世紀末葉出現的初期階段的全球社會實在是一個問題重重的世界。耶魯大學的肯尼（Paul Kennedy）在他《創世紀》（*Preparing for the Twenty-First Century*）一書中，顯然同意韋爾斯（Wells）與湯恩比的警告，那就是：「全球社會是一個『教育』與『災難』的競賽」。肯尼認為為了準備二十一世紀全球社會的來臨需有三要素，而第一個要素就是教育。」（Kennedy, 1993）我們可以相當肯定地說，在二十一世紀，大學在整個教育中必然是重要的，且可能是最重要的一環。

參考書目

中文書目

王玉民（2001）。兩岸高等教育中研究方法教學問題分析。取自
　　http://www.english.moe.edu.tw/Research/Conference/wang.htm

王如哲（1996）。比較教育。台北：五南。

王留栓（2001）。歐盟國家的高等教育國際化－從大力發展留學生
　　談起。載於中國教育信息網。http://www.chedu.com

王瑞琦（1989）。四十年來中共普通高等教育政策的變革。中國大
　　陸研究，32（4），54-57。

王瑞琦（2000）。九十年代中國大陸高等教育發展之研究。中國大
　　陸研究，43（4），59-79。

王如哲（1999）。比較教育。台北：五南。

比較教育學會（1976）。世界教育改革動向。台北：幼獅。

中國教育信息網（2001）。法國教育概況。http://www.chedu.com

中國教育信息網（2001）。德國教育概況。http://www.chedu.com

中國國際教育服務網（2000）。日本高等教育掃描。取自
　　http://edu.263.net/visa\express\exp000000087.htm

中國教育信息網（2001）。日本教育概況。http://www.chedu.com

中國教育和科研計算機網（2001）。透視日本高等教育。
　　http://www.edu.cn/guo_wai_jiao_yu/ri_ben/toushi.php

正梅（2001）。德教育科研經費再逾新高。載於中國教育報。
　　http://www.jyb.com.cn

台灣駐法文化組（2000）。法國教育統計與資訊－法國教育改革措
　　施。http://www.edutaiwan-france.org/

台灣駐法文化組（2001）。法國教育統計與資訊－法國高等教育文
　　憑暨大學各階段修業年限名稱簡介。http://www.edutaiwan-
　　france.org/

台灣駐法文化組（2002a）。法國教育統計與資訊—法國大學之入學資格。http://www.edutaiwan-france.org/

台灣駐法文化組（2002b）。法國教育統計與資訊—法國各級學校數目。http://www.edutaiwan-france.org/

江麗莉、盧美貴（2001）。法國教育指標之現況與發展。載於簡茂發、李琪明編。當代教育指標。台北：學富。

朱敬一（1997）。國內大學校長遴選方式及問題。論文發表於「大學校長遴選與治校風格」研討會。

沈君山（1996）。高等教育學府外部運作，教改叢書BC37。

沈姍姍（2000）。國際比較教育學。台北：正中。
http://www.nhu.edu.tw/~edusoc/art/ar03.htm

李宗薇、葉興華（1997）。談法國的高等教育。國民教育，38（2），34-38。

李宥雄（1999）。全台都要辦社區大學。今周刊，（146）。

李國強（2001）。布爾曼部長的「高校革命」—德國高校工資人事制度改革動態。載於中國教育報。http://www.jyb.com.cn

吳慧敏（2001）。澳洲的教育與近年之重要教育改革。
http://www.nhu.edu.tw/~edusoc/art/ar03.htm

周祝瑛（1998）。他山之石可以攻錯—世界高等教改革趨勢對我國之啟示。載於作者（著）海峽兩岸教育比較研究。台北：師大書苑。

周志宏（2001）。政府在高等教育中的角色-從憲法看政府與大學關係的合理定位。取自http://140.109.196.210/edu/paper/jo.htm

周志宏（2001）。Looking into ways to improve higher education in taiwan-2座談會資料。取自http://www.etaiwannews.com

金耀基（1983）。大學之理念。台北：時報。

林玉体（1988）。西洋教育史專題研究論文集。台北：文景。

林玉体（1989）。**西洋教育史**。台北：文景。

林玉体（1993）。**西洋教育史**。台北：文景。

林孝信（2000）。社區大學要深化。取自
http://apcu.taconet.com.tw。

林文瑛（2001）。**吉田亮博士莊會談大學改革**。取自
http://www.sinica.edu.tw/info/edu-reform/farea8/j03/10.html

范利民（1996）。「中國教育改革和發展綱要」之研析。**中國大陸研究**，38（5），72-87。

徐南號（1988）。教授治校理念如何落實（大學法及其規程的探討），**現代教育**，3（1），40-48。

高希均（1987）。教授治校、辦學自由、讀書機會，**天下**，（70），9。

夏道源譯（1999）。**大學與全球知識經濟**。江西教育出版社。

許添明（1992）。教授治校，**師友**，（303），8-13。

莊淑鑾（1997）。法國教育的特色。**竹市文教**，15，83-87。

陳伯璋（1990）。社會變遷中我國大學教育的「解構」。載於淡江大學教育研究中心（主編），**廿一世紀我國高等教育的發展趨勢**。台北：師大書苑。

陳伯璋（1994）。大學課程結構的知識社會學分析。載於黃政傑、歐陽教（主編），**大學教育的革新**。台北：師大書苑。

陳伯璋（1995）。師範院校通識教育課程架構之研究。教育部專案研究報告，未出版。

陳舜芬（1993）。美國高等教育對我國高等教育的啟示。載於作者（著），**高等教育研究論文集**。台北：師大書苑。

陳金貴（主持）（1999）。**我國大學教授治校問題之探討**。行政院研究發展考核委員會編印。

陳洪捷（2001）。在傳統與現代之間：20世紀德國高等教育。**高等**

教育研究，22（1），88-94。

陳德華 （1998）。從國內一般性大學組織規程探討大學校園運作
　　之相關問題，教育資訊研究，6（2），115-132.

張台麟（1990）。法國政府與政治。台北：漢威。

張建邦（1987）。大學的功用。台北：淡江大學。

張光正（1997）。「理念治校」與「全人教育」之大學新典範：省
　　思、建構與分享大學校長遴選與治校風格研討會。

張鈿富（2001）。德國、瑞士教育指標之現況與發展。載於簡茂
　　發、李琪明編。當代教育指標。台北：學富。

黃崑巖（1997）。國內大學校長遴選方式及問題。大學校長遴選與
　　治校風格研討會。

黃俊傑（1997）。 大學校長遴選的理念與實務：從台灣經驗出
　　發。大學校長遴選與治校風格研討會。

黃炳煌（1985）。論我國大學通才教育。載於淡江大學（主編），
　　中國大學教育的展望─大學教育研討會論文集。台北：淡江
　　大學。

黃俊傑（1995）。當前通識教育的實踐及其展望。全國大學通識教
　　育研討會主題演講論文。http://www.ncu.edu.tw

黃俊傑（1997）。大學通識教育課程的理論：批判與建構，通識教
　　育季刊，4（3），1-31。

黃武雄（1999）。套裝知識與經驗知識─兼談社區大學學術課程的
　　定位，論文發表於台北市社區大學民間促進會主辦之「台北
　　市文山社區大學八十七學年度教學方法與課程設計」研討
　　會，台北。

黃甯（1999）。德國民眾高等學校作為終生教育機構之研究。私立
　　淡江大學歐洲研究所碩士論文。

黃富順（1990）。大學成人教育的意義、源起及實施。載於中華民

國成人教育學會（主編），大學成人教育（頁1-24）。台北
市：師大書苑。

黃武雄（1995）。台灣教育的重建—面對當前教育的結構性問題。
台北：遠流。

黃富順（1999，11月）。我國回流教育的政策與實施。論文發表於
國立中正大學主辦之「迎向千禧年—新世紀的教育展望」國
際教育研討會。

黃福濤（2001）。二十一世紀日本國立大學改革動向：院校合併。
中國教育報。

http://www.jib.com.cn/gb/2001/03/19/zhxw/wgjy/5.htm

楊明（2001）。20世紀90年代德國高等教育財政改革評述。高等教
育研究，22（4），92-96。

楊景堯（1995）。中國大陸文化大革命後之高等教育改革。高雄：
麗文。

楊國賜（1998）。高等教育改革與國家發展。教育資料輯刊，
（23），149-169。

楊瑩（1997）。我國大學教育的檢討與改革建議。理論與政策，
（42）。

楊瑩（1998）。現代化過程中我國大學教育改革的重要議題。載於
中華民國比較教育學會（主編），教育改革—從傳統到後現
代。台北：師大書苑。

楊振富（2000）。學術這一行。台北：天下。

楊朝祥（2001）。如何讓私立大學成為世界一流大學。元智大學舉
辦座談會發表資料。http://www.yzu.edu.tw

詹惠雪（1999）。我國大學課程自主之研究。國立臺灣師範大學教
育學系博士論文。

詹世宏（2000）。中華民國高等教育現況及發展暨校園發展趨勢。

取自 http://www.sfmoe.org。

劉晉榮、史朝（2001）。中德高等教育質量管理學術研討會綜述。
　　教育發展研究，2001（9），70-73。

劉賢俊（1996）。法國教育改革機構。載於黃政傑主編。各國教育
　　改革動向，171-186。

蔡傳暉、顧忠華、黃武雄（1999）。台北市社區大學規劃研究暨試
　　辦計畫：課程架構與修業制度之規劃研究報告。台北：台北
　　市政府教育局委託。

蔡傳暉、顧忠華、黃武雄（1999）。台北市設置社區大學規劃研究
　　暨試辦計畫期末報告。

蔣夢麟（著）、傅佩榮（導讀）（1990）。西潮。台北：業強。

鄭瑞城（1998）。國立政治大學傳播學院前段不分系及學程規劃案
　　成果報告。教育部專案研究報告。未出版。

盧增緒（1992）。高等教育問題初探。台北：南宏。

戴曉霞（1998a）。加州高等教育總體規劃：影響與挑戰。載於中
　　華民國比較教育學會（主編），教育研究與政策之國際比較
　　（頁243-282）。台北：揚智。

戴曉霞（1999b）。英國與澳洲高等教育改革政策之比較研究。教
　　育政策論壇，2（1），128-156。

戴曉霞（1999c）。市場導向及其對高等教育之影響。教育研究集
　　刊，42，233-254。

戴曉霞（2001）。英國及澳洲高等教育改革政策之比較研究。
　　http://www.epa.ncnu.edu.tw/epforum/v12no1/5.html
　　http://www.tosa.org.tw/tosaaus.htm
　　http://www.churton-hart.com/data2/data8.htm

魏春燕、李林（2001）。日本高等教育改革：現狀與展望。
　　http://www.chedu.com/hwsc/zixun/dongtai/japanuniversity.htm

蘇雅惠（1994）。大學推廣教育的本質。載於黃政傑、歐陽教（主編），大學教育的革新（頁 387-409）。台北：師大書苑。

蘇雲峰（1996）。從清華學堂到清華大學1911～1929：近代中國高等教育。台北：中央研究院近代史研究所。

羅際鴻（2001）。大陸高等教育進步神速。中時電子報。取自
http://news.chinatimes.com
http://140.135.88.184/policy-1.htm
http://140.135.88.184/policy-2.htm
http://140.135.88.184/policy-5.htm
http://140.135.88.184/focus-2.htm
http://140.135.88.184/211-1.htm
http://news.kimo.com.tw
http://www.cer.ntnu.edu.tw
http://www.gjsh.tpc.edu.tw

顧忠華（1996）。德國教育改革的理念與制度—以分流教育為例。台北：行政院教育改革委員會。

漢江大學（1990）。二十一世紀我國高等教育發展趨勢。台北：師大書苑。

黃政傑（1997）。大學決策與管理。台北：漢文。

民營科技網（2000）。教育反傳統是歷史選擇。
http://www.mystar.com.cn/p1412.htm

行政院教育改革審議委員會（1996）。教育改革總諮議報告書。台北：出版者

教育部（1998）。邁向學習社會。台北：教育部。

教育部（1999a）。中華民國教育統計。台北：教育部。

教育部（1999b）。 1999年全國教育改革檢討會議重要結論及建議事項。台北：教育部。

教育部（2000）。中華民國教育統計指標。台北：教育部。

教育部（2001a）。中華民國大專院校概況統計。台北：教育部。

教育部（2001b）。大學教育政策白皮書。台北：教育部。

華夏大地教育網（2001）。日本高等教育概況。

http://www.yutian.com.cn/jiaoyu/liuxue/h-liuxue-rb-001.htm

落實「教授治校」的理想與作法（1986）。聯合報，社論。

英文書目

Allen, Michel. (1988). *The goals of university*. Milton Keynes: Open University Press.

Armour, R. A., & Fuhrmann, B. S. (1989). Integrating liberal learning and professional education. *New directions for teaching and learning, 40*, 1-19.

Barnett, Ronald. (1990). *The idea of higher education*. Buckingham: Open University Press.

Brubacher, J. S. (1982). *On the philosophy of higher education*. San Francisco:Jossey-Bass.

Boyer, E. L. (1987). A classification of Institutions of higher education. *A carnegie foundation technical report*. Princeton, New Jersey: The Carnegie Foundation for the Advancement of Teaching.

Baldridge, V. J., Curtis, B. V., Ecker, G. P., & Riley, G. L. (1978). *Policy making and effective leadership*. San Francisco: Jossey-Bass.

Brubacher, J. S. (1977). *On the philosophy of higher education*. San Francisco: Jossey-Bass.

Clark, B. R. (1987). The academic life: small worlds, different worlds. *A carnegie foundation special report*. Princeton, New Jersey: The Carnegie Foundation for the Advancement of Teaching.

Coons, A. (1968). *Crisis in california higher education*. Los Angeles: Ward Ritchie.

Council for Educational Planning and Coordination (1934). Statement of basic principles and of the respective functions and programs of the junior college, the teachers college, and the university. Sacramento: California Legislature.

Drucker, P. (1971). The age of discontinuity. NY: Pan Bools.

Drucker, P. (1993). *Post capitalist society*. NY: Harper Business.

Dill, D. D., & Sporn, B. (eds.) (1995). *Emerging patterns of social demand and university reform: through a glass darkly*. Oxford: Pergamon.

Fox, W. (1994). Higher education policy in California. In Goedegebuure, L. Kaiser, F. Maassen , P. Meek, L, van Vught, F. and de Weert, E.(eds.). *Higher education policy: An international comparative perspective*. Oxford: Pergamon Press.

Hutchins, R. (1968). *The learning society*. NY: Pall Mall Press.

Henderson, A. D. & Henderson, J. G. (1975). Higher education in America. San Francisco: Jossey-Bass.In Altbach, P. G. & Berdahl, R. O. (eds). (1981). *Higher education in American society*. Buffalo, N. Y.: Prometheus.

Joint Committee for the Review of the Master Plan for Higher Education (1989). *California faces...California's future: education for citizenship in a multicultural democracy*.

Sacramento: California Legislature.

Kerr, C. (1994). The California master plan for higher education of 1960: An exante view. In *higher education cannot escape history: Issues for the twenty-first century*. Albany: State University of New York.

Mann, L. R. (1988). The prospects for general education in university professional education. In I. Westbury & A. C. Purves (Eds.) *Cultural literacy and the idea of general education*. Chicago, Ill. : National. Society for the Study of Education.

McConnell, T. R. (1981). Autonomy and Accountability: Some Fundamental Issues.

Martin, W. B. (1982). *A College of character*. San Francisco:Jossey-Bass.

Mason, H. L. (1991). From College and University Government. In: J. L. Bess (Eds.), *Foundations of American higher education* (pp. 494-522). Needham Heights, MA: Ginn Press.

Neave, G. and van Vught, F.A. (eds.) (1991). *Prometheus bound: The changing relationship between government and higher education in western europe*. Oxford: Pergamon.

OECD (1990). Reviews of national policies for education: higher education in California. Paris: organization of economic co-operation and development.

OECD (1990). *Higher education in california*. Pairs: OECD.

Paul Kennedy (1993). *Preparing for the twenty-first century*. NY：Harper Business.

Plerov, V. et al., (1999). Similarities between the growth dynamics of university research and of competitive economic activities.

Nature, 400, 433-437.

Rosovsky, H. (1990). *The university: a owner's manual*. NY: W. W. Norton & Company, Inc.

Reynolds, A. (1987). Remarks to the 1984 Commission for the review of the 1960 Master Plan for Higher Education in California. In *Issue Papers-The Master Plan Renewed*. Sacramento: Commission for the review of the Master Plan.

Richardson, R. C., Jr. (1997). *State structures for the governance of higher education: california case studysummary*. San Jose: California Higher Education Policy Center.

Shires, M. A. (1995). *The California master plan revisited (again): prospects for providing access to public undergraduate education in California*. Santa Monica: The Rand Graduate Institute.

Smelser N. J. (1974). Growth, structural change, and conflict in California public higher education, 1950-1970. In Smelser N.J. and Almond, G. (eds.) *Public higher education in California*. Berkeley: University of California Press.

Shires, M. A. (1996). T*he role of history in developing the missions of California's public higher education systems*. Rand Corp., Santa Monica, CA. Inst. For Education and Training. ERIC NO.: ED 380 047.

Special Report on Postdocs Working for Respect, *Science*, 285, 1513-1535.

The Times Higher (1997, July 25). Dearing's Summary. London.

Thompson. F. M. L.(1990). The University of London and the World of Learning . 1836-1986. London & Ronoverte: Hambledon.

Trow, M. (1974). Problems in the transition from elite to mass higher education. Carnegie commission on higher education. Berkeley CA. ERIC NO.: ED 091983.

UNESCO (1995) *Policy paper for change and development in higher education.* Paris: UNESCO.

高等教育發展的策略與願景　Classroom 系列 14

著　　　者☞ 葉至誠

出 版 者☞ 揚智文化事業股份有限公司

發 行 人☞ 葉忠賢

總 編 輯☞ 林新倫

副總編輯☞ 賴筱彌

登 記 證☞ 局版北市業字第 1117 號

地　　　址☞ 台北市新生南路三段 88 號 5 樓之 6

電　　　話☞（02）23660309

傳　　　真☞（02）23660310

法律顧問☞ 北辰著作權事務所　蕭雄淋律師

印　　　刷☞ 鼎易印刷事業股份有限公司

初版一刷☞　2002 年 11 月

I S B N ☞　957-818-427-1

定　　　價☞ 新台幣 400 元

網　　　址☞　http://www.ycrc.com.tw

E-mail ☞　book3@ycrc.com.tw

國家圖書館出版品預行編目資料

高等教育發展的策略與願景／葉至誠著. -- 初
版. -- 臺北市：揚智文化，2002[民 91]
　　面；　公分. -（Classroom 系列；14）
　參考書目：面
　ISBN　957-818-427-1（平裝）

1.高等教育

525.09　　　　　　　　　　　　91012922